MUSEUM REVIEW

博物馆评论

第二辑
2ND VOLUME

MUSEUM REVIEW

目录
CATALOG

特别策划：一座博物馆的诞生

PREMIERE: BIRTH OF A MUSEUM

马拉喀什伊夫·圣罗兰博物馆
巴黎伊夫·圣罗兰博物馆

MUSÉE YVES SAINT LAURENT MARRAKECH
& MUSÉE YVES SAINT LAURENT PARIS

比约恩·达斯特朗姆（Björn Dahlström）
奥利维尔·弗拉维亚诺（Olivier Flaviano）
翻译：朱旭初

图 2 | 马拉喀什伊夫·圣罗兰博物馆
Patio circulaire, mYSLm © Fondation Jardin Majorelle / Photo: Nicolas Mathéus

奥利维尔·弗拉维亚诺（Olivier Flaviano）
巴黎伊夫·圣罗兰博物馆馆长（以下简称 OF）

比约恩·达斯特朗姆（Björn Dahlström）
马拉喀什伊夫·圣罗兰博物馆馆长（以下简称 BD）

《博物馆评论》：伊夫·圣罗兰博物馆巴黎馆（Musée Yves Saint Laurent Paris）和马拉喀什馆（Musée Yves Saint Laurent Marrakech）在筹备、翻修、建造过程中有哪些关键的时间节点？

OF：对于巴黎馆来说，最关键的时刻莫过于伊夫·圣罗兰（Yves Saint Laurent）曾经的伴侣——皮埃尔·贝尔杰（Pierre Bergé），决定在他们共同创立和经营了 41 年（1961—2002）的 YSL 巴黎总店原始建筑基础上，打造一座博物馆。博物馆的内容和布景都是按照皮埃尔的意图设计的，后来他决定保留这座高级定制时装屋“历史空间”中的原有装饰，向公众开放，包括一部分原先用来接待顾客的沙龙空间，当然最重要的还是伊夫·圣罗兰设计时装的工作室。（图 1）

BD：马拉喀什馆迈出的关键一步，就是当皮埃尔·贝尔杰在著名的马约尔花园（Jardin Majorelle）旁买下一块地，并决心打造马拉喀什伊夫·圣罗兰博物馆这样一座文化中心的时候。皮埃尔·贝尔杰委托 KO 工作室（Studio KO）的建筑师们设计一座兼具当代性和摩洛哥风格的建筑，以体现伊夫·圣罗兰本人、他的作品和马拉喀什这座城市之间的渊源。（图 2）

《博物馆评论》：伊夫·圣罗兰博物馆巴黎馆和马拉喀什馆与其他艺术和设计类的博物馆相比，有什么不同？

OF：在高级定制时装屋原址上建起的巴黎馆，除了展示圣罗兰本人的作品，强调它们在时装史上的重要性之外，也致力于向公众阐释一个时装系列诞生的过程，以及 40 年来这座高定时装屋是如何运营的。（图 3）

BD：马拉喀什馆不仅是一个博物馆，它还是一座文化中心。当然，博物馆的主厅会展示伊夫·圣罗兰的时装作品，除此之外还专门辟出一块临时展览空间。（图 4）在 4,000 平方米的博物馆空间内，有一座研究性图书馆，其中有超过 5,000 卷关于伊斯兰、（阿拉伯）安达卢西亚文化、柏柏尔人、植物学与时尚的藏书，博物馆内还囊括了书店、咖啡馆、最先进的文物保护中心、行政办公室等设施。（图 5—6）

博物馆的礼堂也是各种活动的场所：举办音乐会、表演、影片放映和学术讨论，以及上演来自世界各地的著名歌剧和戏剧。

图 2 | 巴黎伊夫·圣罗兰博物馆外景
Exterior view, 5 avenue Marceau, 1982, Photo: Sacha © Sacha
图 3 | 伊夫·圣罗兰在工作室中
Yves Saint Laurent dans son studio, 1986 © DR
图 4 | 马拉喀什伊夫·圣罗兰博物馆内展厅入口
Entrée de la galerie de photographies, mYSLm © Fondation Jardin Majorelle / Photo:Nicolas Mathéus
图 5 | 马拉喀什伊夫·圣罗兰博物馆内咖啡馆
Terrasse du café « Le Studio », mYSLm © Fondation Jardin Majorelle / Photo:Nicolas Mathéus
图 6 | 马拉喀什伊夫·圣罗兰博物馆内研究性图书馆
La bibliothèque de recherche du mYSLm © Fondation Jardin Majorelle / Photo:Nicolas Mathéus

图1

图3

图4

图5

图6

《博物馆评论》： 伊夫·圣罗兰博物馆巴黎馆和马拉喀什馆是什么关系？

OF： 2002 年，伊夫·圣罗兰退休，高定时装屋关门，他决定和皮埃尔·贝尔杰一起创立皮埃尔·贝尔杰—伊夫·圣罗兰基金会（Fondation Pierre Bergé – Yves Saint Laurent），用来保存和宣传他的作品。两座博物馆都会展出一部分基金会中保存的藏品，包括 7,000 件纺织服装、8,000 件饰品、数千幅草图、系列展板、照片、剪报等。（图 7—10）

BD： 没有巴黎馆，就没有马拉喀什馆。藏品和档案都在巴黎馆，位于巴黎的基金会有多年的纺织品保护经验，这对马拉喀什馆项目的建成无疑是极其宝贵的财富。在规划有关伊夫·圣罗兰的展览和项目时，我们会与巴黎馆并肩合作。

《博物馆评论》： 伊夫·圣罗兰博物馆巴黎馆和马拉喀什馆将为当地社群带来什么？

OF： 位于时尚之都巴黎的伊夫·圣罗兰博物馆巴黎馆，是第一座以如此大的规模展示 20 世纪时装大师的设计杰作的博物馆。它也是第一座在高定时装屋原址之上改造而成的时尚类博物馆，观众们因此得以窥见伊夫·圣罗兰的创作过程。除了在专题类博物馆领域的野心，博物馆也希望重现一段 20 世纪的历史，重现一种与高级定制传统紧密相关的而现今已不存在的生活方式。

BD： 伊夫·圣罗兰博物馆马拉喀什馆是非洲第一座时尚类博物馆，也是马拉喀什首个时尚文化中心。前文提到博物馆建筑内的各种设施，有助于开展各种面向当地公众的、有活力的文化活动。我们希望博物馆能变成一个聚会的地方，一个充满探索和讨论的地方，一个连接所有人，尤其是所有摩洛哥人的文化和社会平台。

图 7 | 纺织服装
Vue de la salle YSL © Fondation Jardin Majorelle / Photo:Nicolas Mathéus
图 8 | 伊夫·圣罗兰展厅“奇珍室”
"Le cabinet de curiosités", salle YSL, mYSLm © Fondation Jardin Majorelle / Photo:Nicolas Mathéus
图 9 | 草图
Yves Saint Laurent, Croquis original du premier smoking, Collection haute couture automne-hiver 1966 © Fondation Pierre Bergé – Yves Saint Laurent, Paris
图 10 | 系列展板
Planche de collection "ENSEMBLES HABILLÉS", Collection haute couture printemps-été 1962 © Fondation Pierre Bergé – Yves Saint Laurent, Paris

图 7

图 8

图 9

图 10

《博物馆评论》： 能否请您为我们介绍几个最能体现博物馆宗旨的项目？

OF： 巴黎馆已经对曾在高定时装屋工作的员工进行了约 15 场采访，把这些贡献者的记忆收集起来。在博物馆的一个专门展厅中，由这些珍贵资料剪辑成的 6 段短片将帮助公众理解一个高定时装系列从草图到发售的全过程。

BD： 举例来说，马拉喀什馆临时展览空间就完美地反映了博物馆的宗旨：通过丰富和充满活力的展览项目探索各艺术门类和主题，正体现了伊夫·圣罗兰精神。至 2020 年的展览计划将融合东方学的“马约尔花园里的摩洛哥”展，展示时尚的“努赫定·阿米尔（Noureddine Amir）的雕塑裙”展，由艺术家伊黛尔·阿德南（Etel Adnan）、西蒙·法塔尔（Simone Fattal）和罗伯特·威尔森（Robert Wilson）带来的“记忆花园”展，由蕾拉·阿劳薇（Leila Alaoui）带来的“摩洛哥人”展。这几个展览项目都由博物馆自己制作，并扎根于摩洛哥本土。

《博物馆评论》： 伊夫·圣罗兰博物馆巴黎馆和马拉喀什馆建筑空间的设计亮点和美好之处在哪里？

OF： 布景师娜塔丽·克利尼尔（Nathalie Crinière）和室内装饰设计师雅克·格朗吉（Jacques Grange）都是皮埃尔·贝尔杰—伊夫·圣罗兰基金会的长期合作者，他们在展览空间里原汁原味地重现了高定时装屋的氛围。设计过程中的难点是如何在展览伊夫·圣罗兰作品的同时，仍保有置身于时装屋之中的感觉。

BD： 曲线与立方体相结合的外观设计既对比鲜明，又和谐统一，整体比例基于人体尺度，亦给人以视觉的愉悦感。博物馆外墙使用了本地的建筑材料来装饰，砖块以模拟纺织物经纬线的样子排列布置。大面积使用的玫瑰色花岗岩映衬着红色砖墙，将博物馆与周边环境完美地融合在一起，也呼应着马拉喀什的别称——“赭色之城”。（图 11—13）

图 11 | 马拉喀什伊夫·圣罗兰博物馆入口
Façade est du mYSLm © Fondation Jardin Majorelle / Photo:Nicolas Mathéus
图 12 | 马拉喀什伊夫·圣罗兰博物馆外墙
Façade du musée © Fondation Jardin Majorelle / Photo:Nicolas Mathéus
图 13 | 博物馆外墙上的路牌：伊夫·圣罗兰街
Rue Yves Saint Laurent, façade du musée YSL © Fondation Jardin Majorelle / Photo:Nicolas Mathéus

图 11

musée YVES SAINT LAURENT marrakech
图 12

زنقة
إيف سان لوران
RUE
YVES SAINT LAURENT
(1936–2008)
图 13

《博物馆评论》： 从原来的高定时装屋和传奇工作室向博物馆转型的过程中，遇到过哪些挑战，又是如何解决的？

OF： 我们面临的挑战不仅是要将伊夫·圣罗兰的工作台、私人物品、设计草图、面料小样、刺绣样品归回原位，还要通过照片和视频重现筹备时装系列时候的氛围。在保护展品的前提下，如何平衡好活灵活现地重塑历史空间与阐释作品这两者之间的关系是十分有趣的。

《博物馆评论》： 伊夫·圣罗兰博物馆巴黎馆和马拉喀什馆藏品的优势何在？

OF： 伊夫·圣罗兰博物馆藏品约 34,000 件，都是与伊夫·圣罗兰的工作、生活和高定时装屋相关的物品，包括纺织品、饰品、时装设计幕后的创作过程草图、圣罗兰在儿童时期的创作、其他艺术家拍摄的照片、文档合辑和私人物品。迄今为止，世界上任何一所高定时装屋的藏品都不足以与基金会相提并论。作为真正的开拓者，圣罗兰是那个时代唯一一个自创立高定时装屋之始，就将自己的作品系统归档的设计师。

BD： 马拉喀什馆陈列的伊夫·圣罗兰时装、饰品和档案都是属于巴黎馆的，两个机构签订了长期借展协议。马拉喀什馆的展品使策展人和布景师创造出的伊夫·圣罗兰回顾展深深扎根在摩洛哥， 展现马拉喀什对他作品产生的影响。

《博物馆评论》： 作为博物馆的首任馆长，你们需要做哪些困难决定？

OF： 最困难的决定，就是与策展总负责人奥赫丽·塞缪尔（Aurélie Samuel）一起，从基金会数不胜数的藏品中挑出 50 件放在有限的空间中展出，还要保证公众能从中全面回顾伊夫·圣罗兰的作品。（图 14—17）

BD： 就像前面讲到的那样，要筹建一座 4,000 平方米的包含如此丰富复杂建筑项目的全新博物馆，目标是平衡这项工程的各个方面：建筑工程、文化内涵、文物保护需求、预算控制等。

图 14｜1965 年秋冬高定致敬蒙德里安系列
Robe hommage à Piet Mondrian, Collection haute couture automne-hiver 1965 © Fondation Pierre Bergé – Yves Saint Laurent, Paris / Photo:Alexandre Guirkinger
图 15｜1976 年秋冬高定系列
Manteau de la collection dite "Opéra et ballets russes", Collection haute couture automne-hiver 1976 © Fondation Pierre Bergé – Yves Saint Laurent, Paris / Photo:Alexandre Guirkinger
图 16｜马拉喀什伊夫·圣罗兰博物馆“奇珍室”
"Le cabinet de curiosités ", mYSLm © Fondation Jardin Majorelle / Photo:Nicolas Mathéus
图 17｜1979 年秋冬高定致敬毕加索系列
G. Robe hommage à Pablo Picasso, Collection haute couture automne-hiver 1979 © Fondation Pierre Bergé – Yves Saint Laurent, Paris / Photo:Alexandre Guirkinger

图14

图15

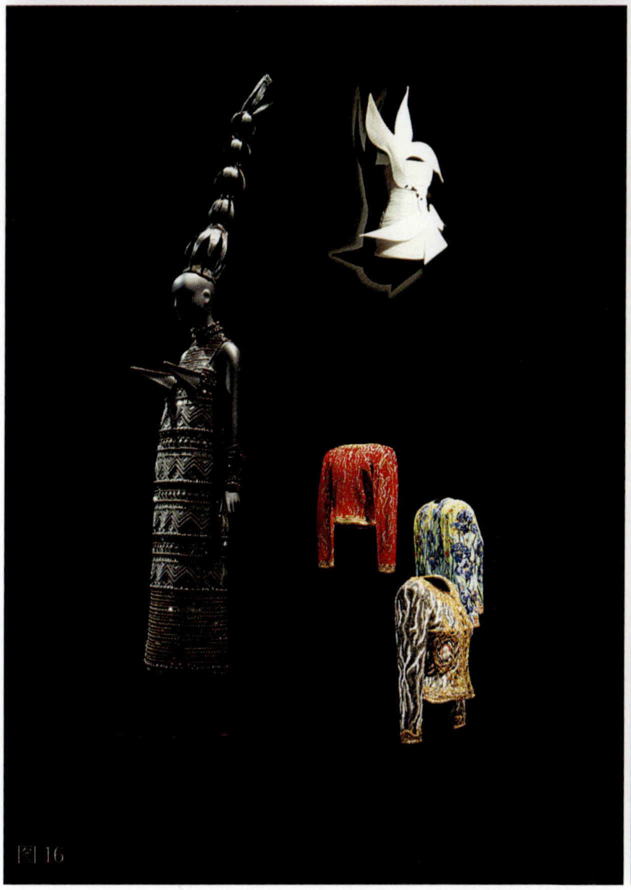
图16

图17

《博物馆评论》： 两馆寻找博物馆所需人才的策略是什么？

OF： 21 世纪初基金会成立后不久，皮埃尔·贝尔杰就已经在时装屋的基础上开辟出一小块展览空间，他打算在那里举办一些有关时尚、绘画、摄影、装饰艺术、当代艺术和圣罗兰作品的展览。多亏贝尔杰之前的工作经验和组织圣罗兰海外展览的团队的努力，我们与其他国际机构一起合作，愉快地完成了巴黎伊夫·圣罗兰博物馆的营建。

BD： 就像奥利维尔刚刚提到的，马拉喀什馆受益于巴黎基金会的经验和知识。我们雇佣了 50 名员工。这是一个与展馆建设同时进行的、耗费了两年时间的漫长过程。为了组建新的团队，我们与人力资源咨询师携手，厘清了博物馆的需求，雇佣了最合适的员工，他们几乎都来自摩洛哥本土。

《博物馆评论》： 能与我们分享一些尚未解决的问题和遗憾吗？

OF： 最大的遗憾就是这两项工程的发起人皮埃尔·贝尔杰没有机会看到博物馆开门迎客，在那之前几周他不幸去世，享年 86 岁。

BD： 我与奥利维尔有同样的遗憾，皮埃尔·贝尔杰为马拉喀什馆的建设耗费了巨大的精力，一个月接着一个月，一个会议接着一个会议，从艺术层面、战略层面到技术层面，他都亲历亲为。（图 18）

《博物馆评论》： 目前伊夫·圣罗兰博物馆巴黎馆和马拉喀什馆的第一要务是什么？

OF： 巴黎馆的挑战和当务之急，也是专题类博物馆面临的问题之一，就是如何使项目、活动更富有创意，以及为各种各样的观众服务。

BD： 观众对马拉喀什馆来说十分重要。博物馆旁边的旅游胜地马约尔花园去年共接待游客约 90 万，我们从中受益不浅。我们馆的当务之急是发展新观众，联合马拉喀什和摩洛哥全国的学校，一起开发贯穿小学到大学的教育项目。

《博物馆评论》： 展望未来，伊夫·圣罗兰博物馆巴黎馆和马拉喀什馆在博物馆教育方面，以及在新兴科技的应用和博物馆管理方面的战略目标是什么？

OF & BD: 伊夫·圣罗兰在 1992 年曾说过，他希望他设计的时装和他的图纸能在一百年内成为人们研究的对象。我们的目标是推广他的作品，尤其是向年轻一代展开宣传。因此，与学校的合作（不仅仅是服装学院），以及通过创制专门的教育工具来吸引这部分观众，将成为我们传承伊夫·圣罗兰作品和精神的一个途径。

图 18 | 皮埃尔·贝尔杰（左）和伊夫·圣罗兰（右）
Pierre Bergé et Yves Saint Laurent © DR

阿布扎比卢浮宫

LOUVRE ABU DHABI

曼努埃尔·拉巴特（Manuel Rabaté）

翻译：童亚琦 樊静怡

图 1 | 阿布扎比卢浮宫外景
Louvre Abu Dhabi's exterior © Louvre Abu Dhabi, Photo: Mohamed Somji

图 2 | 阿布扎比卢浮宫“光之雨”
Louvre Abu Dhabi's "rain of light" ©Louvre Abu Dhabi, Photo: Mohamed Somji

一 缘起

2007 年 3 月 6 日，时任阿布扎比酋长国文化遗产委员会（United Arab Emirates Abu Dhabi Authority for Culture and Heritage）主席的谢赫·苏丹·本·塔农·阿勒纳哈扬（Sheikh Sultan bin Tahnoun Al Nahyan）与时任法国文化部长的雷诺·德内迪欧·德瓦布尔（Renaud Donnedieu de Vabres）代表双方政府签署了一份政府间协议后，阿布扎比卢浮宫计划就此展开。政府间的合作催生了一座国际性博物馆。按此协议，阿布扎比卢浮宫将获得 17 家法国合作机构的专业培训与支持，13 家法国博物馆将以 10 年为期出借展品；同时“卢浮宫”将冠名 30 年零 6 个月。

阿布扎比卢浮宫在 2017 年 11 月 11 日向公众开放。它坐落于阿布扎比萨迪亚特岛的文化区，每年向参观者提供一系列妙趣横生的展览、表演、文化教育活动。参观者能从一种新视角体验艺术与人生。许多世界知名艺术家的杰作在此展出，揭示数千年来将多元文化相互联系起来的创造力的发展轨迹。如今，阿布扎比卢浮宫已逐渐成为人们约会、学习、思考、寻找自我的去处。它呈现了观察艺术的另一种视角，是阿联酋送给世界的一份礼物。

二 独一无二的跨文化合作体

阿布扎比卢浮宫筹备逾十年，作为本世纪举世瞩目的文化项目之一，它向人们传达了当今时代极为重要的信息：开放与合作。按照政府间合作协议的框架，法国博物馆界与阿联酋双方携手，将阿布扎比卢浮宫打造成为一家独立的、属于 21 世纪的博物馆。（图 1—3）

卢浮宫

巴黎卢浮宫于 1793 年在法国大革命期间开馆，自始便为当代的艺术提供灵感。库尔贝、毕加索、达利等许多艺术家都曾在卢浮宫观赏、学习、临摹馆藏杰作，沉浸其中并创造、形成了自己的艺术。巴黎卢浮宫的建筑原为古老的皇家住所，与 8 个世纪的法国历史密不可分。如今它作为一个世界性的博物馆，藏品享誉世界，8 个策展部门、38,000 件作品涵盖从美洲到亚洲的数千年历史，《蒙娜丽莎》《萨摩色雷斯的胜利女神》和《米洛的维纳斯》等作品备受推崇。

法国博物馆管理局

根据阿布扎比与法国政府间的协议，2007 年创立的法国博物馆管理局连续 11 年担任法国与阿联酋在阿布扎比卢浮宫建设中关键桥梁的角色。肩负着履行法国对阿布扎比卢浮宫博物馆项目的承诺，在联合国教科文组织亲善大使马克·拉德雷·德拉查里埃尔（Marc Ladreit de Lacharrière）的领导下，法国博物馆管理局为阿布扎比卢浮宫的筹建召集了十多家法国合作伙伴：卢浮宫、蓬皮杜中心、奥赛博物馆和橘园博物馆、法国国家图书馆、凯布朗利博物馆、法国国家博物馆与大皇宫联盟、凡尔赛宫、吉美国立亚洲艺术博物馆、克吕尼博物馆、卢浮宫学院、罗丹博物馆、尚博尔国家领地、巴黎装饰艺术博物馆、塞夫尔 & 利摩日陶瓷城、圣日耳曼国家建筑博物馆、枫丹白露城堡和文化遗产项目运营者组织。法国卢浮宫的馆长让 - 卢克·马蒂内（Jean-Luc Martinez）担任了法国博物馆管理局科学委员会主席。

法国博物馆管理局有半数工作人员驻扎在阿布扎比，在阿布扎比卢浮宫建造期间，向阿联酋提供下列领域的专业援助：定义博物馆科学和文化项目；协助建筑项目管理，包括博物馆标识和多媒体项目；协调法国各机构的馆藏借调与组织临时展览；指导创建阿布扎比卢浮宫的永久馆藏；制定博物馆观众政策。在阿布扎比卢浮宫开馆后，法国博物馆管理局继续在以下方面提供帮助：培训博物馆专业人员、支持博物馆的观众政策；协调借调法国馆藏 10 年；组织临时展览 15 年。

阿布扎比文化与旅游部

阿布扎比文化与旅游部负责保存并推广阿联酋的遗产与文化，将其打造成世界级、可持续发展的旅游目的地，同时丰富居民和游客的生活。该部门负责管理阿联酋的旅游事务，并向国际市场推介本国旅游目的地。文旅部的政策、计划和项目涉及国家的遗产保护，包括保护考古和历史遗址，也包括开发博物馆，例如筹建阿布扎比卢浮宫、扎耶德国家博物馆和阿布扎比古根海姆博物馆。

阿布扎比文旅部通过文化、艺术活动，培育良好的文化环境并树立公民对阿联酋文化遗产的自豪感。该部门在与多元的利益相关方的协商及合作中发挥关键作用，以增强协同效应。

萨迪亚特文化区

阿布扎比卢浮宫所在的萨迪亚特岛上有一项 21 世纪的雄心勃勃的事业。岛上的博物馆群和其他文化机构为当地、本地区和国际游客提供独特的展览和演出。其开创性的建筑群将成为最优秀的 21 世纪建筑形态，扎耶德国家博物馆、阿布扎比卢浮宫和阿布扎比古根海姆博物馆与当地的大学、研究中心等艺术和文化机构互为补充、相互合作。它将成为一个全球文化的核心地带。

三 全球化时代下的世界性博物馆

本着证明人类共通性的精神，阿布扎比卢浮宫选择了全球性道路。

我们如何才能展示苏美尔国王和埃及法老之间的显著相似性，中国和伊斯兰文明之间的相互影响，以及工业文明扩张的结果？随着博物馆部门的传统划分被移除，我们能从更全面的角度来聆听文物讲述的故事。在博物馆的空间里，甚至在一个陈列柜的空间里，这些对话建立了新的观点，产生了新的发现。

阿布扎比卢浮宫是一座全球化时代背景下世界性的博物馆，它专注于那些将我们联系起来的事物——那些人类创造性的故事。这种精神指引着博物馆的一切作为：从沟通两种不同文化的合作基础到结合了法式设计与阿拉伯遗产的精美建筑。

博物馆始终秉承其“世界性”的精神内核。我们应当理解“universal”这一词源：它源于“unus”，意思是“一”；“vertere”意思是“转变”。法国博物馆管理局科学与文化主管让·弗朗索瓦·沙尔尼耶（Jean-François Charnier）将这一精神内核阐释为寻求统一的多元体，也如同争取一致性的努力。

从巴黎到阿布扎比，观念随着地点转换。古代、中世纪、文艺复兴和现代性这些概念，将西方置于历史中心，在世界性的历史观逐渐发展之际，原本主导的历史观逐渐成为了一种相对而言的结论。阿布扎比卢浮宫希望致力于呈现所谓西方“现代性”的混杂性。

如果说非洲、美洲、亚洲和伊斯兰的文明在 1500 年后逐渐受到西方影响，这些地方的文明也反过来广泛影响了世界其他地方。阿布扎比卢浮宫重新思考所谓的西方现代性，历史事件的解读十分重要。建于 21 世纪的阿布扎比卢浮宫，其所在地区正希望通过从众多遗产所体现的辉煌过去来增强影响力。

其所处的正是 21 世纪的阿拉伯 - 伊斯兰社会，是欧亚大陆中心的一个巨大的文化实体。这种重心的转移有其历史逻辑，亦是达到“文化再挪用”（cultural reappropriation）目标所必需的。阿拉伯世界正重申自己的文化，因此阿布扎比卢浮宫的诞生，正处于该地区历史上的一个特殊时刻。

当下变化多端的世界需要一种不同的叙述。在决定 2017 年底阿布扎比卢浮宫建成后向观众展示什么时，我们具有多视角的团队已考虑了这个新的时代背景。阿布扎比卢浮宫本身亦是全球化的产物，也是当代文化主流趋势——“去地域化”(de-territorialisation) 和迁移 (relocation) 交替影响下的产物。因此，阿布扎比卢浮宫的命运将长期处在“宣明的身份”(asserted identity) 与“普世开放”(universal openness) 的复杂辩证中。

四 馆藏

在阿布扎比卢浮宫 6400 平方米的展厅空间内，自 2009 年开始启动并不断扩充的阿布扎比卢浮宫馆藏文物，试图展现出东西方文化的精粹和遍布全世界的人类历史全貌。2017 年年底博物馆对公众开放之时，235 件阿布扎比卢浮宫的馆藏文物和 300 件来自上述法国博物馆管理局组织的，十余家法国机构向阿布扎比卢浮宫提供的长期借展文物同时与观众见面，其中包括藏于卢浮宫、首次在阿布扎比展出的达·芬奇的作品《不知名女人的肖像》（La Belle Ferronnière）。

图 3 | 从博物馆内部远眺大海 ©Louvre Abu Dhabi, Photo: Mohamed Somji

阿布扎比卢浮宫的馆藏文物在开馆前也在许多重要的文化机构展出，包括蓬皮杜梅兹分馆、奥赛博物馆、美国国家美术馆、金贝尔艺术博物馆、法国军事博物馆和皮埃尔·贝尔杰—伊夫·圣罗兰基金会等。

阿布扎比卢浮宫与阿拉伯世界的重要博物馆及文化机构均有合作，哈伊马角国家博物馆、阿莱因国家博物馆、沙特国家旅游文化委员会、阿曼苏丹国国家博物馆和约旦国家文物部等机构通过出借 35 万年前的史前石器工具、新石器时代的彩绘花瓶、8000 年前的艾因加扎勒（Ain Ghazal）双头人物雕像、公元前 2000—前 1800 年的吊坠等 28 件重要文物，讲述了阿布扎比和整个阿拉伯地区的历史与艺术。

作为萨迪亚特文化区最早完工的博物馆，阿布扎比卢浮宫也辟出空间展出筹建中的扎耶德国家博物馆馆藏——精选的阿拉伯书法作品，包括重要绘画、文字和书信的奥斯曼卷轴。而阿布扎比古根海姆博物馆挑选了馆藏中著名当代艺术家阿卜杜拉·萨亚迪（Abdullah Al Saadi）、易卜拉欣·萨拉希（Ibrahim El-Salahi）和已故的哈桑·沙里夫（Hassan Sharif）的作品展出。

五　展览

精选的近千件展品组成了博物馆的叙事基础，由此展开的是关于人类历史的 12 个章节。

大前厅

通过一系列古代作品提出普遍的主题，突出早期文明之间令人惊异的相似之处：黄金面具、母性的形象、盛水器、书写工具、珍贵圣物、以太阳为特征的装饰图案、祈祷者与骑马者等人像。展厅并未提供关于艺术品间的相似之处的解释，而是留待观众提问，并借此引导观众走进后续展厅。（图 4）

第一展厅：远古村落

人类从东非走向世界各地用了数百万年时间。在公元前 1 万年，生活在近东、中国和中美洲的人群首次定居并培育了动植物物种，人类历史上出现了村落。尽管存在地区差异，似乎祖先崇拜的信仰和仪式将村民们凝聚在一起。女性雕像的发展表现出对生育的重视。农业与畜牧产生价值，并促使第一种权力形式的诞生。（图 5）

第二展厅：早期权力

约公元前 3000 年，底格里斯河、幼发拉底河、尼罗河、印度河和黄河流域的肥沃谷地相继出现了早期王国。青铜武器的逐渐普及伴随着这些权力中心的出现，斧、钺、剑与盔甲成为威严与地位的象征。新的精英武士开始骑马，这一发展扩大了文化交流的范围，增加了王国的国土面积，拓宽了人们的视野。（图 6—7）

随着埃及的诞生和美索不达米亚地区王国的发展，第一批城市的出现成为人类历史上的重要事件。由于人口激增和严格的社会等级结构，这批城市成为文化融合地。文字是一项重要发明，它促进交易并使权力合法化。

第三展厅：文明与帝国

公元前 1000 年左右，亚述和波斯帝国主宰了中东，古希腊则在地中海周围建立城市。诺克及奥尔梅克文化分别遍布于西非和中美洲。这些帝国的演变、交流与冲突刺激了艺术和哲学的融合，其影响持续至今。（图 8—9）

亚历山大大帝于欧亚之间结成了前所未有的政治联盟，促使了大帝国的形成。罗马在鼎盛时期扩大了对整个地中海地区的统治；大汉帝国也在进行扩张，这些帝国的消长导致了艺术形式的再生。

第四展厅：世界性宗教

大约从 2000 年前开始，世界性宗教在几个世纪间成功传播至欧洲、亚洲和非洲的大部分文明地区。佛教、基督教和伊斯兰教向全人类传递教义，超越了当地的本土文化并深刻改变了古代社会。宗教那时已成为团结社会群体的一个因素，并对各大洲的智识和艺术活动产生影响。

图 4

图 5

图 6

图 7

图 8

图 9

图 4 | 阿布扎比卢浮宫大前厅 © Louvre Abu Dhabi, Photo:Marc Domage
图 5 | 大夏“公主”像，中亚地区，公元前 3 世纪—前 2 世纪 © Louvre Abu Dhabi / Thierry Ollivier
图 6 | 拉美西斯二世像，发现于埃及塔尼斯，公元前 1279—前 1213 年（埃及第十九王朝） © Musée du Louvre, dist. RMN / Christian Décamps
图 7 | 赫努塔威公主的葬具，埃及，公元前 950 年—第二十二王朝初年 © Louvre Abu Dhabi / Thierry Ollivier
图 8 | 法尤姆肖像，埃及，公元 225—250 年 © Louvre Abu Dhabi / Agence Photo F
图 9 | 古老的狮身人面像，希腊或大希腊，公元前 6 世纪 © Louvre Abu Dhabi / Thierry Ollivier

第五展厅：亚洲贸易路线

宗教扩张与大陆间交流网络的建立同时发生。在 7 世纪的亚洲，中国成为贸易中心和主要的创新中心。瓷器、火药、纸张和印刷术的发明影响世界，并通过丝绸贸易的海陆线路将大部分发明传入阿拉伯世界。（图 10）

伊斯兰文明是连接亚洲、欧洲和非洲繁荣贸易网络的核心。从 8 世纪到 10 世纪，巴格达见证了艺术和科学的黄金时代。这些交流促进了思想的传播，也使异国商品得以流通。

第六展厅：从地中海到大西洋

地中海地区是亚洲和非洲贸易及文化交流的鼎盛区。11 世纪开始，拜占庭帝国、伊斯兰世界和信仰基督教的欧洲地区之间的交流不断增加，尽管它们之间也存在敌对和冲突。在威尼斯等城市积极参与文化交流活动的同时，伊比利亚半岛分为伊斯兰教和基督教两大区域，成为文化多样的地区。（图 11）

在欧洲，基督教王国间的竞争与贸易的繁荣促使经济和科学发展。15 世纪末，葡萄牙航海家探索非洲海岸线，并开辟了通往印度洋的新贸易航线。横渡大西洋和美洲大陆的发现建立了欧洲与美洲印第安文明之间的联系。

交集：宇宙学

公元 1500 年左右，人类首次能够在全球各地旅行。伊本·马季德、郑和、哥伦布建立起了遥远而未知的土地之间的直接联系。此前因地理相近而相互贸易的模式被一种在全球范围内进行的文明交流所取代。世界开始了早期全球化。（图 12）

对世界之广阔的认知引发了关于宇宙意义的思考。在航行和观天中使用的仪器发展迅速。第一批旅行见闻的出版传播了在遥远的国度发生的事，地图和地球仪绘制了新世界的轮廓。异域风情的材料与充满奇思妙想的艺术作品出现在了欧洲的“珍奇屋”中，反映了欧洲对遥远而神秘的地域的迷恋与好奇心。

第七展厅：透视中的世界

航行拓展了视野，提供了理解世界的全新视角。15 世纪从阿拉伯世界传播到欧洲的数学和光学对艺术产生重要影响。它们为伊斯兰艺术表现形式中的几何和抽象方法奠定基础，也使欧洲艺术家能够在图像中创造出深度和立体感。（图 13—15）

当时蓬勃发展的智识、艺术活动被希望重新发现古典时代的欧洲人称为文艺复兴。对艺术家和建筑师而言，它提供了一种美学模式，更新了人体和景观的表现形式。与此同时，阿拉伯 - 伊斯兰社会发展出一种通行的，强调使用几何和花卉图样的艺术风格。

图 10

图 11

图 12

图 13

图 14

图 15

图 10 | 佛头像，中国，东魏（534—550）或北齐（550—577）© Louvre Abu Dhabi / Thierry Ollivier
图 11 | 乔凡尼·贝利尼《圣母子》，意大利威尼斯，1480—1485 年间 © Louvre Abu Dhabi / Thierry Ollivier
图 12 | 文森佐·科罗内利制作的地球仪，意大利威尼斯，1697 年，借展自法国国家图书馆 © Bibliothèque nationale de France, département des Cartes et plans
图 13 | 青花大盘，1575—1600 年，借展自塞弗勒陶瓷博物馆 © RMN-Grand Palais (Sèvres, Cité de la céramique) / Jean Popovitch
图 14 | 达·芬奇《美丽的费隆妮叶夫人》，意大利米兰，1495—1449 年，借展自卢浮宫 © Musée du Louvre, C2RMF / T. Clot
图 15 | 达弗兰西斯科·普列马提乔《观景殿的阿波罗》，法国，1541—1543 年，借展自枫丹白露宫 © Adrien Didierjean, RMN-GP Château de Fontainebleau

第八展厅：宫廷的辉煌

不同文化的碰撞导致统治者之间史无前例的竞争。这种现象在 17 世纪上升到一个新的层面，并在整个欧洲、中国、伊斯兰社会和非洲各国间同时发生。君主通过权力的象征和宏伟壮观的宫殿来展现尊荣。驾马的君主肖像成为流行的艺术题材。

君主们争相吸引优秀艺术家，斥巨资建造富丽堂皇的宫殿和宗教场所。美轮美奂的宫殿、奢华精美的服饰、武器和艺术收藏展现出统治者的耀眼形象，旨在使其他国家黯然失色。（图 16—17）

第九展厅：新的生活艺术

工业制成品的全球化流通逐渐改变经济，塑造了新的消费模式。18 世纪的上等社会阶层逐渐达到曾经只有君主享有的富裕。房屋和服装的装饰越来越受到人们的重视。在中国、日本及欧洲，制造商在飞速增长，向越来越多的客户提供商品。
各大洲的艺术越来越强调围绕着私人领域发展。随着全球交流的增长，艺术也开拓了对遥远土地和文化的想象。欧洲日渐为启蒙运动所提倡的进步和理性哲学所影响。这一思想运动重视个体，探求个人在历史中的角色，正如 18 世纪末美国和法国革命所表明的那样。（图 18）

第十展厅：摩登世界

各国之间的经济竞争催生了欧洲工业革命。这场革命在 19 世纪逐渐扩展到世界其他地区。殖民主义与运输工具的发展对所有文明都产生了影响，欧洲艺术家从社会的变革中找到了灵感。（图 19—20）

人们庆祝技术的进步和艺术的创新。摄影是工业的产物。通过捕捉现实、消除距离，给人以占有世界的印象。自发明以来，摄影革命性地改造了艺术，促使欧洲乃至全世界的画家改变了他们作画的方式。

第十一展厅：挑战现代性

工业化的西方国家通过殖民在全球传播的“现代”和“进步”概念在 20 世纪受到质疑。两次世界大战和许多反殖民事件挑战了某种确信无疑的认知。艺术创作反映了这些变化，艺术流派的分裂和激进的趋势，体现出不断创新的活力。（图 20）

为了回应现代生活的步调，艺术运动的发展持续为我们开启新的视角。艺术的界限不断被重新定义、扩展或转变。巴黎和欧洲其他地区的前卫运动吸引了世界各地的艺术家。同时，北美艺术家在世界范围内的影响力日益增长，艺术视野趋向将世界视作一个整体。

第十二展厅：全球性舞台

21 世纪初，全球交流规模似乎已将地球变为地球村。1989 年柏林墙的倒塌标志着西方占据历史舞台中心的时代宣告结束。大多数大洲的经济崛起似乎预示了一个多极多元文化的世界。艺术家通过自身对此的理解演绎出不同版本的现代性。
电视和互联网图像的即时传播与无处不在，将世界置于不断自我反省的状态中：身份问题、自我叙事以及对我们脆弱星球的担忧。艺术家继续帮助我们认识这些存在主义的议题，与他们自人类诞生之初以来所做的并无二致。

图 17

图 16

图 20

图 18

图 19

图 16 | 青铜奥巴头像，贝宁王国（现尼日利亚），19 世纪上半叶 © Louvre Abu Dhabi / Thierry Ollivier
图 17 | 吉勒斯·盖伦《太阳之马》，法国，1668—1675 年，借展自凡尔赛宫和特里亚农宫国立博物馆 © Château de Versailles, C.Fouin
图 18 | 伯纳德·范里森堡二世，红色漆柜，巴黎 © Louvre Abu Dhabi / Thierry Ollivier
图 19 | 奥斯曼·哈米·贝伊《一位正在学习的年轻埃米尔》，可能来自伊斯坦布尔 © Louvre Abu Dhabi / Agence Photo F
图 20 | 梵·高《自画像》，法国，1887 年，借展自奥赛美术馆 © Musée d'Orsay, dist. RMN-Grand Palais / Patrice Schmidt

六 海上的“光之雨”

阿布扎比卢浮宫的建筑赋予了阿拉伯传统建筑以现代的意义。[1]

在海里发现一片建成的群岛很不寻常，更少见的是它被一把“阳伞”保护着，创造了一场“光之雨”。这就是阿布扎比卢浮宫。

阿布扎比卢浮宫标志性的穹顶由 8 个不同层面组成：4 个外层包覆不锈钢，4 个内层包覆铝层，由 5 米高的钢架隔开。4 个相隔 110 米的永久性墩柱支撑着穹顶，它们隐于博物馆建筑物内，给人以悬浮穹顶的印象。内部穹顶高度从底层到包层底面为 29 米。穹顶最高点海拔 40 米，地面以上 36 米。

穹顶的复杂图案是精密几何设计的结果。该图案在 8 个叠加层中以各种尺寸和角度重复。每道光线在出现或消失之前均穿透 8 个层面，随着太阳在白昼的运动，呈现出电影般的“光之雨”效果。在夜间，它形成了内外可见的 7850 颗星星。（图 21）

同时，博物馆与周围环境对比强烈的白色建筑系列灵感来自麦地那和低洼的阿拉伯地貌。

阿布扎比卢浮宫的建筑设计师让·努维尔（Jean Nouvel）观察到，如果观众能坐船到达博物馆，或从岸边步行穿过一座浮码头进入博物馆，惊喜程度将超越看到期待已久的馆藏或品尝到当地的茶、咖啡和美食。

人们都喜欢气候的例外情况。天气冷时，人们想要暖和些；热带地区的人们喜欢凉爽的感觉。我们无法很好地抵抗热冲击，艺术品也是如此。让·努维尔希望创造一个和谐的世界，结合光与影、反思与冷静。它也旨在强调着令人惊艳的邂逅所产生的魅力。作为城市长廊、海岸花园、清凉的避风港，阿布扎比卢浮宫的建筑美学与其珍贵艺术品殿堂的定位相一致。

[1] 博物馆建筑概览
建筑组成部分：常设陈列厅、临展厅、儿童博物馆、礼堂、仓库、保护建筑、修复处、公共空间、行政大楼、餐厅、咖啡厅、精品店
建筑面积：97,000 平方米
展厅总面积：8,600 平方米
常设陈列厅：6,400 平方米
临展厅：2,000 平方米
儿童博物馆：200 平方米
礼堂：420 平方米 / 270 座
总计：55 间独立建筑
常设陈列厅：26 间独立建筑
外部建筑立面：3,900 块面板（标准式样 20 平方米），由超高性能纤维混凝土（UHPC）制成
博物馆穹顶：7,850 颗星星，8 层包层；直径 180 米，周长 565 米，宽 7 米，层间距离 80 毫米；85 个超大尺寸元素，平均重量 50 吨。
最高点：海拔 40 米，地面以上 36 米
内部穹顶高度：地面以上 29 米
4 个永久性穹顶支柱：相距 110 米
最大的星星：直径 13 米，重 1.3 吨
穹顶钢结构：5,200 吨
内部与外部包层、周缘：2,000 吨
光栅、走道、网格和杂项：300 吨
穹顶透光率：1.8%
总施工时间：2 年

图 21 | 阿布扎比卢浮宫广场上的《萌芽》Germination, Giuseppe Penone, Louvre Abu Dhabi — Photo:Roland Halbe

七 建筑新地标

博物馆展厅内设计

用于建造展厅地面的石材选择与该展厅中作品的年代相呼应。展墙为悬挂提供一定灵活性：所有辅助设备可以隐藏于特殊的墙壁插槽内。

作为光源之一，经过滤的自然光照进阿布扎比卢浮宫的所有展厅，无论是通过能看到周围环境的侧窗，或是天顶照明。运用玻璃镜捕捉阳光并将其引入展厅空间的同时必须散射光线，以免形成刺眼的强光。博物馆的展厅里共有 17 个玻璃房顶。每个玻璃屋顶由 18 种不同类型的玻璃面板组成，博物馆共计使用了超过 25000 个单独的玻璃面板。这些玻璃屋顶结合自然和人工照明，为艺术品展出提供了最佳的照明系统。

陈列柜是由比利时的梅瓦尔特公司（Meyvaert）专门为阿布扎比卢浮宫打造的。它们选用了最先进的材料，并且设计能够灵活适应换展的各种要求。

博物馆的温湿度控制系统由设计团队专门开发，以满足博物馆展厅的严格要求。该系统可保持环境处于 21 摄氏度、5% 湿度，误差小于一个单位，为艺术品和参观者保证了稳定的环境。

展厅标识由菲利普·埃皮罗格（Philippe Apeloig）与让·努维尔工作室（Ateliers Jean Nouvel）合作设计。展厅内语言有阿拉伯语、英语和法语三种。黎巴嫩印刷文字设计师克里斯蒂安·萨克斯（Kristyan Sarkis）为博物馆设计了一种定制的阿拉伯字体——阿布扎比卢浮宫阿拉伯语字体。这种新字体将经典的阿拉伯文书法纳斯赫体（Naskh）与埃皮罗格设计的科尔弗特（Colvert）字体相结合。标识图案的设计呼应了博物馆的建筑，尤其是穿过穹顶的“光雨”形成的抽象图形。

环境保护

阿布扎比卢浮宫的穹顶可保护建筑物和户外广场免受阳光直射，提高参观者的舒适度并降低能耗。同时将临水的优势最大化，这令参观者能够全年在一个自我调节的“微气候”（micro-climate）中进行户外活动。设计团队采用被动式设计技术（passive design techniques）改善穹顶下的环境。

被动式设计是指利用建筑物的自然形状和材料固有的属性来改善气候条件。阿布扎比卢浮宫所运用的包括：
· 穹顶的遮阳效果及建筑物自身的遮阳作用；
· 优化穹顶的透光圈，使日光进入的同时不获取额外太阳能；
· 裸露的导热材料，譬如石材地板和覆层，夜间能自然冷却；
· 使用浅色和反光材料。

其他现代环保技术还包括：
· 高度绝缘和不透气的建筑物围护结构；
· 高效的供热、通风和空调系统，照明与卫生配件；
· 计量能源和水的使用情况，确保高效率，而泄漏检测帮助博物馆发现任何意外的用水情况。

上述环保技术取得了以下成效：
· 太阳能吸收减少 42%；
· 能源使用减少 27.2%；
· 用水量减少 27%。

图 22 | 阿布扎比卢浮宫广场 ©Louvre Abu Dhabi, Photo: Mohamed Somji

海边的博物馆

建造初期，博物馆所在地仍是一个旱地船坞。当时萨迪亚特岛西南角形成了新的临时海岸线，是用从海床上抽取的沙填埋而成。

博物馆地基由 50.3 万立方米沙土与 4,500 根桩建成。此工作于 2010 年完成。经 6 年，博物馆的建筑根基开始与海洋合而为一。最后阶段在阿布扎比卢浮宫周围的临时围坝内填海水，调高水位以适应海平面，随后撤去防渗墙并建成永久性海水防御设施。此工程历时约 8 周。（图 22）

防风抗浪

约 280 个海洋桩及混凝土防波堤、潮汐池和特别设计的“耐磨墙”（wearing wall）系统使阿布扎比卢浮宫免受外海影响。

博物馆的耐磨墙由超高性能混凝土预制单元构成。每个单元高 4 米，重约 10 吨。特殊的混凝土材料不仅能保护博物馆不受波浪影响，还能抵抗向外弯曲力，包括退潮。

步行广场位于海平面以上平均 4 米处。它配有封闭式栏杆，保护参观者在大风暴期间的安全。

八 启迪下一代

将青年培养成受过良好教育的批判性思考者，是阿联酋栽培下一代的核心目标。阿布扎比卢浮宫提倡的方法是鼓励观众——包括儿童、青少年和年轻人，仔细观察并深入思考展出的艺术品及其反映出的文化与观念。

在阿布扎比卢浮宫里有一个两层楼的“博物馆中的博物馆”——儿童博物馆，为阿布扎比卢浮宫的年幼参观者提供了约200平方米的空间。它的特展、实践活动和教育工作坊，以儿童能适应的高度和互动装置呈现。

自成立以来，阿布扎比卢浮宫一直与学校紧密合作，开发适合所有年龄段学生的各种资源，将博物馆纳入国家课程，并启发学生探索艺术史、考古学、人类学和博物馆研究等领域。阿布扎比卢浮宫为教育者提供了一系列的资源，例如与学校课程相关的重要艺术作品资源包，包括能引起学生兴趣的问题和课堂互动活动的建议，博物馆也提供给学校团体参观博物馆时或适用于课堂教学的全面的教材。通过提供这些博物馆资源与活动，我们希望倡导一种引起思考的、富有想象力的体验艺术方式，让下一代体会发现的乐趣和形成自己观点与想法的重要性。

在高等教育方面，自从阿布扎比卢浮宫建造计划宣布后，阿联酋见证了相关学科的本科生和研究生学位数量的显著增加：纽约大学阿布扎比分校艺术史专业提供博物馆和文化遗产研究方向的本科学位；巴黎索邦大学阿布扎比分校则提供了艺术和博物馆研究的硕士学位；阿布扎比扎伊德大学开设了博物馆研究硕士。阿布扎比卢浮宫与这些以及其他项目合作，共享资源，提供实习机会，鼓励学生进入文化创意产业。

在如今更进阶的合作中，来自各个领域的阿联酋学生都参与到了阿布扎比卢浮宫的学生大使计划，接受培训的阿联酋年轻人回到他们社区中，承担起博物馆项目大使的角色。

支持阿联酋下一代文化行业专业人士的发展是阿布扎比卢浮宫的使命之一，阿布扎比卢浮宫致力于培训和培养博物馆人才，以此助力阿联酋文化产业持续增长。

自该项目启动以来，阿布扎比卢浮宫为员工提供了在法国合作伙伴博物馆内接受顶级培训和工作的机会。如今阿布扎比卢浮宫的团队中有66%是阿联酋人，包括策展人、文物保护专家、研究人员和教育专家。

阿布扎比卢浮宫大事记

2007 年 3 月：阿布扎比政府与法国政府决定签署一份史无前例的政府间协议——阿布扎比卢浮宫项目上马。

2009 年：“谈艺术：阿布扎比卢浮宫”（Talking Art: Louvre Abu Dhabi）开幕，这是一次在酋长宫殿举办的先行展览，展品为 19 件入藏阿布扎比卢浮宫馆藏的作品。

2009 年 2 月：阿布扎比卢浮宫收入其第一件艺术品——在皮埃尔·贝尔杰—伊夫·圣罗兰收藏品的拍卖会上购得的一幅彼埃·蒙德里安（Piet Mondrian）的抽象画。

2009 年 11 月：让·努维尔（Jean Nouvel）参观测试中的光雨设施——一个 1:100 的穹顶模型，测试“光雨”效果。

2011 年：阿布扎比卢浮宫初版“谈艺术”系列开始；讨论平台运行了 5 个版本。

2013 年 1 月：阿布扎比卢浮宫的建筑合同被授予阿拉伯特科建筑有限公司（Arabtec）领衔的 3 个建筑公司团队。

2013 年：“一个博物馆的诞生”（Birth of a Museum）在阿布扎比玛纳拉特·萨迪亚特中心开幕，130 件阿布扎比卢浮宫藏品首次亮相。

2013 年 12 月：开始安装穹顶。

2014 年 4 月：“一个博物馆的诞生”在巴黎开幕，公布了作为常设陈列的 160 件展品。

2015 年 3 月：穹顶覆层安装完毕。

2015 年 7 月：“阿布扎比卢浮宫的故事”（Louvre Abu Dhabi Stories）于玛纳拉特·萨迪亚特中心开幕，展出博物馆最新藏品。

2016 年 6 月：阿布扎比卢浮宫穹顶首次夜间亮灯；海洋防御设施拆除，阿布扎比卢浮宫四面环海，与海相连。

2016 年 9 月：曼努埃尔·拉巴特（Manuel Rabaté）被任命为阿布扎比卢浮宫馆长，希萨尔·达哈里（Hissa Al Dhaheri）任副馆长。

2017 年 9 月：阿布扎比卢浮宫宣布官方开馆日期。

2017 年 9 月：谢赫·默罕默德·本·扎耶德·阿勒·纳哈扬殿下（His Highness Sheikh Mohammad Bin Zayed Al Nahyan）与谢赫·穆罕默德·本·拉希德·阿勒·马克图姆殿下（His Highness Sheikh Mohammad Bin Rashid Al Maktoum）到访阿布扎比卢浮宫。

2017 年 11 月：法国卢浮宫借展的莱昂纳多·达·芬奇的作品《不知名女人肖像》（La Belle Ferronnière）布展完成。

2017 年 11 月：阿布扎比卢浮宫于 11 月 11 日向公众开放。

湖南省博物馆

HUNAN MUSEUM

段晓明
湖南省博物馆馆长

图 1 | 新的湖南省博物馆外景，摄影：邱慧蕾

图 2 | 湖南省博物馆正门广场

图 3 | 湖南省博物馆新馆服务台上方，有矶崎新题字的中心服务台大型饰板

从 20 世纪 50 年代的筹建直到今天，湖南省博物馆经历了六十多年岁月。筹建之初，政府在长沙市最大的、具有纪念意义的烈士公园里辟出了 49,000 多平方米作为馆区，直到 2017 年 11 月 29 日，新馆建成。其中数个时间节点意义重大：首先，当然是 1956 年博物馆建成，正式开放；第二，是 1972—1974 年，“马王堆”的发掘引起了轰动，随后，一个集收藏与展示于一体的马王堆陈列馆建成于 80 年代；第三，2003 年 1 月 18 日，当年的“新陈列大楼”开放；最终，2017 年，新馆建成。（图 1—3）纵观湖南省博的历程，可总结为：第一，功能面积和供观众使用的面积越来越大；第二，正如美国中央公园内的大都会艺术博物馆，湖南省博物馆也是建在公园旁边的，我们一直以来都在积极尝试，寻求真正地把博物馆和烈士公园融为一体的可能性，一墙之隔，“墙”并不是不能推倒的。

— 湖南省博和湖南人

于城市而言，湖南省博物馆具有特别的意义。2008 年，我馆曾被湖南省的《潇湘晨报》社评为“引领城市风尚的博物馆”，那是因为我们举办了很多艺术文化展，包括“走向盛唐”“古典与唯美”“国家宝藏”“凤舞九天”等展览。新馆的建设更是融入了我们对于博物馆与城市关系的思考：其一，我们的博物馆需要建立在城市人口最密集的、市中心的区域。虽然，倘若馆舍建立在城市外部或是新区，使用面积和建筑各方面的功能性会更理想，但我们还是坚持在这狭窄的、用地面积不宽裕的区域改建博物馆，为此我们费了很多心思。其实，还是有很多领导想把省博安置到新区的，因为从地方和对博物馆的配套设施建设角度而言，肯定会更完善、更好一些，但是我们总觉得，这样做，省博和我们的城市的关系就远了。所以我们一直坚持在原址进行博物馆的改扩建，这也是基于我们对博物馆和这座城市关系的理解做出的选择，我们选择和这个城市的人民紧密地联系在一起，就在他们的身边。最后，在老城区，我们终于历经千辛万苦，一以贯之，完成了这一重任。

其二，在湖南省的所有博物馆中，湖南省博物馆应该算是“龙头”，所以，我们不仅必须建设好自己的新馆，更应该积极地和湖南省的其他博物馆、纪念馆、美术馆进行互动，进行共建，做到共享与共有。首先，去除对藏品所设的壁垒，可根据需要开展馆际藏品互借与互相展示。我们那些在库房内的藏品，暂时未能在本馆得以陈列，有时恰恰是适合在其他博物馆展出的，而同时，我们也从其他博物馆借用适合我们的展览的藏品，比如新馆推出的“湖南人”基本陈列，我们从整个湖南省调集了 240 多件 / 套文物，共计 30 多家文博单位给予这一展览支持，这是一种非常好的尝试。今后，湖南省博物馆在这一方面会以更为主动积极的姿态去寻求和其他博物馆展开多层次的合作与交流。同时，我们也非常乐于对湖南省的其他博物馆的教育培训、文创开发、博物馆管理等各方面给予支持和帮助，这更倾向于形成一种“博物馆联盟”，带动整体进行互动。由此，整个湖南地区的博物馆事业就会走上蓬勃发展的道路。

现在，新馆的建设更是一直坚持着力打造人性化的服务体系，所以在基建同时，我们曾列出了 133 项人性化建设要点，这就是为了尽可能在观众服务方面考虑缜密，尽力而为。

二 一脉相承的理念

从博物馆的理念来说，从老馆到新馆，我们一脉相承的理念，就是必须不断提高观众服务的品质。

新馆的建设，就是基于这一个理念而获得的工作成果。2008 年之前，前馆长陈建明先生就提出，博物馆应该积极地向上级主管部门“要”政策，积极地向市场“要”观众。当时还是处于全国各大博物馆免费开放之前，湖南省博的一张门票售价 50 元。2008 年免费开放之后，我们秉持着这样一种态度——在管理方面与政府保持“一臂之距”，也就是说，湖南省博物馆作为一个文化单位，和上级主管部门之间应该有“一臂之距”，博物馆本身的自主性和发展空间是需要保护的，否则，将失去生机。而对于观众来说，当时我们提出了这样一个概念：把服务延伸到排队领票的最后一位观众身上。过去，在酷暑季节，因为当时的展馆狭小，每天的参观人数上限是 5,000 名观众，有时，我们一天内发出几千瓶矿泉水，给烈日下排队的观众尽可能地送上一点关怀。虽然因为任务重大，我们不得不赶着时间节点开放，开放的同时，仍然存在很多不完善的地方，但我们将一直进行整改和优化人性化建设工作。

三 新馆

虽然在实际建设过程中，新馆的规划并未完美地落实，但应该说还是比较符合我们最初的设想的，我们成功地以博物馆功能为主完成了建设方案。

首先，在集思广益之后，我们一致认为应该打造一个“博物馆广场”，即一个文化空间。新建的博物馆是一个涵盖丰富的文化项目、多种多样的文化功能和完善的观众服务体系的文化综合体。2018 年 3 月，我们新馆的教育中心对外开放，4 月书店和顶层餐厅开放，5 月咖啡厅开放，6 月 VR 中心开放。同时，我们的博物馆属于文化系统，所以，我们和剧团、文艺机构的合作也将带给这个文化综合空间以新的创意。

其次，另一个关键点是“展陈为先”。在设计上，我们首先考虑的就是展厅的功能，以求设计充分满足展陈需求，尽可能地优化展厅空间。为了适应今后各种规模的展览陈列需求，新馆临展厅的层高达 6 米，还有一个临展厅则有约 10 米左右的空间高度。即便普通观众并不能即刻感受到展厅建筑的用心之处，但至少可以发现，在我们今天的展厅空间内，是见不到一根柱子的。“湖南人”“马王堆”陈列展厅都没有设立一根柱子，确实做到了以展览为重，为展览预设了一个理想的空间。

第三，最初我们就决定无论如何要做一个反映湖南区域文明的展览。60 年来，湖南省博物馆虽然叫作“综合性的历史艺术博物馆”，定位就是反映湖南区域文明，但是一直以来并没有一个整体反映湖南区域文明的通史展览。这一次我们的理想实现了。

第四，博物馆必须以观众为中心，还是回到观众，尽可能地为观众提供方便。我们确实想了很多办法，比如新馆的通道设计，现在设有一个下沉式的观众服务中心、一个博物馆艺术大厅的大门入口，北面设置了服务残障人士的绿色通道，南面设置了专门的学生通道和旅游团队通道；此外，北面还设有公务接待通道和员工通道，总计 6 个通道。如今，我们每天接待的观众为 12,000—15,000 人，到了周末会超过 20,000 人。虽然我们针对博物馆观众量已准备了以上通道，但实际运营中仍存在一些问题，还有待进一步完善。

图 4 | 彩绘立俑出土原貌

四　展览

1. 长沙马王堆汉墓陈列

湖南省博物馆的藏品和展览中，马王堆汉墓出土文物的研究、展示与保护是重中之重。我们首要的理念是让文物美丽起来，并将这一认识统一于展示、宣传、教育的每一个层面。（图 4—8）

博物馆的很多观众未必有人文学科方面的知识储备，那么，那些不起眼的重要文物就很容易被错过，让文物变得更美，观众才会多停留几秒，而这短短几秒非常重要，意味着观众了解这件文物的前世今生的机会增加了。我们在展厅里是不设自然光的，灯光就是文物的“衣服”，用灯光这样一种调节的手段，让文物美丽起来。比如“长沙马王堆汉墓陈列”中的餐具器皿，在灯光效果下呈现出了华美的家宴盛景。

我们的第二个理念，是把每一个展柜设定为一个舞台，既然是文物的“舞台”，就必须设置舞美效果，呈现某种类似舞台的效果。具体来说还是在灯光上下功夫，同时也要面对柜内灯光对文物的保护的问题。比如，对丝织品的照明不能超过 15 勒克司 (lx)，必须严格按照文物保护的要求定制，最终，我们引进的是一种特殊的光纤灯，用来作为光源。灯光团队在整个工程中起到了至关重要的作用。

第三点，适当运用科技手段，但绝对不能和主展线冲突。在“长沙马王堆汉墓陈列”中，运用了一个球幕，以及最后的墓坑 3D 投影。关于墓坑的展示，起初我们是希望使用虚拟现实技术的，但因为面积太大，且高达三层，在技术上实现不了，所以才退而求其次。在“湖南人”陈列中，我们前后运用了两个环形屏幕，第一个是展览开始之初的“家园”，第二是方形的环幕“红色记忆”部分，用来点题。

图 5 | 彩绘立俑展陈效果

图 6 | 马王堆帛画线描图

图7 | 马王堆帛画

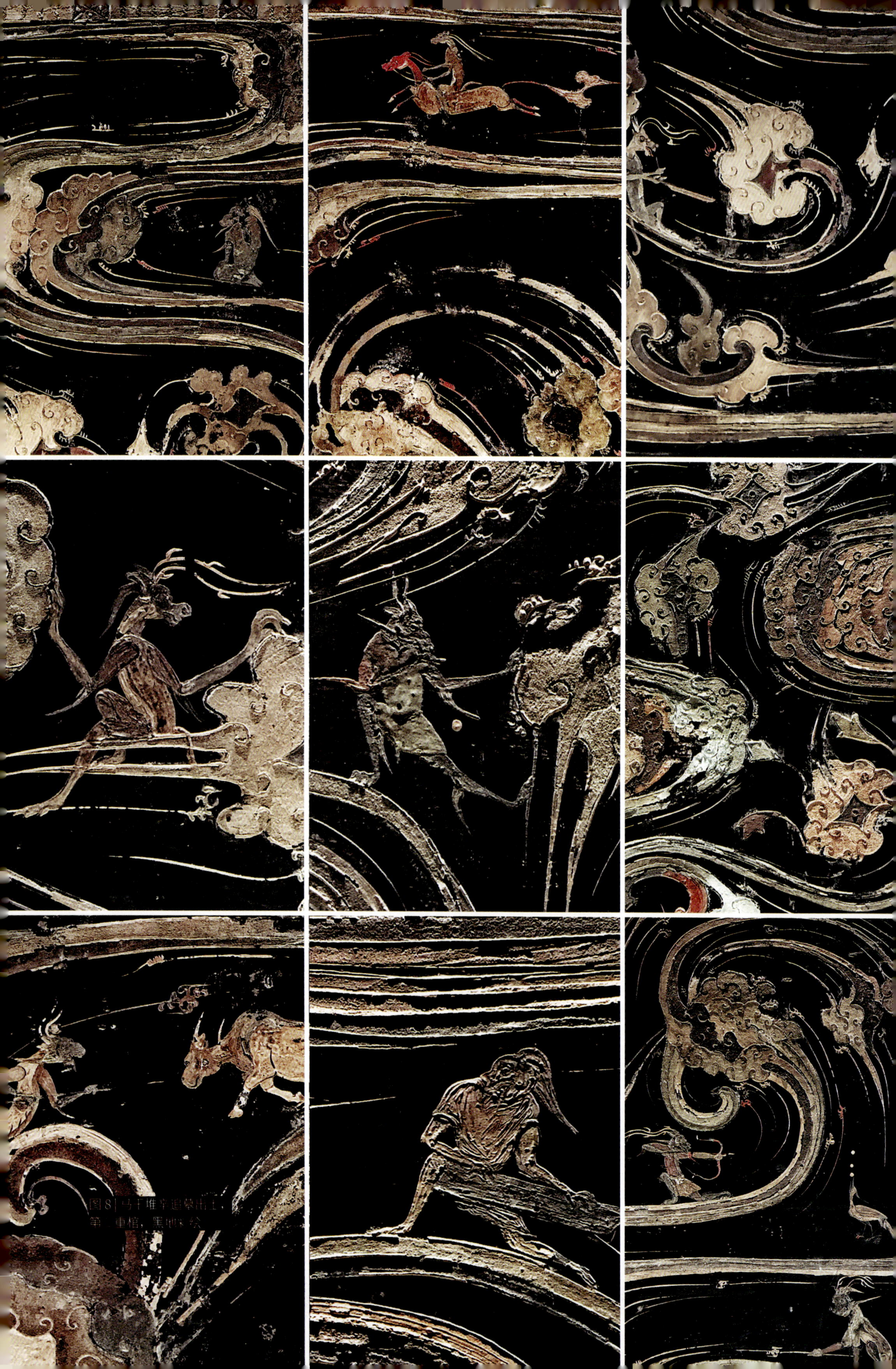

图8 | 马王堆辛追墓出土，第二重棺，黑地彩绘

第四点，尽量用图形对文物进行阐释。我们发现，展厅里如果呈现很多文字，固然能更明白准确地对展览和陈列作出诠释，然而，身处“读图时代”的观众究竟能停留在那儿几分钟阅读完这些文字呢？故而，我们只是对极其重要的部分进行文字说明，标题也尽可能地精炼，尽量用图形对文物进行阐释。这不啻是一种好的方法。

“长沙马王堆汉墓陈列”，不仅精益求精，我们还完成了一个非常炫的效果。观众从开阔的地带慢慢地往下走，就好像真的从墓坑口往下走，前路渐渐变窄，那是我们刻意为之的。经过 1:1 还原的马王堆一号墓墓坑，观众终于抵达辛追夫人遗骸的瞻仰区，可以说最大程度上实现了考古场景的再现。

2. 湖南人——三湘历史文化陈列

新馆陈列中终于把反映湖南区域文明的“湖南人”献给了观众。毋庸置疑，陈列还有很多需要改进的地方，但是我们做到了，实现了湖南省博物馆 60 多年来的夙愿。

我们的很多青铜重器进入了这个通史陈列，目前而言，绝大多数博物馆是不把这些重器放入常设通史陈列的，一般会为其特别设置一个专题展室或艺术展览，更有甚者，单独选出作为镇馆之宝展陈。然而，我们认为，这些青铜铸器虽然是国之重宝，但是，它们在这一方区域的历史长河中，可用于反映某一方面的问题，比如人面纹方鼎、豕尊、皿方罍（图 9）等，其实是反映了当时商周时期礼制这一方面的内容，用它们去表现这种内容是更具有说服力的，令观众印象至深。这个陈列体现了我们对于每一件文物价值的认识。所以，就这一点而言，我们的“代价”是非常大的，不是在于金钱方面，而是在藏品的定位上，使用了顶级的藏品，构成了通史陈列。这表明了我们的决心，我们愿意花博物馆最大的代价来展示“湖南人”。

3. 东方既白——春秋战国文物大联展

特别展览对博物馆而言，永远是重要的。我们很早就着手筹备一个特别展览，来迎接新馆的开放。
“东方既白”体现了湖南人的精神——敢于创新。当然，学术争鸣总会存在，但是我们毕竟为新馆献出了这份礼物。秦汉展、盛唐展、宋元展、明清展都以各种形式展出于中国乃至世界各大博物馆，只有这五百多年春秋战国历史，尚且没有展览先例，因为，这五百多年文化的内容太丰富了，叙事太宏大。当然，也正是因为新馆开馆的契机，使我们敢于动用湖南省博物馆所有策展力量，来尝试反映这一段历史的命题。

4. 在最遥远的地方寻找故乡：13—16 世纪中国与意大利的跨文化交流

我们认为，博物馆一定要敢于和国内乃至国际上顶级的策展团队和学术团队合作，这应该是展览提高品质和提高学术价值的一个很好的路径。所以，此次我们和中央美院的李军老师领衔的团队进行合作，由我们的副馆长和展览部门工作人员与他们对接，在 2018 年新年伊始，推出了“在最遥远的地方寻找故乡：13—16 世纪中国与意大利的跨文化交流”特展。

博物馆的特展，一是要加大自己的策展力度，二是要有开放的平台和理念，其实是一脉相承的，终极目标就是提高展览的学术含量，给观众一个非常棒的展览。湖南省博物馆会照着这条路往下走，不求所有，但为所用，一定会继续跟更多国内顶级团队进行合作，相互借鉴相互学习。

五 一些经验

在新馆顺利开放之际，回顾数年历程，有一点感受特别强烈：由博物馆为主导去完成这么一项工程，虽然出发点令人振奋，但是，博物馆自身是缺乏把控基建的专业团队的，建馆的过程倍加艰辛。

我们认为，如果主导建设的博物馆能坚持自身需求，请专业团队以此为据进行管理，会比完全自主建设更为理想。因为，在建设过程中，如果博物馆对于建筑的专业掌控力不能到位，很多理念和构想确实是无法落地的，经费配比、材料、品质、融合、进度，以及每一环节的严丝合缝等，只有真正的专业团队，才能贡献最佳的建议，从而对承接工程的队伍下达最有效的指令。大至钢结构，小至墙体、地面，乃至辅助的扶手设施等到底选择什么材料，应该聘请一个掌控力强的代建团队，而博物馆方应融入到这一管理团队之中。

从设计的角度来说，当时我们是希望实现一体化设计的，就是把建筑本体、景观、智能化、展陈等形成一个设计闭环。当时我们进行的招标最终落实于三个设计团队构成的联合体，建筑景观由日本矶崎新事务所承接，公共空间装修和展陈设计由中央美院团队承接，具体实施计划由湖南省设计院承担。实际上，在设计阶段，依然是以湖南省博物馆自己的力量去融合这三家顶级设计公司的。在这么短的时间内，推进一体化设计的闭环是非常艰难的。此外，在中国国情下，博物馆的建设中很多因素不是完全由主导者来掌控的，外界环境的干扰和影响一直难以避免，比如在博物馆建设过程中要求什么时间节点必须完成什么内容，而这些时间节点有时确实是超乎常理的。

六 未来

过去，湖南省博物馆数任馆长的努力已经取得了累累硕果，比如，我们的三家理事单位——湖南广播电视台、湖南日报报业集团、湖南出版集团，都对湖南省博物馆给予了莫大的支持。中央电视台隆重推出的“国家宝藏”节目中，“皿方罍”的前世今生的故事是非常感人的，“皿方罍”的回归，就离不开他们的贡献。

沿着前辈们的足迹，我们更加明确了自己的使命和宗旨，那就是打造一个共建、共享、共有的“我们”的博物馆。而“我们”，就是全社会。开放的观念，首先应体现于物的层面，开放面积更大、尽可能地多开放，库房藏品也应该开放给所有有需要的专业研究人员；其次更应体现于思想意识上，真正欢迎合作者共同办新的展览、新的文化活动、新的教育策划……

今天的中国博物馆，应该能够做到放下包袱、打开库房、打造平台，让更多人士参与到博物馆的建设当中了。这是中国博物馆走进人民、走向国际化的最佳路径。

当然，中国的改革都是循序渐进的，不可能一蹴而就。所以我们应该有耐心，关注整个社会、整个世界的变化，积极寻求机遇。

2018 年春节过后，我们召开理事会，根据市政府相关部门的要求，在财政上提出合理的、建设性的方案，为湖南省博争取更辉煌的未来。不积跬步，无以至千里，也许，2018 年初的理事会能为财政自主问题寻求一些出路，将来，理事会就能解决一些和企业合作的问题，我们有耐心和决心，也有干劲。[1]

[1]2018 年 2 月，《博物馆评论》采访了湖南省博物馆馆长段晓明。

图 9 | 皿方罍（局部）

设计互联

DESIGN SOCIETY

奥雷·伯曼 (Ole Bouman)
翻译：童亚琦

2017 年 12 月 1 日，综合创新文化平台设计互联（ Design Society ）在深圳开幕。设计互联秉承深圳蛇口的先锋精神，以创新为核心，通过举办多元的展览和活动，聚集全球最新最强的设计力量，培育创新人才，催生创新机遇，助推行业变革，旨在激发设计作为社会发展的驱动力。

图 1 | 设计互联 | 海上世界文化艺术中心航拍图 © 设计互联

图 2 | 设计互联 | 海上世界文化艺术中心面朝蛇口海湾，对面是香港的流浮山 © 设计互联

2018 年 2 月，《博物馆评论》采访了设计互联馆长奥雷·伯曼 (Ole Bouman)。

《博物馆评论》：　能否与我们分享设计互联在筹备、建造和开馆阶段的一些情况？

奥雷·伯曼：　我在 2013 年初来到深圳，担任第五届深港城市 \ 建筑双城双年展（UABB）的创意总监。UABB 在深圳华侨城创意园连续举办了三届，而那一年他们决定启用新址。

在和当时双年展的主赞助商招商局集团讨论选址时，选项之一是位于蛇口工业区西部已经废弃的广东浮法玻璃厂址。我第一次见到工厂，即为它的空间品质倾倒，并当即确信它会成为一个非常棒的场馆。我漫步壮观的筒仓和生产车间，攀爬到建筑顶层俯瞰四周，西面是珠江，北面是南山，南面是香港，东面是深圳的海天一线。（图 1）

我意识到此地的历史重要性，不仅仅因为其曾经生产了用于汽车产业和现代深圳建筑的数百万吨浮法玻璃，也不仅仅是因为其建筑品质，还因为它在中国近 40 年工业历史中的地位。俯瞰周围的工厂、港口设施以及集装箱码头，这些已成为“世界工厂”深圳的象征。

更为重要的是在这片土地上进行的经济特区试验，曾经见证了中国改革开放的决定性时刻。因此，当时我们不只是利用这个场地，将其作为展览的浪漫舞台，而是开始着手将这些建筑转换成一个实际的文化空间，当时的展览是一个阶段性的成果。（图 2）

图 4 | 设计互联室外实景 © 设计互联

我们重新定位了此地，将其作为纪念历史的象征和成就未来的灯塔，践行深港城市 \ 建筑双城双年展“城市催化剂”的理念。如今被称作“价值工厂”的玻璃厂内，仍留存着当时我写的一段文字：

“欢迎来到这片‘文化特区’。不久前，就在这里——蛇口工业区的中心——每年生产数以千吨的玻璃，塑造了中国现代城市的形象。炼炉曾在此矗立，储存于厂房中的材料被制成产品。在你面前的这堵墙后，成品流入市场，它们为深圳带来了奇迹般的经济增长。

这样的过去期许一个未来——未来有可能再次在这个厂区内发生。创意出现、设计落地。在这里，人们的干劲创造了价值。欢迎来到‘价值工厂’（Value Factory）。”

——奥雷·伯曼

第五届深港城市 \ 建筑双城双年展 (深圳)

创意总监

我愈加意识到此地在深圳、中国乃至整个世界中所扮演的特殊角色。因而，当再次受邀与招商蛇口合作筹建一座新的设计博物馆时，我备受鼓舞。与“价值工厂”相比，新的设计博物馆更靠近深圳主城区，坐落于蛇口的海上世界滨海城市综合体，这里汇集了餐饮娱乐、高端写字楼与住宅区、酒店等多种业态，建筑风格杂糅，颇具特色。早在筹备深港城市 \ 建筑双城双年展时，许多工作会议就在此顺利进行，让我得以日益了解蛇口的历史和它未来的潜力。对我而言，从策划双年展到筹建一座永久文化机构，进一步发扬蛇口自 20 世纪 80 年代以来的先锋精神，这是一种莫大的荣幸。（图 3—4）

在设计互联的筹备过程中，团队招募让我感触颇深。这是建立一座新机构的过程中最有价值的面向之一。被委以确立机构宗旨，树立品牌，制定全面战略的重任，我非常感激，但是要真正落实这些项目，需要许多有才华、果敢和坚韧不拔的人。

图 3 | 设计互联 | 海上世界文化艺术中心航拍图 © 设计互联

图 5 | 设计互联 Logo © 设计互联

我们有幸找到了他们。事实上，基于坚定的信念和团队的辛勤工作，我们正在靠近目标。团队成员们基于对项目愿景的共识，展现出各自的技能、专长和背景。他们来自全球各地，其中不少在海外接受过教育。他们热爱艺术、设计和文化，同时表现出对创新和自治的浓厚兴趣。我很好奇他们未来的职业生涯发展并对此充满期待。

我想再分享筹备阶段的一段特别记忆：在设计互联隆重开幕前的两年间，我们不仅在幕后工作，而且积极展现、尝试不同的想法、议题和活动形式。例如，我们为蛇口居民举办了大型的社区节，不仅呈现设计互联团队精心准备的内容，并联合了多方包括学校、创客空间和当地的小型企业参与。我们参加行业活动，如伦敦设计周、北京设计周、上海西岸艺术与设计博览会、上海设计周、设计上海等，介绍设计互联，并促成了一些具体的合作项目。我们参与了第一届深圳设计周，策划举办了展览“发现深圳创意”（Wayfinding Creative Shenzhen）。正是在设计周的活动中，我们首次表明，设计互联希望在受全球关注的独一无二的深圳创意生态中，担当“互联”的角色。这些项目，都是在设计互联打造品牌的大框架下进行的，标志着我们致力于成为一个综合创新文化平台，致力于中国设计与国际设计、设计人才与机遇和挑战、商业创新与文化创造之间的互相促进。（图 5）

我们很高兴能够找到来自加拿大的布鲁斯·茂设计事务所（Bruce Mau Design）担任我们的品牌设计，将设计互联的宗旨视觉化，并定义了我们的机构名称。就具体的图标设计而言，优雅的汉字网格呼应了我们希望建立包容性平台的想法。同时，布鲁斯·茂设计事务所也让我们从客户的角度参与创作过程。我以前做过杂志编辑，了解向设计团队简明扼要地传达一个展览、特别报道、议题等所需的明确效果是多么重要。布鲁斯·茂设计事务所称这个过程为“共同创作”（Co-Creative），这样的描述名副其实。

图 8 | V&A 亲子工作坊 © 设计互联

《博物馆评论》： 设计互联的创立方招商蛇口，及其创立合作伙伴英国维多利亚与阿尔伯特博物馆（V&A），在整体筹备工作上是如何分工的？

奥雷·伯曼： 招商蛇口与 V&A 的合作，是中国重要企业与英国国立博物馆之间前所未有的开拓性国际合作。这项合作主要由以下三部分构成：

其一，V&A 展馆（V&A Gallery）。V&A 基于其 230 余万件馆藏和过去三年间针对深圳及粤港澳大湾区创意生态的深入调研，为其精心策划了半常设的大型开幕展“设计的价值”（Values of Design）。此外，设计互联还将展出两档来自 V&A 的巡回展览；（图 6）

其二，培训与咨询。V&A 以其在专业领域的建树，分享成熟的机构管理经验，帮助设计互联建立专业的团队；（图 9）

其三，拓展观众。在创作者、设计师、学校和年轻家庭云集的深圳，V&A 协助设计互联拓展联系网络，尤其是在学习和阐释方面（Learning & Interpretation）。我们每个月都会有围绕 V&A 展馆内容举办的互动工作坊，V&A 协同我们的公共教育部门，同本地的各类教育机构积极开展合作。（图 8）

《博物馆评论》： 您能否详谈一下双方合作的细节？

奥雷·伯曼： 在商业、品牌和内容的合作开发方面，招商蛇口与 V&A 尽管在某些方面彼此有些陌生，但二者也有着共同的历史——他们都是将设计提上社会议程的先行者，并通过培育创意产业来实现设计驱动社会的宏愿。

设计互联项目经历了近七年的精心筹备，早在项目筹备初期，招商蛇口就已与中国和国际的大量行业先锋探讨项目的前景。这一过程包含了各方人士对国家创意产业、设计行业发展，对片区的文化提升，对未来生活的期许。作为创立方，招商蛇口希望通过设计互联，提升社会的审美观和素质，提升设计的地位，让设计受到关注，让设计受到重视，让设计获得尊重，让设计师有地位；而这些愿景也呼应了 V&A 自身的立馆宗旨：展示全球最佳的艺术与设计创作典范，并为英国的设计师与制造商提供灵感，同时让尽可能多的大众接触到艺术作品，并持续不断地激发公众的好奇心和想象力。

图 6 | “设计的价值”展厅 © 英国国立维多利亚与阿尔伯特博物馆
图 7 | “设计的价值”展厅 © 英国国立维多利亚与阿尔伯特博物馆
图 9 | 大学教师预览 © 设计互联

在确定了与 V&A 的合作后，双方就研究与策展如何连接当地观众的期望、如何展示中国与国际的设计典范、如何在中国博物馆实践的背景下创建一种新的机构运营模式进行了多轮细致的讨论，而所有工作都是在双方团队的紧密合作下完成的。

V&A 希望不只是展示自己已被人所熟知的形象，相反，他们想要一种区别于近几年其他国际博物馆拓展“卫星”馆的战略。首先，他们注重与本土的相关性，这体现在项目管理、研究、展陈叙事等方面。这一切都是为了吸引深圳本地的观众。达成这一目标的关键是双向交流，而不是告诉我们该做什么。合作，而不是空降项目；共同创造，而不是文化输出。（图 7）

这一雄心超越了单纯的言词，V&A 在招商蛇口的大力支持下，组建了一支专门的团队投入筹备工作，取得的成果不仅包括目前正在展出的半永久展览和将要来到深圳的两场巡回展览，还有持续进行的丰富的学习项目和公众活动，以及一系列设计互联员工培训课程。也许最能表现 V&A 筹建工作的一点是资深策展人、汉学家孟露夏（Luisa Mengoni）被派驻到深圳生活、工作了三年，由此融入深圳的设计社群。

在招商蛇口的支持下，V&A 在深圳本地的研究活动不仅为展览策划和诠释提供了基础，也为博物馆收购新藏品提供了条件。因此，通过“设计的价值”展览，设计互联不仅展示了 V&A 引人注目的馆藏，而且还将其置于重要的地缘政治背景中。

《博物馆评论》： 作为馆长，您面临着什么样的实际挑战，又是如何解决的？

奥雷·伯曼： 我们面对的现实是：

因地制宜地采纳 V&A 在 166 年中累积形成的博物馆运营与管理系统，并由另一种文化、社会模式和工作文化状态下的年轻团队重新创造。这如何做到？

必须将文化方面的努力与混合的创新商业模式相结合，使设计互联能够可持续发展。这如何做到？

必须为这一全新的机构和平台建立一个充满活力的新品牌，在依靠和尊重一个历史悠久并享有国际声望的博物馆品牌的同时，它必须拥有一定的主导权。这如何做到？

既要创新，又要广泛传播。这如何做到？

还有许多类似的问题，其中一些在项目推进的过程中已经得到了解决。我们现在了解到，关键是具备出色的文化外交能力，这将有助于我们成为其他机构和国际公司的强大合作伙伴。我们甚至相信，按照相关法规和程序，在中国举办一个国际展览所需的专业知识和实际执行能力本身，即是未来的宝贵财富。同时，我也领悟到果断和耐心可以是同一枚硬币的两面。也许我做的最困难，但也最有成效的决定是保持耐心。我希望有一天我能将此写成一本书。能在职业生涯的成熟阶段，再次离开我的舒适区，我深感荣幸。

图 10 | 首届“你好，深圳！”中英创客交流项目驻地设计师 Ross Atkin

《博物馆评论》：　您能否介绍一到两个最能反映设计互联的使命——连接设计与社会、设计与日常生活、设计与工业的项目？

奥雷·伯曼：　这三个层面的连接功能的确是设计互联的核心使命。2017 年 12 月 2 日、3 日设计互联开馆后推出的首批项目，从策划之初，就定位成该核心使命的宣言。

设计互联的愿景是成为一个集专业展馆、体验中心和专业人士聚集地为一体的综合性机构。数字化在当今生活无处不在，这是一个紧迫的议题，我们应全力关注并尽情想象这场数字化的变革。我们的开幕展览“数字之维”（Minding the Digital）正是让观众从这个角度来观察当代设计的发展。展览强调了当代设计中最重要的一些运作模式，鼓励观众超越器物美学的层面，进一步思考设计的价值，例如材料、生产技术、人际互动和社会组织等。展览探讨了在 21 世纪，我们究竟是如何“设计社会”的，在技术革新推动社会与社会真正的需求之间，人类的想象力可以怎样发挥作用。我相信，设计能够架起心灵和算法之间的桥梁。其次，展览作为一个实验性平台，容纳了观众的反思与行动。我们试图呈现设计作为一种赋权的行为，这与通过设计提升品质同样重要。展览邀请观众自行参与设计。当代设计是一个兼容并包的领域，每个人都能成为实践者，定义自己的技能、公共语言、公共形象以及自己的运作模式。创客、编程、传播等领域非常多样化，而设计是他们的最大公约数。展览呈现了设计如何从一块专业领地，转变成一种态度和工作方式，契合设计互联的整体精神——提供超越审美快感的公民体验，并凝聚所有的贡献者，呈现关于如何“设计社会”的不同声音。（图 10）

图 11 | 肖子文沟通互动装置设计工作坊 © 设计互联

图 12 | 超常识商店焊接体验课 © 设计互联

展览之余，在盛大开幕期间，我们举办了两个整天的公共活动，这也体现了设计互联的使命。为了尽快加入全球的设计讨论，设计互联在 2017 年 12 月 2 日举办了“创意实践如何设计社会”（How Creative Practices Design Society）的会议，探讨今时今日创意产业对全球的影响。与会的发言人包括伦敦设计周主席约翰·索瑞尔（John Sorrell）、槇文彦（Fumihiko Maki）、布鲁斯·茂设计事务所首席执行官亨特·杜拉（Hunter Tura）、建筑师和设计师萨姆·雅各布（Sam Jacob）、迈克尔·杨（Michael Young）和冯雁（Pascale Fung）等行业专家。

思想激荡后，还有许多动手的活动，以响应设计互联希望在“制造之都”深圳扮演的角色。参与者们与双人纸艺创意团队 Stickyline 一起制作三维纸艺灯泡，与互动艺术家肖子文（Eric Siu）一起设计通讯设备；参观完 V&A 展馆后，观众也可以加入手工作坊，亲自体验时装设计。（图 11）

合作式的快闪商店和学习工作坊（study lab）便于我们与本地设计团队建立联系。我们为观众创造的不仅仅是消费体验，还是一个发现之旅。设计互联的商店推出了首个快闪区域，与创客网（MakerNet）合作，展示了明和电机（Maywa Denki）最新的电子乐器系列。（图 12）

《博物馆评论》： 我们是不是有幸能听策展人谈谈策展“设计价值”和“数字之维”两个展览的心得？

奥雷·伯曼： 设计互联主展馆的开幕展览“数字之维”，展陈面积近 1300 平方米，由国际知名设计事务所 MVRDV 和创意设计团队 Thonik 共同设计。（图 13.1—13.2）

“数字之维”展览由设计互联项目总监赵蓉和高级策展人陈嘉莉（Carrie Chan）协同展览部门与几位助理策展人共同完成。陈嘉莉在策展陈述中写道：

“自 2009 年中国普及移动互联网技术以来，我们的生活发生了巨大的变化。无所不在的移动互联网，飞速推进了数字化技术的全方面应用：从手机、智能穿戴设备到智能建筑，数字化正在改变着人们创造、表达与沟通的方式。正是数字化背后无数的设计细节，成就了今天的数字化生活体验。（图 14）
如果数字化融合在未来不可或缺，我们希望专注探究设计在塑造其角色时所起的重要作用。反思技术发展的历史，在决定人们如何接受新技术方面，设计起到了至关重要的作用。随着数字技术和互联网的日益普及，设计会如何影响我们的日常经验、思考、关系和价值体系？”（图 15）

图 13.1

图 14

图 13.2

图 13.1—13.2 | “数字之维”展览现场 © 设计互联，摄影：张超
图 14 | “数字之维”展品 © 设计互联，摄影：夏德岛

图 15 | 《多重穿梭》（Polythread），简妮·莎宾（Jenny E. Sabin），简妮·莎宾工作室 (Jenny Sabin Studio)，2016，fiberglass rods，3 bases，610×610×381cm © 设计互联，摄影：张超

设计互联 V&A 展馆首席策展人、“设计的价值”展览策展人柯鹿鸣同样认为，我们有责任通过设计去探讨更宏大的问题。随着时间的推移，设计能够创造更多价值。（图 16.1—16.8）

他在策展陈述中写道：

“成立 166 年以来，V&A 坐拥 230 余万件馆藏。不同部门的策展人对我们的物质世界进行深入研究，陆续收藏具有历史意义、教育意义和艺术价值的物品。因此，V&A 成为了一座宝库，不仅是物的宝库，还是观念的宝库——包括价值的观念和设计的价值。每一件物品，因我们看到其价值而收藏。对此，V&A 总计 80 多名策展人发出的不是统一的声音；相反，价值由什么构成这一问题，可谓一片观念的战场。

‘设计的价值’展览通过 V&A 的馆藏，通过一个半世纪以来设计师和设计批评家的言论来检视不同的价值立场，透彻地剖析这一文化辩论，并开放讨论。正因当下中国对设计投以极大关注，所以在我们看来，理解推动设计背后的价值取向，是塑造中国设计未来的关键。”

两位策展人的分享，代表了反思和参与并行的出色能力。但我必须再次指出，在我们的团队中，这些美好品质无处不在，我对此印象深刻。为了展现团队中每个人的潜力，在开馆之际推出的新书《设计互联：一个综合创新平台的诞生》回顾了每一个想法从诞生到实现的过程，团队的每个人都发出了自己的声音，我极力推荐各位阅读。

图 16.1

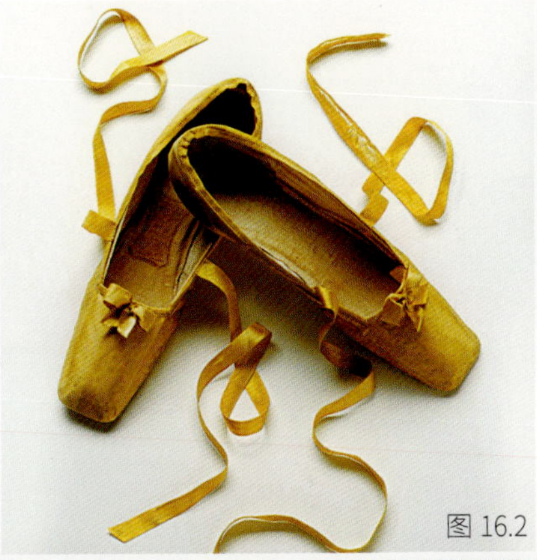
图 16.2

图 16.3

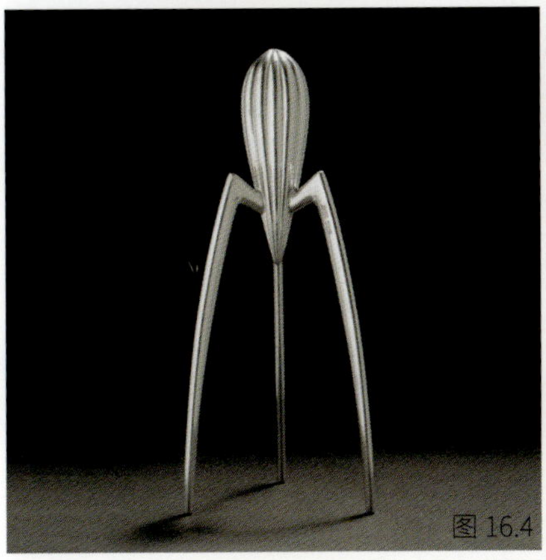
图 16.4

图 16.5

图 16.6

图 16.7

图 16.8

图 16.1 | 星盘 (Astrolabe),Iran, 18th century ©Victoria and Albert Museum, London
图 16.2 | 凉鞋 (Sandal Shoes), UK, 1820 ©Victoria and Albert Museum, London
图 16.3 | WOBO 啤酒瓶 (Wobo bottles), 乔恩·哈布瑞肯 (John Habraken), 1963 ©Heineken Collection Foundation
图 16.4 | “多汁萨利夫”榨汁机 (Juicy Salif), 1990 ©Victoria and Albert Museum, London
图 16.5 | 褴褛长袍 (Boro kimono), 1875 ©Victoria and Albert Museum, London
图 16.6 | 宫廷外套 (Court Coat, UK), 1800 ©Victoria and Albert Museum, London
图 16.7 | 天体仪 (Celestial Globe), 迪亚· 萨拉丁· 穆罕默德 (Diya al-Din Muhammad), 1650 ©Victoria and Albert Museum, London
图 16.8 | 水母装置 (Jellyfish Installation), 史蒂芬· 达姆 (Steffen Dam), 2010 ©Steffen Dam

图 17 | 设计互联建筑外立面 © 设计互联

《博物馆评论》： 设计互联的建筑吸引了全世界的注意。能否请您分享她的建筑之美？

奥雷·伯曼： 建筑师槇文彦设计的建筑其美自现，而其表演性（performativity）也随着时间的推移逐渐显现。我认为，欣赏建筑之美是有阶段性的，相信更多的人会意识到这一点。我最初关注的是它庞大的体量、外形的雕塑感和极简中性的颜色。（图 17）

而后，我逐渐体会到建筑的一些景观特质，它坐拥深圳最美的西海岸，通往建筑屋顶的坡道布满绿植，不论望向山、海、城哪个方向，都景观壮阔。因建筑高度的开放性，令人不易觉察室内外以及公私空间的区分。同时，建筑就像一座山丘，人们爬坡会动用不同的感官，触发丰富的体验。

这不是随意的美景，而是极富意义的景色。建筑打开了山、海与城市天际线的三重视野。三个楼阁的大面积玻璃窗框住了美景，令其有了叙事的可能，那些关于历史、变化、互动、关系的故事。

我对建筑的感受，逐渐从外形、象征、修辞意义转变为一种公共体验。建筑总面积超过三分之一都是公共空间，24x7 全年无休地面向所有人开放。充裕的公共空间，复杂地、迂回曲折地遍布全馆，人们能在其中遇见一些奇趣的角落。其中一些空间给了人们偶遇的机会；而另一些，例如三楼的庭院，则营造了静默的氛围。从空间设计和利用的角度而言，设计互联的建筑可称为“浓缩版的社会空间”（social condenser），一座迷你城市。

在最初的楼层平面图中，设计互联的文化板块与商业板块由倾斜的中轴线分隔，两者正是通过中间的公共空间联通起来，成为一个完整故事中的不同面向。潜在的对抗转变成机会，计划诉诸行动。我们试图理解并阐释其复杂性，灵活的空间与形式便于达成协商和交换（to animate with form, and to justify with trade）。博物馆建筑的力量会在越来越丰富的活动中继续展现。（图 18）

图 18 | 位于滨海广场的“数字之维”参展作品《彻夜准》（ON/OFF），Stickyline, 2017 © 设计互联，摄影：张超

《博物馆评论》： 设计互联为所在城市、地区带来了怎样的东西?

奥雷·伯曼： 1. 中国与世界的连接点

我担任荷兰建筑学会（Netherlands Architecture Institute）会长时，负责处理许多不同类型的国际合作。多年来，我特别关注中国与荷兰的设计交流，但发现似乎寻求合适的合作伙伴、创造合适的合作条件颇为复杂。尽管不少个人与机构坚持以培育国际对话为目标，但取得真正的成果并不容易。他们的努力经常到最后简化为文化输出和市场营销活动，并不一定能带来创新，更不用说共同创造的合作模式。如今，设计互联应运而生，我相信我们有凝聚力、稳定的专业性和商业方面的长期战略，理应能够对接在中国寻找立足点或合作伙伴的国际项目。

2. 广义的设计概念

我们在筹备的过程中了解到，中国的设计论述和其他地方类似，大体上基于传统的学科，而设计互联一开始就用广义的设计概念定位自己。

槇综合计画事务所设计的设计互联建筑中已有很多这样的例证。从景观方面而言，建筑融入了周围环境和地貌；从城市主义角度看，设计互联展示了无所不在的公共性；就建筑本身而言，它平衡了耀眼的外在形象与内部的实用需求；作为空间组合，它展示了功能性的混合多样，诠释了空间体验的设计思路。只有良好的把控与执行，才能达成上述功效。（图 19—20）

图 20 | 蛇口与深圳湾 © 设计互联

图 19 | 设计互联室外实景 © 设计互联

3. 反映出惊人的社会经济动态

在惊人的社会经济转型过程中，设计互联或许会因搭建了一个平台而变得不可或缺。许多历史因素相互作用造就了如今的深圳，而建立一个反映、展示此动态，并将其转化为新的概念、产品、合作机会、试验、示范的平台是极为有益的。或因移民城市所聚集的能量和文化上的包容，或因“制造之都”凝聚的集体智慧，或因“设计之都”快速发展的文化基础设施和政府支持项目，深圳为实验和新思想提供了非常有利的条件。最重要的是深圳本身蕴含着工业社会转变为一个新型社会的历史力量。深圳应是一个“创意社会”，但这将以何种形式发生，如何转化成实际行动，如何具体改善生活，则需要进行测试和论证，而设计是实现这一目标的完美媒介。

长期以来，深圳是一块特殊的试验田，设计和历史在此紧密相连。深圳是改革的先锋。但与几十年前不同，现在我们必须将设计视为一种社会催化剂，而不仅仅是一项艺术学科。因此，在某种程度上，我们正推出一项广泛的社会创新议程，深圳是实现它的最佳地点。设计互联希望联通这片土地永恒的价值，繁忙城市的生机与新意，以及来自海外的新鲜想法。

《博物馆评论》：设计互联目前的首要任务是什么？

奥雷·伯曼： 相较于博物馆，我们更倾向于称设计互联为平台。我们确实做着任何博物馆都在做的工作：以展览的方式呈现文化，并通过出版物、网站和社交媒体扩展传播；通过研究促进创新的策展思路，并希望进一步助力新的文化生产。文化创新和文化传播都是我们的重要议程。（图 21）

就可持续性而言，V&A、观复博物馆的加入为我们提供了支持。这给了我们时间思考应如何建立能够经受时间、相关性和数字文化考验的馆藏。此外，我们提供文化体验，既包括世界级大师的建筑之美，也包括点一杯好咖啡的愉悦时刻。因此，设计互联的首要任务是为观众提供绝佳的文化体验，并保证其质量完全稳定。（图 22）

我们的另一项首要任务是发展一种可持续的文化创业实践。这颇具实验性。关于如何利用我们的现有资源，如何做市场营销、销售等，我们有一些明确的想法。但考虑到项目的规模，这可能需要更多、更创新的筹资方式。我们希望尝试确立一种文化商业模式，既能生产内容，又能实现平台的属性。

第三个重要的任务是证明设计互联的平台对深圳和中国创意产业的推动作用。我们必须构想项目、概念、合作伙伴、呈现形式、关系网络，体现设计互联用设计的思维集合、利用社会力量。总而言之，我们希望成为真正吸引中国创意产业、创意人的磁场。（图 23）

但是如果不认真、反复思考，不论有怎样的创新雄心都不会成功。例行公事、规约、一成不变的定位、脱离实践的理论都是创新机构的对立面。如果设计互联用团队策展取代策展人策展，将会发生什么？如果机构运行逻辑以项目制为基础，而非职位头衔，将会发生什么？通过培养一种抓住机遇的工作文化，又将会发生什么呢？

正是这种心态，给予了设计互联成为文化磁场的希望，未来可期，一切皆可发生。

图 21 | "数字之维"参展作品《毛毡苔》（Sundew），吴燕玲（Elaine Yan Ling Ng），2016 ©Stanley Cheng
图 22 | "数字之维"参展作品《ICD/ITKE 研究亭》（ICD/ITKE Research Pavilion），阿希姆·门格斯（Achim Menges），扬·尼佩斯（Jan Knippers），2013–2014 © 设计互联，摄影：夏德岛
图 23 | 设计互联主展馆开幕展"数字之维" © 设计互联，摄影：张超

图 21

图 22

图 23

设计互联的
公共教育与公共活动

设计互联，位于深圳蛇口海上世界文化艺术中心，是一所开创性的新型综合文化机构。作为一个崇尚交流和协作的文化平台，设计互联旨在成为世界观众了解中国设计的重要窗口、国际设计进入中国的重要平台，并且致力于将设计融入社会、生活与产业。

设计互联倡导“与社会共设计”的理念，相信“设计可以是一种行动、一个过程，也可以是一件具体的事物;它是创造世界和一切事物的一种方式，也是人们理解世界、塑造生活的准则之一”。为了促进“动手设计、独立创造、互联参与”的设计精神，设计互联将专业的设计实践和创新文化转变成每个人都能了解和参与的活动，充分阐述设计的过程，强调“观察—设计—创造—展示”之设计思维过程。尊重每一位参与者的设计本能，支持设计的多种可能性，不断激发更多的互联参与、沟通和共同创造。(图 24)

设计互联始终将“设计教育”作为机构发展的核心之一。为充分体现机构的使命，促成设计互联成为领先、优质的设计教育实践和资源交流平台，设计互联的公共教育项目将通过一系列多层次、多面向的独特项目为不同年龄、不同背景、不同地域的公众提供参与、了解、学习设计的途径。

自 2017 年 12 月开幕以来，截至 2018 年夏，设计互联已组织公共活动百余场，包括讲座、工作坊、论坛、演出及音乐会等多元形式，接待访客逾 50 万人。

1. 展览系列公教活动

周六亲子工作坊 (图 25—26)

周六亲子工作坊鼓励所有参观“设计的价值”展览的大朋友、小朋友在展厅中尽情探索，并邀请大家体验当一天设计师，完成有趣的创意设计挑战。持有展览门票的观众可以免费参与此系列工作坊。

研讨会 / 讲座 (图 27)

设计互联邀请来自不同领域的专业人士开展不同系列、不同主题的讲座或研讨会，就相关领域的前沿和热点问题进行分享和讨论。在促进业界或专业群体之间交流互通的同时，同公众分享新鲜、实用且富有启发意义的专业知识及创意灵感。

图 24 | 未来城市搭建 © 设计互联
图 25 | V&A 展馆亲子工作坊——绝妙的时尚 © 设计互联
图 26 | 周六亲子工作坊——天才的发明 © 设计互联
图 27 | 设计互联开幕论坛——国际创意实践 © 设计互联

图 24

图 25

图 26

图 27

展览工作坊 & 设计体验课

展览工作坊、设计体验课……设计互联策划了一系列旨在让所有参与者都能有所收获的创意体验活动。每期工作坊都将基于不同的主题与参与者进行创意分享和互动。在艺术家或专业老师的引导下，参与者将充分激发自己的创意思维，亲自动手完成作品，体验创意、学习创意，享受无门槛的创意启蒙。

展览导赏（图 28）

设计互联提供各种不同类型的导赏活动，帮助每一位踏入设计互联海上世界文化艺术中心的游客更好地理解关于这座建筑里发生的一切。设计互联的馆长、策展人、专业人士和志愿者会在导览中与观众分享展览背后的故事。

艺术家驻地

设计互联的驻地项目不仅着眼于创作本身，更着眼于社会创作的整个过程。设计互联为设计师、艺术家、表演者和研究人员提供驻场创作的空间，机构内的藏品、展览以及其他活动项目将激发驻地人员的灵感。对于参观者来说，驻地项目提供了一个直接接触设计创作过程的宝贵机会，设计从业者也能借此机会和参观者交流互动。

互联共创——社区工作坊（图 29）

设计互联系列社区工作坊将设计互联的亲子工作坊带到本地的社区中，让本地居民参与其中，机构对活动进行创意导入，通过观察和触摸展览展品，激发儿童的创新意识，在动手实践中与家长共同完成作品。

2. 公共活动

去！设计社区节（图 30）

作为城市新型文化机构和创新平台，设计互联期望通过城市公共活动倡导城市公众通过设计参与社区、影响社区。“去！设计社区节” 通过线下活动的形式切实深入社区与城市，以具体的设计行动激发城市中的跨界交流，力求为城市呈献使公众耳目一新的创新与惊喜。期望每位参与者从设计视角出发，重新关注与自己息息相关的生活日常与周边环境。同时期待在将来，每一个社区都能通过“思考—探索—设计—行动”的设计思维模式，共同创造更好、更宜居、更创新的城市，为城市的发展与未来带来无限可能。

互联共创——设计互联公共开放日

2017 年 12 月 2 日，由设计互联运营的海上世界文化艺术中心举办了首个公众开放日活动。三档开幕展览：主展馆“数字之维”、设计互联旗下 V&A 展馆“设计的价值”以及园景展馆“筑·梦——槇文彦与槇综合计画事务所设计展”正式开放参观。展览之外，国际论坛、设计工作坊、展览和建筑导览、户外游艺和表演……两天不间断的多元创意活动为公众带来了一场关于艺术和设计的周末嘉年华。

图 28 | V&A 展馆策展人柯鹿鸣导赏 © 设计互联
图 29 | 社区工作坊 © 设计互联
图 30 | 去！设计社区节 © 设计互联

图 28

图 29

图 30

展周末互联日（演出及放映）（图 31）

围绕展览和活动，设计互联举办了一系列不同主题、风格的演出与放映，打造一种全新的文化休闲生活方式。“周末互联日”是 2018 年 3—6 月由南山区文体局支持，在海上世界文化艺术中心内举办的免费演出，内容形态包涵音乐、舞蹈及电影。演出展现了精彩多元的艺术形态，强调观众的参与性及艺术的可亲近性，并通过这些轻松且具有亲和力的活动进一步联结公众、联系生活。

3. 学校教育项目

第二届“创客西游”——“你好，深圳！”中英创客双边交流项目（图 32）

2018 年 2 月 17 日，英国文化教育协会、深圳市国际交流合作基金会和深圳开放创新实验室携手启动了中英双边交流项目：第二届“创客西游”——“你好，深圳！”。该项目旨在联合中英两国创客，共同关注城市可持续发展、创客教育、创新及创业等议题，共同探索可能的解决方案，并激励创客们探索新的工作方式。

作为项目七个驻地机构之一，伦敦工业设计师 Ross Atkin 在 2017 年 3 月 6 日—3 月 26 日前往设计互联，了解了深圳科技与创客发展、调研社区的现况，并与深圳职业技术学院和广东新安职业技师学院设计专业的 12 位同学一同为特殊儿童群体进行创新设计。从特殊儿童群体的增能与培立需求出发，为他们设计符合他们学习与生活需求的玩具或工具，探索人本设计（Human Center Design）在真实社会语境中的实践可能。

“你好，深圳！”中英创客双边交流项目后续活动

基于设计互联 V&A 展厅的藏品，以及深圳本地的设计及创客图景，设计互联于 2017 年 3 月的“你好，深圳！”驻地项目中探索了如何建立一套由设计师主导的先锋教育模式，并对其进行更富借鉴或指导意义的拓展和延伸。

2017 年 10 月，设计互联与南方科技大学实验学校合作，通过具有实验和启发性的实践课程开展，让来自英国的工业设计师 Ross Atkin 带领三到四年级的同学们为学校完成设计项目，一起体验真实的设计过程，即“需求了解—设计构思—优化设计—用户体验”，并与家长老师们分享成果。

校园设计之旅（图 33—34）

校园设计之旅包括展览的互动导览和设计实践课程。这些有创意、亲自动手的创新活动映射和探索了专业设计产业中使用的设计过程，能帮助中小学生极大地提高创新能力，并以解决问题、设计思维和设计过程为重点连接设计、艺术、STEAM 和创客课程。

图 31 | 周末互联日 © 设计互联
图 32 | “你好，深圳！”中英创客双边交流项目 © 设计互联
图 33 | 学校互动导览——深美国际学校 © 设计互联
图 34 | 学校互动导览——深圳外国语学校国际部 © 设计互联

图 31

图 32

图 33

图 34

教师活动（教师预览 / 教师交流会）

作为一个新型公共文化平台，设计互联致力于为社会创造更加开放和公平的教育环境。逐步为教育工作者建立一个专业平台，联结公立学校、私立学校、国际学校、大学等机构的教育工作者，并在交流和协作中更好地发挥机构的平台作用，分享机构的教育资源。

教师预览：设计互联安排面向教师的展览免费预览活动，邀请老师们在第一时间体验展览的魅力所在并提前体验设计互联为学生团体特别设计的创意工作坊，为之后的学生参观学习进行实地调研考察。（图 35）

教师交流会：教师交流会是设计互联公共教育规划的重要组成部分和长期项目。每年举办三到四场，除了和中国教师的交流研讨之外，也积极组织中国教师与国际教师，及公立学校、私立学校与国际学校之间的交流互联。（图 36）

教育资料（图 37.1—37.3）

教育资料是基于不同主题的展览特别设计的教学指导材料。通过富有启发性和引导意义的问题与建议，以及推荐的讨论课题和活动内容，教育工作者可以结合各自的教育方式和学生情况，以更为科学合理的方式带领学生参观学习，提升不同年龄背景的学习者对展览的兴趣和收获。

4. 合作设计课程（图 38）

设计互联精心选择多个优秀教育机构共同开展不同系列的合作设计课程，基于设计互联的教育理念与展览内容，进行课程内容开发与深化，引进全球多专业跨学科教师团队，为孩子们带来专业、独特、寓教于乐的学习体验。

5. 社会创新

志愿者发展计划

设计互联致力于通过引导志愿者参与各项活动和公众服务工作，加深公众对机构的理解与体验。倾听公众的声音，鼓励志愿者分享创意，并将机构“动手设计、独立创造、互联参与”的设计精神贯穿于志愿者发展计划中，以激发城市中更多的跨界、交流与碰撞。

图 35 | 教师预览 © 设计互联
图 36 | 教师交流会 © 设计互联
图 37.1—37.3 | 教育资料 © 设计互联
图 38 | 超常识商店焊接体验课 © 设计互联

图 35

图 36

图 38

图 37.1

图 37.2

图 37.3

上海市历史博物馆
上海革命历史博物馆

SHANGHAI MUSEUM OF HISTORY AND SHANGHAI MUSEUM OF REVOLUTIONARY HISTORY

胡江
上海市历史博物馆、
上海革命历史博物馆馆长

上海市历史博物馆成立于 20 世纪 50 年代，是反映上海市城市历史与革命历史的一个综合类博物馆。

1984 年 5 月 27 日，以上海农业展览馆第五馆为临时馆舍，上海历史文物陈列馆正式对外开放。展览分“序厅”“上海的原始文化”“古代上海”“近代上海”“中国共产党的成立和现代上海”五个部分，通过 1300 余件文物、文献及图片等资料，展示了上海自远古至 1949 年数千年间的历史画卷。1991 年 7 月陈列馆改为现名上海市历史博物馆，同年 10 月在虹桥路 1286 号全新开馆。8 年后的 1999 年 3 月，这个馆址因租赁期缘故也弃用了。2003 年，东方明珠广播电视塔内设上海市历史陈列室。

曾经，大世界、原工部局大楼都被列为新馆选址的对象，一直以来，上海市委、市政府都非常支持和重视，经过多方调研和实际的推进，将原上海美术馆的馆址，包括周边的辅助建筑，一并划归上海市历史博物馆。同时，将上海革命历史博物馆的筹建牌子，也从一大会址移到上海市历史博物馆。从 2015 年至 2017 年年底，团队奋斗了两年，终于建成了现在这样一个代表上海城市历史文化与革命历史的崭新的博物馆。

图 1 | 今天的上海市历史博物馆和上海革命历史博物馆，摄影：徐昊

今天其所在之处，上海市南京西路 325 号，就是 1933 年起建、1934 年建成的上海跑马总会，是当时殖民文化的一个缩影。(图 2—3)

1949 年，上海解放以后，这个跑马厅被直接批拨给了上海图书馆、上海博物馆。自 1952 年以来，这座新古典主义样式的原跑马厅，变身成为为大众服务的公共文化机构——上海图书馆和上海博物馆。后来，随着上海博物馆的他迁和上海图书馆的新馆建成而撤出，上海美术馆又迁入其中。上海世博会结束以后，上海美术馆搬至原世博会中国馆。经过对这栋历史建筑的修缮、保护和利用，如今，它变成了上海市历史博物馆和上海革命历史博物馆。古老的大楼见证了上海文脉的传承，又将成为上海文化的一个新地标。

钟楼新声

这一幢大楼是标准的欧洲新古典主义的样式。有一个主钟楼，东楼侧面还有个副钟楼，整个建筑分东楼主体建筑和西楼裙房建筑。当年是跑马总会，解放以后是公共文化地标，毫无疑问，当上海市历史博物馆选址进入议事日程的时候，决策者考虑的是怎么让上海市历史博物馆在原有的文化地标上重新崛起。整个建筑虽然是西式建筑，但是，通过改造，它还是发生了很大的变化的。在上海美术馆迁入之际，曾做了一个很大的调整，拓展出了东边长廊走道。而在此次筹建改造中，市委、市政府花了很大的力气，把西楼的裙房全部撤空，人大办公室以及相关的一些设施、原来拐角处的工商银行先后进行了搬迁。同时，地下的一些商店也进行了动迁，最大限度地腾出了空间。

关于怎样充分地保护、加以利用，在听取了方方面面的专家意见后，形成了现在这样一个筹建方案，最大限度地把这两幢楼及其周边的环境进行了还原、整理、修复、完善、提升。其实，最关键的一点，恰恰是维系其原有风貌。这幢楼原来的结构获得了充分的保护。我们没有在柱上敲一个钉子，也没有对任何一根梁进行改造。因为这幢楼本身承载的是历史。要适合新的展陈体系，包括大空间、大范围的展陈，确实有局限性，但是，我们的策略如下：

第一，化整为零。比如一些大展，我们会进行策划，把它拆成几个重要元素、章节，分布到我们的临展厅里。临展厅面积在 1500 至 1800 平方米之间，但它不是一个整体，相对来说比较分散，这是现状，但巧加利用，分散的空间同样能互相呼应、关联。

第二，我们也充分利用资源。有些大型展览还可以和区、县联办，包括上海地区其他的一些展馆，只要达到展陈要求，我们都可以进行合作。资源的不平衡、不充分是天然的，而合理利用、善加利用，正是我们的职责。当做好一切准备，上海市历史博物馆、上海革命历史博物馆的迁入则是最后一个环节了。人们将会看到，当钟声再次敲响的时候，这座楼已经成为上海市历史博物馆、上海革命历史博物馆。又一次，它作为上海文化新地标，起到其应有的作用。

上海的历史，上海的博物馆

这座博物馆对上海的意义在哪里呢？

上海是一个海纳百川的城市，有着悠久的文化和灿烂的历史。市委书记李强表示，“上海文化”的核心是红色文化、江南文化和海派文化，而我们应该着重打造的就是“上海文化”这张名片。

图 2 | 原上海跑马总会大楼
图 3 | 今天的上海市历史博物馆和上海革命历史博物馆钟楼，摄影：徐昊
图 4 | 原汇丰银行门口的铜狮，摄影：徐昊

走进今天的上海市历史博物馆序厅，会见到一对铜狮子。这对狮子就充分反映了海派文化。（图 4）1923 年，英国准备在香港和上海成立汇丰银行。当时银行门口摆放狮子是很常见的，为此，汇丰银行委托英国铸造一对青铜狮子。结果，上海汇丰银行首先诞生于外滩，这对铜狮子也就守卫于上海汇丰银行的门口了。而香港汇丰银行诞生在后，铜狮子的模板已毁，香港汇丰银行的模具只能以上海这对狮子作为原版来翻模。这对狮子中，张嘴吼叫的“史蒂芬”（Stephen），得名于 1920—1924 年香港分行总经理史蒂芬（铸造铜狮也正是来自他的倡议）；另一头叫“史迪”（Stitt），是当时上海分行经理史迪的名字。香港的铜狮在 1942 年日军攻占香港后被掠回日本，准备熔为军火材料。日本投降后，香港通过驻日盟军总部把铜狮寻回。上海的铜狮在外滩默默见证了十里洋场的变迁。解放以后，它们又在我们市政府大楼的门口静卧了近十年。1966 年，博物馆把这对珍贵的文物安放于仓库，直到 2018 年 3 月，这对铜狮子在新的上海市历史博物馆的序厅再次和观众见面。100 年来，它们见证了上海的沧桑变迁，就是上海海派文化的象征。

上海市历史博物馆还有一座百子大花轿，整整一百个电灯泡装饰在迎娶新娘的花轿上。这是反映江南文化的经典文物，反映了当时的民风和民俗。（图 5）

我们还展示了上海博物馆收藏的几百套民国时期旗袍中的精品。（图 6）那个时代，旗袍全国通行，但这些旗袍别具江南气质、海派气质，所以我们围绕其特殊的地域文化性格进行相关的展览陈列。

在上海一百多座博物馆中，上海博物馆为世界展示的是伟大的中国古代艺术，上海美术馆主要展现现当代艺术。所以，反映上海的红色文化、海派文化和江南文化的博物馆，应该就是上海市历史博物馆和上海革命历史博物馆。同时，在上海城市文化建设中，这座博物馆是“十三五”规划期间重要的文化建设项目，已于 2018 年 3 月底，正式免费对社会公众开放。

展览大观

这座经过精心保护和修缮的历史建筑，面积达 23000 多平方米，展示面积为 9800 多平方米，一共收藏有各类文物、文献 11 万余件，展出的文物在 1000 余件左右，其中珍贵的一级品有 100 余件。（图 7）

整个展厅由序厅开始，展览从上海 6000 年前的文明引入，到 1949 年解放上海为止，跨度 6000 年，分成两大部分——古代上海和近代上海。古代上海展示于两个专厅：一个称“红厅”，色调以红色为主；另一个是“白厅”，以白色为主基调。

红厅内的展示是从上海的成因开始的。距今 7000 年前，海岸东扩，陆地抬升，成为先民的居所。6000 年前，马家浜文化拉开序幕，崧泽文化、福泉山文化、良渚文化一一展现。观众们将在这里见到“上海第一人”（图 8），见到陶猪，见到福泉山出土的整只象牙制成的权杖，上刻图腾纹样。

在白厅内，主要展示的是“沪”与“申”之渊源。上海作为渔村的故事，以及春秋时期春申君管辖区域的故事，会以有趣的方式呈现。在古代部分，人们还将看到青龙镇的发掘、松江方塔地宫出土的文物。

第二展厅是近代上海部分，从 1840 年鸦片战争开始直到 1949 年解放上海。三楼主要陈列的是 1840 年到 1921 年中国共产党的诞生，四楼则是反映整个近代上海（图 9），直到抗日战争、解放战争这样一段历史。

步入三楼展厅，我们将见到的第一件重要文物就是陈化成铸造的大炮，这一台炮象征着中国近代反封建反殖民地的开始。当然，另一方面，1842 年，鸦片战争结束，上海开埠，成为通商口岸，殖民主义开始全面渗透，租界兴起，洋货、洋场涌

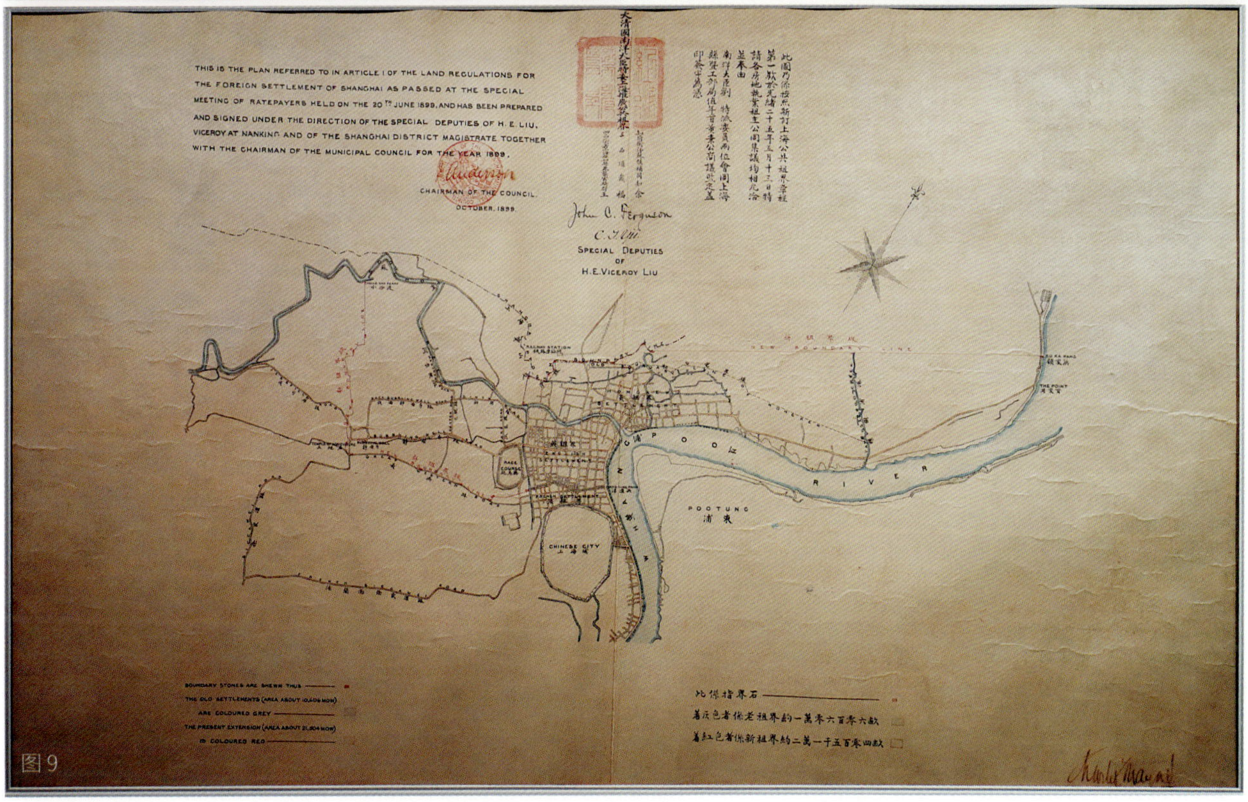

图 5| 百子花轿
图 6| 精品旗袍
图 7| 展厅内景
图 8| “上海第一人”
图 9| 1899 年上海公共租界图

入上海，同时带来了国外的技术、电器、铁路，包括博物馆。这一部分陈列，充分反映了上海海纳百川的精神。

展示当时清政府如何引进西方先进技术来推动民族工业的案例很多，比如，1895 年英国制造的清花机（图 10），就是纺织业所用的一种，是用于第一道棉花收割以后进行清理的机器。这一件文物反映了当时的上海如何成为整个中国工业革命的摇篮和核心基地。从江南制造局到棉纺织业，西方先进的生产力源源不断涌入上海，造就的是一批具有先进意识的工人阶级。工人阶级是中国共产党的核心组成部分，而这，直接关联着中国共产党的诞生。

在我们的展陈体系中，我们对此作了认真的梳理。随着上海开埠，先进技术、先进生产力源源不断涌入，为我们党的诞生奠定了基础。1911 年左右，马克思列宁主义传到了中国，传到了上海。1920 年 8 月，陈独秀在上海开了一个秘密印刷厂，出版了第一本中文版《共产党宣言》。（图 11）当时，“共产党”三个字对中国人来说是非常陌生的，以至于印刷厂排版工人把“共产党”排成了“共党产”，所以，我们现在称之为“错版的”《共产党宣言》。9 月，正式印刷出了正确的第二版。迄今为止，一版又一版《共产党宣言》问世，我们的党已经成为世界第一大党，在建党百年的前夕，作为上海革命历史博物馆，能够为大家展示第一版和第二版的《共产党宣言》，我们感到无比光荣与荣幸，同时也感觉责任重大。

四楼展示的是近代上海部分，主要通过中国的工商业、金融业、百货业、南京路的变迁，以及上海的教育、印刷出版等方面来展现上海作为当时远东大都会的历史风貌。当然，我们也展示海派艺术、戏剧以及上海的饮食文化；甚至那些上海半殖民地半封建时期的阴暗面，我们也在展厅内为其留有一角。随着抗日战争的爆发，在两次淞沪抗战中，各行各业出现了大量动人故事以及相关文物。抗日战争胜利，上海又成为解放战争的敌后主战场，所以，关于上海人民是怎么组成联合反内战反压迫阵营的，我们也做了大量的展示。（图 12）

有一部非常著名的电影叫《永不消逝的电波》，反映的是解放战争期间原名叫李白的一位地下工作者是怎么把蒋介石在长江布防的江防工事情报通过电报发送给延安的。我们展出了与当时这份电报同类的文物以及李白烈士的生平事迹。同时，也通过一个场景，让《永不消逝的电波》在展厅里进行播放。那是李白被捕时发出的最后一份电报，因为已经知道国民党特务正在往阁楼上爬要逮捕他，所以他最后发了六个字：“同志们永别了。”上海于 1949 年 5 月 27 日解放，而他是在 5 月 20 日被国民党秘密处死的。（图 13）

正是由于千万名革命烈士赴汤蹈火，才换来了现在的红色政权。所以，在最后一部分，我们展示了和上海有关的新中国的国歌、国旗、国徽——50 年代第一批制造的国徽。（图 14）

国歌的诞生地就是上海。当时，聂耳在田汉同志的介绍下秘密加入了中国共产党，谱写了大量的歌曲来激励青年走上抗战的道路，其中最具代表性的是为原名为《凤凰重生》的剧本所作之曲。1935 年正式上演名为《风云儿女》。在《风云儿女》这部片子中，主题歌就是《义勇军进行曲》。

在结尾处，我们设计了两个展项，一个是毛泽东所写的新华社社论——《祝解放上海》。在解放了这么多城市之后，他只给两座城市写过新华社社论，第一座是锦州，第二座就是上海。毛主席对上海的批示主要反映三个方面：

第一，上海是中国最大的经济城市；
第二，上海是工人阶级的大本营，是中国共产党的诞生地；
第三，上海是一座国际化的都市。

图 10

图 11

图 12

图 13

图 14

图 10 | 1895 年英国制造的清花机
图 11 | 1920 年 8 月，第一本中文版《共产党宣言》在上海出版；1920 年 9 月，第二版《共产党宣言》出版
图 12 | “近代上海”展厅
图 13 | 《永不消逝的电波》中的电报机（同类型）
图 14 | 1950 年 6 月，中国人民政治协商会议一届第二次会议通过国徽图案方案。9 月底首枚国徽在上海制作完成送往北京用于国庆典礼。这枚是 1950 年代制作的国徽

可以说，上海自解放到今天，一直坚持了这三个定位，不断迈向未来。

最后一部分题为“难忘瞬间”，用六分钟时间，把 1949 年一直到十九大期间上海的重要节点、上海对全国作出的重要贡献通过影片进行回顾。以习总书记的十九大报告以及对上海的评语作为结束，余音一直会影响未来的上海的发展。

关于展陈体系，历史类博物馆往往是以历史的主要脉络，即时间节点来展示的，这也是历史类博物馆的一个基因。每个馆有其资源、文物的专长与特色，有些博物馆在历史文脉上能够作充分展示，还能根据地方特色，根据馆藏文物，根据研究力量以及社会对这座博物馆的要求，举办一些特别展览来进一步反映这座城市、这个区域的特色和共性。如果某些博物馆资源比较匮乏，那如何做好展项？在新的时代，博物馆应该有新的思路、新的思维模式。跨界合作是一个方向，数字展示则是另一个，而轮流巡回展也是选项之一。所以，今天，一个博物馆怎么做好资源整合，怎么做好时间、空间、人员上的有机调整，会越来越体现出博物馆办馆的整体理念。其中，临时展览依然会是最重要的工作，但是临时展览时间短暂，主题一般也只限于一方面。文物、资源全球调拨、全球运作的模式，比较接近的是“迪拜模式”。迪拜的卢浮宫分馆和卢浮宫签有 10 年的协议，卢浮宫确保其文物的展出。至于数字展示，人类在其他方面已经为共享做出了努力和各种尝试，今后也许应该像建立博物馆命运共同体一样，建立一个文物展示的共同平台。

当然，所有这些，都不仅仅是为了策展，而是为了整体文化的提升。展览只是共同体平台的一个组成部分，人员培训、科技保护、文化教育、旅游娱乐，各方面都可以在这个平台上对城市作出贡献，让相关的城市之间形成一个互动效应，不同民族和国家之间形成一个互动效应。

共同的未来

上海市历史博物馆、上海革命历史博物馆对上海文化今后发展究竟会起到什么作用？它在博物馆学、博物馆界中的地位如何？

应该说，上海市历史博物馆和上海革命历史博物馆填补了一个空白——反映一座城市的历史文化以及革命历史这样一个空白。

数十年来，很多省市的博物馆往往以展示中国古代艺术为核心来推动展陈体系，反映一个省或一座城市的历史与人文，而从历史的角度来演绎城市发展、省的发展或者区域发展的独立陈列则偏少。在这样一个环境下，上海市历史博物馆的诞生，无疑将对如何通过文物、文化、文明来反映一个区域的文化、一个区域的历史起到积极的推动作用。“文化兴则国运兴，文化强则民族强。”正如习总书记所说，我们不能忘记它的历史，不能忘记它的文化脉络，在这一方面，上海市历史博物馆、上海革命历史博物馆做了初步的尝试。（图 15）

第二，习总书记要求“文物必须要活起来”。这么多文物在库房、在展厅，但是观众能够真正记住的是什么？这是博物馆不可推卸的使命。上海市历史博物馆、上海革命历史博物馆在这一方面下了很大的功夫，比如，我们通过互动设计、多媒体、场景、故事演绎等让观众记住这些文物。其中，我们设计了一堵“触摸墙”，不仅储备大量多媒体的信息，还能提供自主探索的乐趣和体验。多媒体只是技术，多媒体本身不能让文物活起来，也不能让人们记住文物，只是手段，只有观众参与、喜欢，多媒体设计才算完成。

第三，2018 年的国际博物馆日的主题是“Hyperconnected Museums: New approaches, New publics”（超级连接的博物馆：新方法，新公众）。我们进入了可以跟全球任何一个人实时对接的时代，尽管每年参观博物馆的观众人数在持续上

图 15 | 入口大厅

升，但是基本还是固定的。当新媒体的传播流量已经上亿的时候，博物馆对公众的影响力渗透力，或者称之为互动参与率，当然应该越来越大，随着互联网的发展，应该同步地、井喷式地发展。

传统意义上的博物馆，对博物馆社会化起到了一定的限制和阻碍。为此，从国际博协一直到中国博物馆界，都希望能够打造融入到人们生活中去的博物馆。

我们还准备根据红色革命的发展，和体现“红船精神”“井冈山精神”“长征精神”“延安精神”和“西柏坡精神”的相关的博物馆、纪念馆进行对接，组成红色博物馆、纪念馆的协同发展共同体，进行专题讨论与学术交流，使更多的人参与到红色文化的传播传承中去。

结语

以上，对一座新馆而言只是一个开端，核心在于怎么在新的时代、新的环境、新的形势下形成新的思路、拓展新的平台、启动新的模式，踏上新的征程。希望这座博物馆在未来博物馆的发展中起到应有的作用，在世界博物馆之林能展现上海的力量、中国的力量，也让更多的人通过这个平台了解世界、了解人类的历史以及文明。这是对上海市历史博物馆比较抽象的要求。具体而言，这个博物馆会通过展览项目、人才培养、学术交流、数字化的建设、社会的参与等，打造一个立体的、全方位的博物馆。

上海曾经是远东第一大都会。上海最强大的核心力量，是海纳百川的精神。有人说高科技在深圳、在其他的城市，我觉得这些都是国家整体利益的需要，都是我们共同命运的需要。为了解决“不平衡，不充分”，很多方面的发展是全线铺开，充分发挥各个方面的长处，以点带面。一座城市并不能代表整个国家，国家在战略层面上会有综合的安排。因此，每个城市、每个博物馆应发挥它自己的作用，在城市与城市之间搭起桥梁，使区域与区域之间进行合作，融入到国家的整体文化布局当中。

上海依然是一个非常具有竞争力的、国际化的大城市。对上海，我们充满着信心。对人民向往的美好未来，我们也充满信心。

人民对美好生活的向往，就是我们的奋斗目标。作为博物馆人，我们认为，人民对美好生活的向往，就是我们博物馆人努力的方向。

关于上海跑马总会大楼

1. 上海跑马总会大楼

跑马总会大楼，于 1926 年设计，1933 年竣工，由英商马海洋行设计，余洪记营造厂承建，位置在跑马厅的西北角（今黄浦区南京西路、黄陂南路路口，地址为南京西路 325 号），大楼本为高级俱乐部，供跑马总会会员享乐。建筑为钢筋混凝土结构，整个造型由褐色面砖与石块交砌而成，底部为花岗石贴饰。

有关资料显示，整个施工规模浩大，当时雇佣土木工近千人。跑马总会大楼东面面向跑马场（今人民公园），包括会员俱乐部和来宾看台两部分。建筑占地 8900 平方米，建筑面积 21000 平方米，高 4 层，外表风格为古典主义构图，折衷主义特色。西边有贯通二三层的塔什干式柱廊。西北端是高 53.3 米的高耸的大钟楼，钟楼最上部是四面三角形坡形顶，顶与大钟之间是瞭望台。钟楼四面镶装有直径 3.3 米的圆形大钟，钟面上的数字为罗马数字，气势恢宏。会员看赛马在三楼的长廊中。当年底层设售票处、领奖处；一二层间有夹层，为滚球场；二楼是会员俱乐部，有咖啡室、游戏室、弹子房、阅览室等；三楼有会员包房、餐厅。1925 年、1930 年、1935 年，又在大楼的南面建造了具有英国早期近代建筑风格的红砖墙的二层房子，直连到今武胜路口。

从 1926 年诞生至今，这幢建筑先后为跑马厅大楼、上海体育宫，1952 年被用作上海博物馆和上海图书馆的馆址，1959 年上海博物馆他迁，1997 年上海图书馆撤出。2000 年 3 月 18 日上海美术馆由 200 米外东迁而来，落户于此。2012 年 10 月 1 日，上海美术馆迁至 2010 年上海世界博览会场浦东园区的中国馆。跑马总会大楼闲置至 2016 年，上海市历史博物馆新馆址落户于此，作为“十三五”期间规划建设的市级重大文化设施之一，响应上海打造“一轴双心”文化空间新格局，加快国际文化大都市的建设步伐，于 2017 年 11 月 1 日试运行，并于 2018 年 3 月底向社会免费开放。

2. 上海跑马总会

上海跑马总会，习称跑马厅，于 1850 年成立，由麟瑞、广隆等洋行的几名大班发起，跑马场前后经三次变迁，最终落脚在今人民广场、人民公园一带。

上海最早的跑马场是 1850 年设在南京东路、河南中路路口丽华公司一带的第一跑马场，原址是五圣庙。因地价上涨出售后，另在今湖北路、北海路、西藏中路和芝罘路圈内辟建第二跑马场。1860 年，跑马总会以 49425 两银子的高价卖出土地后，花了 12500 两在今人民广场、人民公园一带购地开辟第三跑马场。随后，跑马场还开辟新的公共运动场，内有游泳池、高尔夫球、棒球、网球及足球场地等。第三跑马场选址未向中国政府申请，而是由总会的一个董事，骑了匹马在租界以外的泥城浜（今西藏中路）西和芦花荡（今黄陂北路、武胜路一带）绕了一圈，圈下 466 亩土地。

跑马总会外国商人主要从地产和博彩两方面获利，以低价位购入地皮，通过开发娱乐业使地价上升，再以高价出售，谋取暴利。1889 年前后，每年收入 2.2 万元。1920 年后，每年达 400 余万元。

跑马总会丰厚的收益引来了外界的舆论谴责。为了消除负面影响，跑马总会开始进行慈善捐款，并在沪上英文报纸《字林西报》上公布详细的受益对象及金额，以昭公信。受益团体以租界内的医院、孤儿院、妇女之家、难民收容所、盲人院等团体为主。据估计，20 世纪 20 年代末至 30 年代初，跑马总会的捐款每年约在 18 万至 26 万元间，在一定程度上纾解了租界当局在社会福利方面的负担。

在战后复原、上海房荒日益严重的情况下，跑马厅的存留问题受到极大关注。各界舆论压力下，1947 年 7 月 8 日，时任上海市长的吴国桢指示地政、工务、公用三局，研议以换地方式收回跑马厅。9 月 18 日，吴市长接见跑马总会会长安诺德等人，告知中央政府意在将跑马厅场地全部收回，作为会堂、公园及广场之用，因此有关业主不准将此项产业的任何部分出租或转卖。12 月 30 日，跑马总会表示同意以草地跑道约 80 亩的土地与市府进行交换。同时提出 16 项条件：交换之后，市府保证恢复赛马；新跑马场的面积不得小于现在的跑马场；跑马总会可自行决定比赛日期、赛马规章及下注方式等。然而，一时受到热议的跑马问题因 1948 年时局渐趋动荡、物价猛涨、投机之风大盛、人民生计困难而被搁置。

解放初期，跑马总会趁百废待兴之际借机出租外沿土地、增加收入，但这次申请引起工务局注意，以该地已划为绿地、限制使用为由，拒发执照。1950 年 2 月 4 日的工务局会议集中讨论了跑马厅问题，进行检讨，将其土地用途与主权问题联系在一起，由此掐断跑马厅未来出租地产的可能性。与此同时，高额课税与“人民胜利折实公债”的认购规定使跑马总会及体育基金会不堪重负，于 1950 年 4 月提出将跑马总会地产以捐献方式移交人民政府，供上海市民体育运动之用的设想。

1951 年 8 月 27 日，市军管会正式下令收回跑马厅土地，负责改建跑马厅的专门委员会将其命名为“上海人民广场”。潘汉年在动工典礼上致词时表示，这块被帝国主义侵占了九十多年的土地，终于重新回到上海人民的怀抱，变成上海人民自己的广场。

3. 杨洁勉与跑马总会大楼

杨洁勉曾在少年时“混”进上图，感觉如突然踏进梦中的知识宫殿般激动。他如饥似渴地学习毛泽东诗词，后来看起《毛泽东著作成语典故解释》。与此同时，他还努力地阅读英文版的《毛主席语录》和“老三篇”。但好景不长，图书馆工作人员发现了杨洁勉只是个初二学生后便将其拒之门外。

但这并无法抑制杨洁勉对于阅读与学习的热爱。他将“书房”转移至邻近的人民公园，每天六点就到公园边锻炼身体边等天亮，在枝叶间的阳光下朗诵《诗经》，沉浸在诗词的世界里。在书籍匮乏的时代，他的阅读材料往往是手抄的。这样自律的学习习惯，一直被杨洁勉带到 1970 年江西铜鼓县的插队生涯中。1973 年，他以全县第一名的成绩考入上海师范大学英文系，回到家乡。这次，他终于能理直气壮地走进南京西路 325 号的这座殿堂了。

20 世纪 70 年代初期，上图仍有许多图书不对外开放，唯有三楼外文科技阅览室有外文书供阅览。杨洁勉贪婪地阅读着和自己专业有关的文史哲原著和英文报刊，也是为日后从事国际问题研究打下基础。

到了 80 年代初期，整个社会都充满着对知识的渴望。每天早晨开门前的上图门口，都排着长长一列等候进馆的青年们，整齐而有序，捧着随身携带的书，斜倚在墙上，或是干脆蹲在墙角，孜孜不倦地从书中的另一方天地汲取精神的滋养。

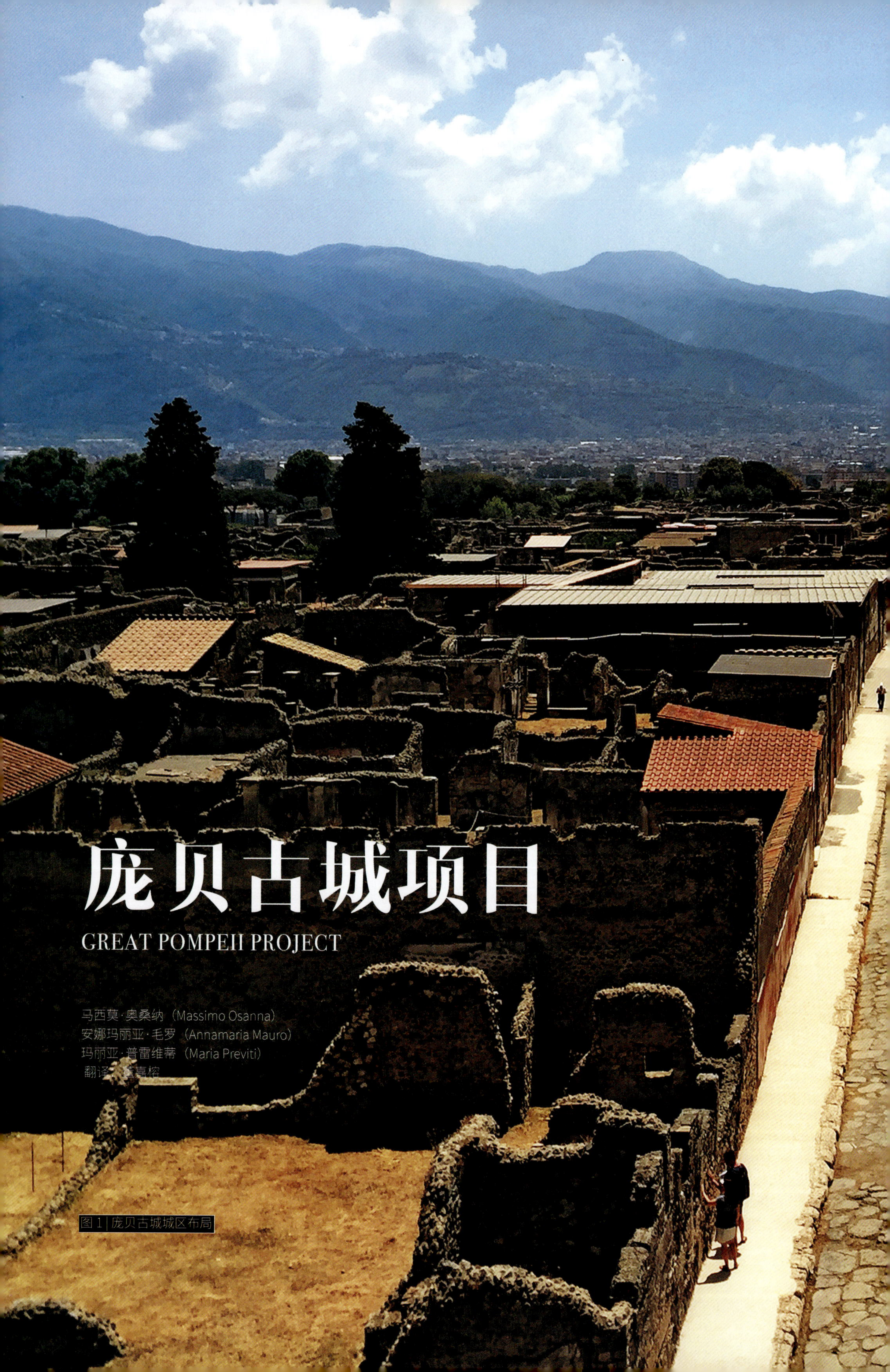

庞贝古城项目

GREAT POMPEII PROJECT

马西莫·奥桑纳（Massimo Osanna）
安娜玛丽亚·毛罗（Annamaria Mauro）
玛丽亚·普雷维蒂（Maria Previti）
翻译 董嘉榕

图 1 | 庞贝古城城区布局

庞贝古城是亚平宁半岛西南地区的一座古罗马城市，位于意大利南部那不勒斯附近。公元 79 年，维苏威火山爆发，火山灰掩埋了庞贝古城，却也将千年前庞贝古城的面貌完整地保留了下来。庞贝古城考古发掘工作始于 18 世纪中叶并持续至今，目前在 66 公顷的总面积中有 44 公顷——也就是整个古城面积的三分之二，已经被考古学家发掘。（图 1）

庞贝古城就像是一座开放的露天博物馆，并且不同于其他考古遗址的是，它被认为是一座“完整”的城市。庞贝古城城区的布局规划清晰可见，城区内城门城墙树立，公共建筑和私人建筑交替错落，市场和街道等设施较为完备。[1] 进入庞贝古城就仿佛踏入了时空穿梭隧道，进入了千年前的世界，沉浸在火山喷发前古城里的日常生活中。（图 2—3）

庞贝古城遗址公园作为一座开放的露天博物馆，涵盖了以重要的考古证据和具有历史性、艺术性的景观环境为特色的区域，其使命宗旨是保护、研究、宣传并向公众开放庞贝古城考古遗址和文化遗产。

庞贝古城作为世界文化遗产地之一，既是意大利的国家瑰宝，也是全世界人民的宝贵遗产。然而近十几年来，针对意大利政府对庞贝古城遗址保管不力的质疑声层出不穷。2010 年，庞贝古城遗址内先后发生了三次坍塌事故，引起了社会各界对于庞贝古城遗址的高度重视。

正是在这样的形势下，意大利政府、欧盟和联合国教科文组织在 2012 年联合启动了庞贝古城修复项目 (Great Pompeii Project)，意大利政府和欧盟委员会共拨款 1.05 亿欧元用于该项目的开展。

庞贝古城修复项目旨在减少古迹所受侵蚀、修复著名的庞贝古城壁画、加强监控、改善不够严密的安保措施，在加强古迹维护的同时，改善当地的旅游服务水平。各行各业的专业人员聚集在一起共同解决庞贝古城存在的问题。目前庞贝古城修复项目已基本完工，30 座房屋遗址已经修复完成并向公众开放，庞贝古城得以重现昔日的辉煌。

毫无疑问，庞贝古城修复项目代表了对考古遗址修复和提升并行的综合考古时代的到来。

图 2 | 庞贝古城鸟瞰图
图 3 | 马利纳门 (Porta Marina)
庞贝古城被 3220 米的城墙所包围，已发现 7 个城门，第 8 个城门（Porta Capua）是否存在仍有待考证。用于建造城墙的材料主要是来自萨尔诺（Sarno）的石灰石和诺塞拉（Nocera）的灰色凝灰岩。庞贝古城最早的防御工事位于维苏威火山熔岩附近，后来古罗马人又建立了以石头和夯土填充的双层平行幕墙。大概在公元前 3 世纪时，修建了填满石灰石和凝灰岩的幕墙，双层幕墙之间有扶壁和巡逻人行道。防御工事的最后建造阶段可以追溯到苏拉（Sulla）被围攻之前的那个年代，在最不受保护的地方，警戒塔以不规则的间隔用大小不一、未经加工的石头建造而成。

[1] 在庞贝古城里发现的大量商店证明了庞贝古城在早期阶段就有商业发展的倾向。庞贝古城坐落在坎帕尼亚主要交通中心的交汇处，其所处的地理位置有利于繁荣和持久的商业活动的诞生和发展。庞贝古城商业活动的核心是这个城市最古老的中心——公共广场区域（Forum），它保持了公民、宗教和商业生活的核心特征。四面八方通向广场的道路上有许多商店。在市政中心，可以找到用于公民生活的建筑物，但最重要的是那些用于商业活动的建筑，例如巴希利卡（Basilica），这栋建筑除了用于司法行政外，还是当时最重要的商业活动诞生地。

图2

具体而言，修复项目实施了广泛的干预措施。在“提升”方面，我们采取措施，令人们能更好地欣赏、接触古城遗址；而“修复”方面，则着重提升遗址本身的安全。这些都是在欧洲资金紧缩的预算控制下进行的。

庞贝古城是一个由丰富、复杂，同时也是十分脆弱的砖石建筑、街道和装饰图案组成的考古遗址。2010 年庞贝古城中角斗士训练房的坍塌将庞贝古城的脆弱展现在了世人的面前，引起了世界尤其是媒体对于庞贝古城遗址的关注。[2]

因为近年来庞贝古城中频繁发生的损毁、坍塌和盗窃事件，意大利意识到如果再不采取行动的话，庞贝古城这样一个世界文化遗产将会永远消失，造成再也无法挽回的后果。因此，对于庞贝古城遗址保护策略和行动方针的改变势在必行。

该计划以保护古城遗址内的城区为主，将运用各种最先进的技术和设备全方位地对古城遗址进行研究和保护，负责该项目的马西莫·奥桑纳（Massimo Osanna）教授将这一具有针对性的行动计划称为综合考古法，该项目主要包括：

一、古建筑的保护和房屋住宅建筑的定期修复（修复保护项目要建立在尊重庞贝这座城市的基础上）；
二、考古发掘现场的保护，缓解水文地质方面可能对发掘现场造成的危害；
三、提升庞贝古城的可达性与欣赏性；
四、旨在修复、保护古迹的信息采集方案为古城遗址恶化情况的科学研究和管控打下了基础。

庞贝古城修复保护工作的目标是能够让人们在整个古城遗址范围内参观，而不仅仅是某些特定的景点，因而我们致力于重新开放那些之前被封闭了很长时间的区域。

在庞贝古城修复项目中最具代表性、也最值得关注的就是房屋遗址的加固工程。（图 4）

专家们对于遗址内建筑结构的保护工作采取了一系列初步但紧急的干预措施，确保考古遗址的安全，避免建筑物遭受进一步的材料脱落、老化损害和重要文化遗产的遗失。

综上所述，古城遗址的修复保护工程绝不仅是为了保护危险建筑而进行的技术性操作。它还包括采用“紧急抢救性保护修复”这一工作方法进行的广泛干预，和其涉及的理论评估和方法论的评估。

城区范围内实施的干预措施以对遗址历史面貌产生的影响降到最低程度为目标，即在不损害考古文物可读性的情况下，保留文物的可辨识性。

[2] 庞贝古角斗士训练房（Schola Armaturarum）的坍塌主要是由于水文地质不稳定造成的，不只是角斗士训练房，其实庞贝古城其他尚未发掘的区域也遇到了同样的问题，因此庞贝古城考古公园启动了庞贝古城修复项目，旨在解决这种长期存在的危急情况，并试图将角斗士训练房从“崩溃”的象征转变为古城“复兴”的标志。

图 4

图 5

图 6

图 4 | 庞贝古城内一处正在进行修复工作的遗址
图 5—6 | 庞贝古城内的砖石道路
庞贝古城原来的道路是直接建在凝灰岩堆上（tuff bank）的；只有到了公元前 2 世纪末，古城内的道路才铺设在熔岩玄武岩（lava basalt）上。之后罗马人的到来，为古城带来了一种新的人行道，这种人行道主要由私人或团体铺设，椭圆形石块被放置在行车道中央，以便允许行人穿行并且不妨碍货车通行。

对于最有可能坍塌的砖石建筑，也开展了相应的巩固工程，这些工程加固了砖石建筑的实体，移除了原来加筑在建筑上的支撑物和侵入性的防护工程，使得原来被支撑物和防护工程所堵塞的古城街道和房屋建筑能够完全向公众开放，并增加了新的游览线路，提升了游客的参观体验，缓解了传统游览线路对遗址造成的人为压力。（图 5—6）

图 7—8 | 为便于游客参观而对道路进行特别设计
“每个人都能近距离参观庞贝——无障碍路线的设计”（Pompeii for All. Routes of accessibility and the overcoming of architectural barriers），这个项目允许行动不便的人们和推着婴儿车的父母们舒适地游览庞贝的考古区：从马利纳门（Porta Marina）入口到剧院广场（Piazza Anfiteatro），穿过主干道通过阿波坦查大道（Via dell' Abbondanza）主要发掘区，一路上可以参观各种房屋遗址和重要建筑物。在庞贝古城修复项目下创建的游览线路满足了大部分游客希望能够更容易进入并参观庞贝考古发掘区域的需求，游览线路的开发以一种最合适的方式让每个人都能够欣赏到最独特的世界遗产。

以古城遗址第八区域中的红墙街巷（Vicolo delle Pareti Rosse）为例，在经过遗址考察和细致的初步研究后，原本占据了受损严重的石板街道大部分面积的支撑物被整体移除，并用特别设计的装置替代。除此之外，为了扩大游客在庞贝古城遗址公园内的活动区域，还特别设计了一条全长 3600 米、涵盖了公园内大多数重要景点的游览路线；沿着这条路线，游客可以参观到古城遗址中最重要的建筑和考古区域。（图 7—8）

在此次修复保护计划中的许多创新举措中，例如“信息采集方案”项目的内容主要为利用精密仪器探查、记录并数字化建筑墙体结构、壁画装饰等信息。“信息采集方案”精确地记录下了处于某一时刻、某种状态下的古城遗址，这些记录下来的信息会不断地更新并为未来预防干预措施和日常维护管理提供参考。这些数字化信息将逐步录入数据系统，学者们能够方便快速地获取这些信息，并利用这些信息进行研究，有助于进一步深入了解庞贝古城。[3]（图 9）

为了使修复保护工作能够落到实处，在庞贝古城修复项目中确立了一个新的工作模式：

一、管理方式能够做到迅速并有意识地进行决策；
二、工作人员有足够的专业水准来决定项目方案并确保项目工作的实施；
三、从经济层面来说，修复计划得到多方提供的大量经济支援，证明对欧盟而言，文化、遗址保护是十分重要的。

[3]“信息采集方案”旨在通过准确收集与庞贝考古遗产有关的所有信息来确定最正确的标准和方法，以实现“有计划的保护”的可行性。有关庞贝古城的信息采集将有利于：1. 系统地定期组织所有检查工作、诊断工作和应急措施的实施；2. 所有修复干预的计划方案；3. 创建能够识别并利用以前收集、项目期间收集信息的数据库。

图 9 | 庞贝古城信息采集方案成果图
图 10—11 | 庞贝古城隐廊之家房屋遗址修复工程

从所有修复保护干预措施实行的速度和系统性来看，我们认为庞贝古城修复项目的总体实践经验具备必要的专业水准，并且可以作为欧洲考古遗址修复保护的范例。（图 10—11）

庞贝古城修复项目的主要成果就是对几乎整个庞贝古城遗址公园进行了安全的修复保护工作，同时也照顾了公众的参观需求，事实上，我们把如何能够在大规模开展修复保护工作的同时最大程度地减少对游客参观的影响这一问题作为首要考量的问题。要想做到这一点并不容易，因为在一些情况下，由于有多个工地在同时施工，客流量最大的街道两侧的路面不得不因为障碍物的设置而被迫封闭。而且，在停止对外开放的施工时间内，工地上的车流量和工人的往来也必须加以协调管理。

图 12 | 庞贝古城圆形露天剧场

庞贝古城修复项目结果如何？让我们用数据来说话：在过去的三年里，来到庞贝古城遗址参观的游客量实现了大幅的增长。[4]

因为庞贝古城遗址内之前被关闭的区域已经向游客重新开放了，所以和三年前相比，现在来到庞贝古城遗址的游客量增长超过了 20%，这证明了遗址保护工作必然能够促进游客参观活动的增加。同样地，游客量的增加也促使人们更加关注如何更好地保护古城遗址。

近年来在庞贝古城遗址中开展的遗址保护工作是不同职业之间跨学科工作的成果。庞贝古城修复项目的工作团队是由考古学家、文物保护工作者、文物修复工作者和工程师组成的，他们运用各自的专业知识和专业技能，在对古城遗址的现状调查研究和恶化情况分析。（图 12）

在庞贝古城遗址中开展的保护修复工作具有双重意义。这不仅使得古城遗址在 2017 年迎来了游客量的显著增长，而且古城遗址做到了修复阶段持续迎客，毫无争议地树立了自己的良好形象。此外，得益于此次古城遗址修复保护工作，我们还在庞贝古城遗址中的考古区域办了几个展览，如伊格尔·米托拉吉巨型雕塑展、古物陈列馆中的展览、古罗马大型角力场中的永久性展览莫雷涅壁画展。考古遗址的“博物馆化”创新举措从将考古发现放置回原地展览逐渐展开。此外，还有在庞贝古城遗址公园露天剧场中举办的大型活动与音乐会（如大卫·吉尔莫演唱会）、与舞蹈表演和戏剧表演相结合的夜间漫步活动等。[5—6]（图 13—17）

意大利政府和欧盟近些年来的努力，使庞贝古城及周边区域的内在丰富性展现在人们眼前，成为了名副其实的意大利文化遗产的象征和意大利文化遗产保护的中心。

[4] 庞贝古城考古公园近年来游客人数稳步增长，2017 年达到了 350 万人次。这是意大利文化遗产、活动和旅游部（MiBACT），庞贝古城考古公园和庞贝古城修复项目近年来为恢复考古区域而投入的所有努力的成果。在最受欢迎的文化遗址排名中，庞贝古城成为仅次于罗马斗兽场的位居第二的意大利遗址。

[5] 伊格尔·米托拉吉（Igor Mitoraj,1944—2014），波兰雕塑家，出生于德国。他的 30 件纪念雕像于 2016 年至 2017 年在庞贝古城考古遗址展出，雄伟的青铜雕像被放置在各个考古遗址，从维纳斯神庙到市政中心、从斯塔比亚温泉到剧院四面柱廊，神话般的英雄们聚集在庞贝古城的街道和广场上，米托拉吉的作品以其内在的方式提醒我们古典主义在当代文化中的深刻价值。该展览将考古学与艺术有机融合在一起，两者之间建立了一种和谐的辩证关系，突出了庞贝古城悠久的考古发掘历史和波兰艺术家的人物形象。

[6]1971 年 10 月，英国平克·弗洛伊德乐队（Pink Floyd）在庞贝古城圆形露天剧场中拍摄了名为《平克·弗洛伊德乐队：庞贝现场》（Pink Floyd：Live at Pompeii）的音乐纪录片电影，在这次拍摄中，乐队一共表演了 8 首乐曲。时隔 45 年后，平克·弗洛伊德乐队中原来的吉他手大卫·吉尔莫于 2016 年 7 月 7 日和 8 日在同一个圆形露天剧场里带来了两场表演。

图 13 | 1971 年 10 月，英国平克·弗洛伊德乐队（Pink Floyd）在庞贝古城的演出现场
图 14—15 | 庞贝古城大型角力场中举办的展览
图 16—17 | 伊格尔·米托拉吉（Igor Mitoraj）雕像展

图 18 | 庞贝古城夜景

在庞贝古城遗址上从事相关修复保护工作的人员数量庞大，与庞贝古城修复项目中涉及到的建筑数量相当。在庞贝古城遗址公园里举办的各类活动、音乐会、展览和夜间参观等，一方面有利于公园形象的建立，另一方面也为游客提供了多样的文化体验。这些活动为当地居民带来了实实在在的好处，吸引了大量游客来参观，促进了当地的其他商业活动和经济发展。[7] 图 (18)

在庞贝古城修复项目的实施阶段，启动了一系列措施支持和服务于遗址修复保护的工作内容。一方面响应保护工作的需求；另一方面我们希望建立一种方法论，能够由非常规的、阶段性的“庞贝修复计划”逐步过渡为具有可持续性的，并且基于严格计划的修复保护工作。

严格计划的修复保护工作是为了能够不断响应对于古城遗址不同的保护需求，要想实现这一点就要逐步建立一套完善的修复保护的工作计划。

在庞贝古城修复项目实践经验的基础上，形成了一个更为前卫的“文化遗产”概念，即保护修复本身已不再是最终目的，而是实现让公众近距离接触文化遗产、欣赏文化遗产的途径。我们研究、保护、保存文化遗产是为了让文化遗产成为一种公共知识和享受。(图 19—21)

遗憾的是，并不是所有的在庞贝古城修复项目中实施的修复保护工作都取得了令人满意的效果。迄今为止，一些由第三方而不是考古公园直接负责的工作尚未完成，我们希望能够尽快找到解决方案，而不至于使目前取得的成果付诸东流。

庞贝古城遗址未来的发展方向主要是致力于增进对庞贝古城考古区域内文化遗产的理解、保护和提升，充分利用内部和外部资源推动考古学领域和科学领域研究项目的开展，与国内外的机构展开合作，以及监督从当地、全国和世界各地的科学界和个人获取的知识的传播。

未来，游客将会看到一个被完全修复的庞贝。

总的来说，庞贝古城修复项目的任务是为访客提供更丰富的体验，使庞贝古城更加多样化，成为一个具有文化吸引力、不再局限于考古发掘，但仍然重视保护并以保护为主的遗址。

图 19—20 | 马赛克艺术是罗马世界最具特色、最为成功的产业之一。马赛克由相同尺寸的小型镶嵌物制成，并放置在水泥床上，这些镶嵌物是从石头和彩色大理石（opsel tessellatum）中获得的。马赛克或者是庞贝古城遗址其他的地面装饰图案，相当于是一种嵌入地板的地毯，具有放置在门前的门垫一样的装饰功能。
图 21 | 庞贝古城内的装饰元素

[7]5 月到 10 月，庞贝古城在夜间也向游客敞开大门，游客可以在导游的带领下或借助导览器参观各考古遗址和展览，欣赏国际艺术舞蹈、戏剧和音乐表演等活动。游览路线周围的神庙和建筑在灯光的映衬下熠熠生辉，给予游客以高度的情感冲击，同时也让游客有机会通过声音重温历史上庞贝古城的日常生活时刻。

图21

庞贝古城修复项目

庞贝古城修复计划在项目管理和工程实施中采用了一系列具有创新意义的方法，倾向于使用以维护并防止遗址文物进一步败坏为基础的系统的科学保护方法，符合文化景观遗产委员会（the Council for Cultural and Landscape Assets）所制定的考古遗址保护准则。该修复计划包括以下 5 个行动方案：

1. 信息采集方案（Plan for knowledge gathering）：包括实地勘察、调查研究、遗址现状诊断、遗址保护需求分析确定（如遗址内关键区域、古建筑修复问题等）和优先干预措施的制定。其中，诊断性的调查研究对于制定相应干预措施以缓解因水文地质原因对遗址造成的危害有重要的意义。

2. 修复项目进展阶段工程方案（Plan for works in advanced project phases）：包括由那不勒斯和庞贝考古遗产特别监管委员会（Special Superintendence for the Archaeological Heritage of Naples and Pompeii，简称 SANP）制定的 39 个修复工程的实施，这些修复工程的任务主要是缓解庞贝古城考古遗址水文地质可能造成的危害、保护考古遗址的安全、进行考古修复和装饰性修复，以及与修复项目进展阶段实施的工程方案互补的新修复工程方案的设计（Plan for new works to be designed），主要根据前期信息采集阶段所获得的资料来制定相应的保护措施、考古及装饰性修复措施和干预措施。（图 22—24）

3. 服务设施和信息交流的利用与改善方案（Plan for the use and improvement of services and communication）：恢复并增加游客在庞贝古城遗址内的游览路线，增加绿化面积，尽力将庞贝古城遗址的全貌展现在游客面前，提升游客的参观体验；改善庞贝古城遗址考古区域的路标系统，让游客能够清楚地了解到遗址内各考古区域的开放情况。（图 25）

4. 安保方案（Security Plan）：包括在遗址周围安装视频监控系统以确保遗址和文物的安全，防止盗掘，监控遗迹和文物的损毁情况；以及对技术安装工作采取一定的安全保护措施。

5. 技术强化和能力建设方案（Plan for technological reinforcement and capacity building）：包括调整用于研究和监控遗址及建筑结构的技术设备；以及改善 SANP 的管理模式、组织运行能力和技术能力。

庞贝古城内 5 个房屋遗址的修复工作简介

1. 狄俄斯库里之家（House of the Dioskuri）建筑结构修复工程

狄俄斯库里之家遗址，因为靠近市政中心（Forum）而位于萨莫奈（Samnite）贵族居住区，该房屋遗址最早发掘于 1828 至 1829 年间。

图 22—24 | 庞贝古城遗址
图 25 | 庞贝古城遗址内景

2. 隐廊之家（House of the Cryptoporticus）建筑结构修复工程

隐廊之家在 1911 年至 1914 年间和 1927 年至 1930 年间经历过两次考古发掘，分别由意大利考古学家维托里奥·斯皮纳佐拉（Vittorio Spinazzola）和阿梅代乌·马尤里（Amedeo Maiuri）负责。隐廊之家最初建于公元前 3 世纪，毗邻阿喀琉斯神龛之家（House of the Lararium of Achilles），在三个多世纪里经历了多次复杂的改造。其得名于意大利语“cryptoporticus”，因为除了拥有一个客厅和四个温泉洗浴房间之外，这座房屋地下还隐藏着一个封闭的长走廊，这条走廊围绕着花园的东、西、北三面，在隐廊的穹顶上有很多用石膏制成的花冠和几何图形图案，墙壁上装饰着森林之神和酒神女祭司的壁画，在客厅和温泉洗浴房间的墙壁上都绘制有精美的景观画和取材于《伊利亚特》的壁画，体现了奥古斯都时期的绘画风格。1943 年，隐廊之家在针对庞贝的轰炸中遭到了严重的损害。(图 26—27)

修复项目内容：

(1) 巩固、修复房屋结构，包括墙壁和穹顶的保护工作，更换腐坏状态最为严重的门楣，替换所有现有的遮盖物，构建新的屋顶覆盖结构以增加遮阴区域；
(2) 重建部分建筑设计，恢复隐廊之家原有的房屋空间结构，用叠层木材（laminated wood）重建穹顶结构；
(3) 建造一条木质走道，游客可以在这条走道上从上面看到隐廊之家的地下区域及其表面的装饰。(图 28—29)

修复项目进展：
隐廊之家房屋遗址于 2013 年 2 月 1 日向公众开放。房屋遗址的地面已经经过了彻底的清洗，在清洗过程中，采取了一定的安全保护措施以保护墙壁和地板上的装饰性构件。目前房屋建筑结构的加固修复工作和墙壁、穹顶的保护工作正在进行中。(图 30—31)

3. 西里库斯之家（House of Sirico）建筑结构修复工程

西里库斯之家是一个大型住宅，由两个原本分开的房屋组成，在火山喷发掩埋庞贝时，整个西里库斯之家都在按照当时的标准进行彻底的翻新。其中一个半圆式露天建筑已经完成了所有的装修，人们可以在卧榻上享用晚宴，周围是大理石地板，四周墙壁上有希腊神话题材绘画。通过发掘出的一枚刻有名字的青铜印章，可以确认该房屋的最后一位主人是属于庞贝政治和商人阶层的普普留斯·韦迪乌斯·西里库斯（P. Vedius Siricus），他每天都会在刻有“欢迎财富（SALVE LUCRU）”的房子里接待客人。

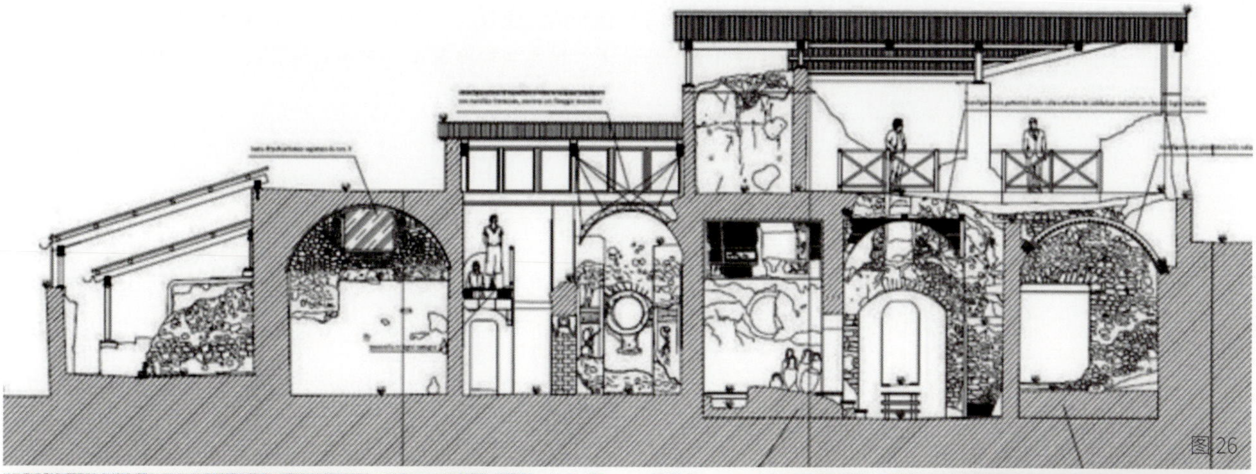

图 26 | 隐廊之家结构图
图 27 | 隐廊之家内景
图 28—29 | 隐廊之家修复过程
图 30 | 隐廊之家内景
图 31 | 修复前的柱廊

修复项目内容：
西里库斯之家建筑结构修复工程的目的是还原考古遗产的完整性，以便充分利用并保存其历史价值和考古价值。针对西里库斯之家房屋遗址的修复工作，其重点就是重新建立房屋建筑墙体的连续性（比如风格、构造等方面），主要包括以下三个方面：

(1) 按照现有的建筑格局重建墙体的质地和表面；
(2) 用坚实的栗木替换损坏的门楣；
(3) 密封墙脊以防止墙壁变形并提供防风雨保护。

此外，西里库斯之家的许多区域将会增加一些屋顶遮盖物，有些区域将使用轻质木结构屋顶，其他区域则将使用具有防眩光和紫外线防护作用的透明聚碳酸酯（Lexan）板材。（图 32—33）

修复项目进展：

西里库斯之家房屋遗址的加固和修复工程于 2013 年 7 月 15 日开始。整个房屋遗址区域内的除草、清洁、铺设可供行走的地面覆盖物、对房屋内的家具设施和墙壁采取保护措施等准备工作已经完成。第二阶段的工作就是通过加设支撑物以防止腐坏状态较为严重的建筑结构进一步受损并保证之后修复工作的安全进行。所有的修复工作始于墙缝的弥合、墙脊的修整、墙体的重建，沿用房屋原来的建筑样式，力图展现庞贝古城遗址的原始风貌。（图 34）

4. 红墙之家（House of the Red Walls）建筑结构修复工程

红墙之家基本信息：

红墙之家最初建造于罗马共和国时期，公元 62 年发生的一场地震使该房屋的原始结构发生了一些变化，通过墙壁上还没有涂漆的泥灰层可以看出该房屋进行了一些改造，其中有两件房间的墙壁涂饰有大片红色颜料，这也正是该房屋遗址名称的由来。红墙之家前厅中供奉着用于家庭崇拜的小型神龛，在这里发掘出了七尊家庭保护神的铜像。

修复项目内容：
红墙之家的修复工作包括砖石建筑的巩固和保护、更换腐烂的门楣、建造以瓦片覆盖的木质屋顶来保护内有壁画的房间、架设雨水排水系统等。当这些建筑结构干预保护措施完成后，后续针对壁画的修复保护工作将相继开展。

修复项目进展：
房屋遗址的地面清洗和灰泥涂抹工作已经完成，并加固了最易掉落的砖石。墙体顶部的修复工作和砖石建筑的加固工作正在进行中。

图 32—33 | 西里库斯之家修复过程
图 34 | 西里库斯之家壁画

5. 海员之家（House of the Sailor）建筑结构修复工程

海员之家建于公元前 2 世纪后半叶，房屋的主要房间都朝着一个庄严的前厅，公元前 1 世纪末，前厅以大量黑白马赛克重新装饰，这些马赛克组成了一幅体现六艘船驶入船坞的作品，海员之家因此得名。同时期，房屋的东边还增设了带有温泉的翼楼。公元 1 世纪，房屋下层所有区域都改装成了面包店的车间，并与原有的仓库连接起来。海员之家具有优雅和传统兼具的联排别墅的特征，拥有用于贸易和生产的仓库，这使得它在庞贝城独一无二。(图 35)

修复项目内容：

海员之家建筑结构修复工程旨在解决因为过去利用金属拉梁搭建的承重结构而造成的建筑安全性的问题。必须重建海员之家建筑墙体的连续性，增强受损建筑结构的承受力，根据需要重建屋顶结构、增设遮盖物以保护嵌有马赛克的地面和墙面，建立一套雨水排水系统。一旦这些对于建筑结构的干预保护措施完成后，针对房屋内的装饰性设施的修复保护工作将相继开展。

修复项目进展：

房屋遗址的地面清洗和灰泥涂抹工作已经完成，屋顶的翻新工作和砖石建筑的加固工作正在进行中。

图35 | 海员之家

脱单 · 联动 · 变与不变

——筹建上海博物馆东馆之三思

MULTIPLICATION · INTERCONNECTION · TRANSFORMATION
THOUGHTS ON THE NEW BRANCH OF SHANGHAI MUSEUM

杨志刚
上海博物馆馆长

上海博物馆

图 2

2015 年 4 月 11 日，上海市主要领导视察上海博物馆并进行调研。我在汇报中提出上海博物馆亟待“两个提升”，即硬件提升和能力提升。市领导当场“定调”：上博挺进浦东增建东馆。

此前的一天，在同一个会议室，市内一些相关部委局的负责人团团围坐，商议位于人民广场的上博馆舍在建造 20 年后正面临的大修问题。一个令人纠结的难点摆在眼前，是否要趁大修之际给空间局促的上博增加一些面积，哪怕一万平方米。但是，如要这般操作的话，这项工程就不再是“大修”，而变成了改扩建。仅从程序这一点讲，大修和改扩建的申报路径就全然不同，且不说由此将引出一连串的问题。所以，兴建东馆、保留本馆并保持其建筑原貌的决定，明确了取舍，瞬间照亮了上博的前路，有同事称之为“关上一扇窗，打开一扇门”。

一 “脱单”及动因与社会担当

那天调研会议后，我和班子成员匆匆吃了午餐，就奔赴浦东为东馆选址做前期踏查。经过多轮的现场调查及研究，也在上级部门及多方的协调与努力之下，最后选址聚焦于浦东新区花木 10-3 号地块。据介绍这是上海中心城区最后一块比较完整的尚未开发利用的土地。（图 2）当年 12 月，上海市发展与改革委员会正式批复上博东馆立项，确定东馆建于上海科技馆西侧的花木地块，这充分展现了上海市大力推动文化发展的决心和魄力。

东馆距上博本馆 6.1 千米。这段东西向的距离不能说很长，坐地铁 2 号线 5 站可达，却将未来上博的展陈、典藏切分于两处场馆，对博物馆的运营、管理和能力提升都提出了新的课题、新的挑战。当时馆内讨论的时候，有一些声音表示，是否可以固守现有场馆，坚持经典，保持品质。但经过深入思考和比较，以建设东馆开拓事业全面发展、重铸上博辉煌，渐渐成为共识。2016 年初，在上博举办的一年一度媒体通气会上，我又从中国博物馆即将进入“脱单”年代，畅谈了城市与博物馆发展的趋势，拓宽视野分析上博的未来取向。

作为改革开放和城市发展的成果（也可视为城市扩张的“结果”），“脱单”现象比较早地出现于中国的火车站、机场、高校，即很多城市不再限于拥有一个火车站，上海、北京不再限于拥有一个机场，很多高校不限于一个校区。以上海为例，1987 年建成上海火车站，此后又建成上海南站、上海虹桥站，形成上海铁路三大交通枢纽。新近规划的位于浦东新区祝桥镇的上海东站，将在数年内竣工使用，届时上海将形成拥有四座客运火车站的新格局。20 世纪末，上海建成浦东国际机场，与虹桥国际机场“比翼齐飞”。而北京，在首都国际机场 T3 航站楼于 2008 年投入运营的数年之后，大型民用机场也进入

“脱单”——落户于北京市大兴区和河北省廊坊市交界处的北京大兴国际机场在 2018 年正式定名。至于高校，如果你乘坐出租车去复旦大学或者交通大学或者同济大学、上海大学……司机立马会问你：去哪个校区？因为这些学校在空间上都不复作为一个单体存在，而变成了复数。这就是我说的“脱单”。

接下去，轮到中国的博物馆“脱单”了？在国内博物馆省馆中，浙江省博物馆应该是第一家将主体展陈分置于两个馆区的，突破了一馆一地（即一个博物馆拥有一处主体馆舍）的惯见模式。其武林馆区在 2009 年 12 月建成开放，与孤山馆区遥相呼应，合为一体。另辟馆区以解决场地狭小与博物馆发展之间的矛盾，隐含着无法就地扩展的尴尬、无奈。上博的情况与此相当类似。较之欧美博物馆，如大都会艺术博物馆（Metropolitan Museum of Art），自 1880 年后很长的时间内持续就地拓展，通过不断地改扩建以顺应发展的要求，还有大英博物馆、卢浮宫博物馆、埃尔米塔什博物馆均与之相仿，此间显示出两种很不一样的发展轨迹。

上博创建于 1952 年，馆舍设在南京西路 325 号原跑马总会大楼，1959 年搬至河南路汇中大厦，20 世纪 90 年代再迁今址。多次选址及搬迁有其合理性，也体现出跨越式发展的特点。刻下，上博再次迎来跨越发展的契机，我将此比作站上了第四个发展阶段的起点。当此之际，需要从国情和“脱单”的社会大趋势看待并回应新课题、新挑战，洞悉既来自城市发展也来自博物馆自身发展双方背后的动因，并在城市与博物馆的关联中更多地把握好、肩负起博物馆的社会责任。一个最常见的“博物馆”定义——由国际博物馆协会颁布——强调博物馆是“一个为社会及其发展服务的、向公众开放的非营利性常设机构”。上博的东进浦东，就包含着促进地区经济、社会、文化整体协调发展，以及带动公共服务均等化的城市发展战略意图。而在担负这些使命的同时，上博也将为自己拓展未来，开辟新的发展前景。

中国博物馆的“脱单”年代是否开始走来？ 2015 年底台北故宫博物院嘉义南院开幕，此前北京故宫博物院传出消息，将在 25 千米以外兴建北院 [1]；在笔者写作本文之前更听闻数家央地共建的大馆酝酿着“脱单”，尤其是浙江省博物馆启动了又一轮新馆区的建设项目，则答案正趋近于肯定。更进一步看，晚近以来，卢浮宫博物馆、大都会艺术博物馆、埃尔米塔什博物馆也都在其国内或国外，建造分馆，以扩大传播与影响，扮演更为新颖的社会角色。

二　东、西间的关联与互动

大约在 2015 年的夏天，就未来东馆与本馆间的关系，上博提炼出“两馆一体、联动东西、特色清晰、相辅合璧”十六字方针，并写入项目建议书。两馆一体，相辅合璧，是表明上博仍为一个系统、一个架构，虽有场馆之分，却作为一个整体予以规划和运行、管理；虽东馆、本馆在展陈上各有侧重及特色，却相辅相成，珠联璧合。东馆、本馆的“特色清晰”集中体现在：1. 上博现有的四大藏品门类，青铜、陶瓷仍在本馆，书画、工艺置之东馆。2. 更重要的是，东馆展陈将突出主题演绎和讲述文物背后的“故事”，充分引入新的手段和表达方式；有相当部分的展览还将打通不同材质文物之间的既有隔阂，建立横向联系，从而形成与本馆“经典式”陈列不一样的展陈体系及风格。

[1] 据 2015 年 4 月 30 日《新京报》：有着“紫禁城别苑”之称的故宫北院区自 2013 年启动“宫廷园艺”工程后，其主体建筑面貌如何广受社会关注。昨天，故宫北院区的 5 个设计方案向社会公开征集意见。故宫馆藏文物达 180 万件，由于空间限制，每年只有约 1 万件文物在紫禁城展出。北院区建成后展出文物将会数倍增加。同时，在紫禁城受空间限制无法得到修复和养护的大型文物也将在此修复展出。北院区建在故宫博物院原有的海淀区西玉河基地周围。

至于“联动”，则包含两层意思。一是东西联动，此乃着眼于东馆、本馆两个场馆间的互动，属于博物馆内部的东西呼应。二是联动东西，这又具两层含义：1. 突出“联动”这个动作的主体，在于“两馆一体”的这个“整体”。2. 要通过东馆、本馆之间的互动，带出东、西两个地区的联动，形成城市文化空间上彼此间的联系与呼应。

有关东馆与本馆、博物馆与城市文化之关联性的思考，得到了不少竞标设计事务所的重视与回应，中标方团队更在整个设计过程中都努力地加以体现。在中标方比较早的项目设计文本中，就清晰地陈述，将重点研究“城市区位分析”“博物馆与城市关系”“公共空间体系研究”“博物馆流线模式演变”等问题。在设计理念中突出：“开放的博物馆”、“内外交映的博物馆”、“强烈的中国文化意蕴”、“新老对比”（指东馆与本馆的对比）。其提交的建筑设计方案，东馆呈矩形体块，在设计师看来：规整的形态反而能够与周围的上海科技馆、东方艺术中心等标志性建筑物相抗衡，展现出自己的特色[2]，进而构成富有活力的都市景观。东馆空间造型含“外方内圆”“方圆兼备”，与本馆的“天圆地方”相呼应。（图 3）

联动东西的构想，因2016年底《上海市“十三五”时期文化改革发展规划》的发布，得到了进一步的丰富和提升。根据这个规划，配合全国文化中心和国际文化大都市的建设目标，上海要打造体现国际标志性的东西向、南北向两条城市文化发展主轴，和两个文化核心功能区，逐步形成“两轴一廊、双核多点”的城市文化空间发展新格局。上博的本馆和东馆正好都处在东西向的主轴上，又分别居于“双核”（即人民广场地区和浦东花木地区两个文化核心功能区）之内。人民广场地区文化之核的作用，是在漫长的岁月和积淀中造就的，独特的地段（例如这里是上海公路零公里标志所在），加上近二十来年集聚了市政府大楼、上海博物馆、上海大剧院、上海城市规划馆……最近又有上海市历史博物馆（上海革命历史博物馆）的加持，使这片区块所承载的文化厚重，在上海这座城市中，无与伦比。

若干年后，在上博东馆落户的浦东花木区块，又一个城市文化中心将会崛起，与前述广场中心遥相应对。上博东馆将与上海科技馆、东方艺术中心、世纪公园、上海图书馆东馆（筹建中）等一起，形成具有国际影响力的文化设施集群，承担起另一个城市文化之核的作用。（图 4）这便是上博未来在城市文化发展中承担历史使命的背景图。置身于这样的格局中，上博理当考虑如何发挥自身优势，联动东西，串联、贯通城市文化的“双核”，使之展现非静止、非孤立的态势，让东西两个文化中心充满呼应和互动。

三　变与不变，守正开新

上博东馆的建筑方案征集，历经两轮国际招投标，每一轮又分成若干阶段。前后一年多，共有 10 家境外、5 家境内的建筑设计事务所参加竞标，提交方案，最后同济大学建筑设计研究院脱颖而出。主创设计师李立教授曾在“2016 上海市重大文化设施国际青年建筑师设计竞赛”中，为上博东馆提出设计创意并拔得头筹。1973 年出生的他，已主持或参与国内多项重要博物馆的设计，对博物馆及其演变趋势有比较深入的了解与把握。确定中标单位后，同济设计团队与上博业主团队携手进一步深化设计，优化方案。

[2] 参见 2018 年 1 月 9 日澎湃新闻（上海）《李立谈上海博物馆东馆设计：摈弃了张扬，在那里进入文人生活》。

图 3

图 4

形态上，上博东馆不是一个封闭的实体，而拥有不少敞开的或半敞开、半透明的空间。在满足文物保护要求的前提下，一些内部场馆尽量“通透”起来，特别是在观众的共享空间，突破了传统的单一中庭式空间组织方式，代之以多中心、多层级的公共空间系统。博物馆的流线设计极其精心，对观众的线路、员工的线路、文物的线路、贵宾的线路、货运的线路都给予专门的考量，尽可能有别、有序而又便捷。为了缓解观众在超大型博物馆中的观展疲劳，一些楼层设置了分区，如三层、四层，分体验区和文物区两个相对独立的展区，这样既能缩短参观动线，又有利于不同模式下的开放接待和安保。在观众流线的不同位置，设置了敞开的休息边厅、室外露台及花园，强调建筑空间与城市空间的交流互动，使得观众在博物馆内参观，不仅与历史对话，还能感受现代城市文明的气息。在屋顶辟设了不同风格的园林，或作为展厅的有机延伸，或为观景赏心的休憩之处。而在一层和地下一层，还注意了和城市人群日常的出行与生活紧密衔接。

物理形态的开放性，映射着博物馆定位与角色的开放性。在功能的发挥方面，东馆兼顾博物馆中的“人”（观众）与“物”（文物）的重要性。突出以人为本，以文物为中心，遵循博物馆工作的本质与规律，在此基础上让博物馆管理运行更加科学有效，更深度地融入民众新的生活方式，持久地扩大社会影响。

几年后，简洁挺拔、端庄典雅、建筑面积超十万平方米的上博东馆，将矗立在世人眼前。她大气谦和，符合上海的城市气质。白色石材的表皮蜿蜒包裹，平整处象征着坦荡无垠的陆地，反曲的弧线波折代表着波涛起伏的浩瀚大海，蕴涵“海陆交汇”之意，体现着上海这座城市特有的地理环境与文化品格。她是殿堂——知识的殿堂，艺术的殿堂，是站在时代新高度的科学殿堂，融汇了中外文明精华的当代人文精神的殿堂。在打造殿堂的同时，我们还赋予她新的作为：成为进行思想交流和碰撞的“论坛”，成为休闲娱乐、开展公共活动的城市“会客厅”……为此，必须致力于拓展和创新——创新展陈体系、创新社会教育、创新研究体制、创新文创研发、创新性地建设智慧博物馆。

以上选取本人在筹建上博东馆过程中三个方面的思考，借《博物馆评论》，与关心这项工作的同行交流、分享。三思，也意味着“三思而行”。作为公共文化设施建设特别是上海市重大文化工程，必须勤思、慎思，方能把握方向，切实有效地予以推进和落实。

让文化点亮城市 。让博物馆涵养民众。

2018 年 4 月 8 日

展览评论

EXHIBITION REVIEW

米开朗基罗
——神圣的绘者与设计者

MICHELANGELO: DIVINE DRAFTSMAN AND DESIGNER

陈琳琳

图 1 | “米开朗基罗：神圣的绘者与设计者”展览入口，摄影：陈琳琳

大都会艺术博物馆的年度巨献“米开朗基罗：神圣的绘者与设计者”（Michelangelo: Divine Draftsman and Designer）特别展览于 2017 年 11 月 13 日在纽约第五大道的主馆揭开序幕。两天之后，传为另一位文艺复兴艺术大师达·芬奇散佚于民间的木板油画《救世主》（Salvator Mundi）在位于洛克菲勒中心的佳士得拍卖行以史上最高艺术品价格——四亿五千万美元成交。一周之内两位文艺复兴巨匠登上曼哈顿的艺术新闻头条，实属难得。达·芬奇画作的真伪尚存疑议，米开朗基罗展览的轰动却毋庸置疑。（图 1）

文艺复兴艺坛三杰之一米开朗基罗（1475—1564）堪称世界艺术史星空中一颗耀眼的恒星，在绘画、雕塑与建筑领域都取得了非凡的成就，也是史上为数不多生前就享有盛誉的艺术家，41 岁时就被同时代的诗人路德维齐·阿里奥斯托（Ludovico Ariosto）称为“神圣的”（Il divino）。米开朗基罗终年 89 岁，在当时已属罕见的长寿，艺术生涯更是长达 60 年之久，为后世留下了丰富的视觉艺术遗产。与英年早逝的拉斐尔（1483—1520）和传世作品不多的达·芬奇（1452—1519）相比，米氏的作品遍布佛罗伦萨与罗马，在世界各地博物馆与私人藏家手中的也为数不少。由于成名较早，米氏生前就有传记作家为他立传，但正因为史料与作品的充沛，要组织一个米开朗基罗的展览也因头绪线索繁多而绝非易事。

纽约大都会艺术博物馆此次的特别展览从一个意大利语词汇 disegno（字面意义为纸上素描，引申为设计蓝图、创意草稿的意思）出发，以米开朗基罗的素描、设计草图等纸本作品为主线，与前辈与同辈艺术家的作品并置，并辅以影响了他的古代艺术家作品、与友人的书信往来手稿等，以丰富多彩的视觉信息和元素为观众全景式地展示了艺术家一生的思考与创作，以及在艺术道路上成长和成熟的过程。米开朗基罗一生没有停止过画素描，展览中既有寥寥几笔记录思考创意的草图，也有刻画细致、富于装饰效果的赠酬之作。正如策展人卡门·班巴赫（Carmen Bambach）博士所说，“素描是米开朗基罗的第一步，不论是创作一幅绘画作品还是一件雕塑，……是以（素描）将他的整个艺术生涯串联了起来”。

许多标榜“一生一次（once in a lifetime）” 机会的展览不过是主办方的夸大其词和市场营销噱头，大都会此次特展却真正可以称得上任何一位艺术爱好者一生难遇的机会。且不说展出的 200 多件作品中米开朗基罗的原作就有 133 件，来自世界各地著名美术馆与私人（包括英国女王）的收藏第一次集中在一起展示；更重要的是，由于（大多已有五百年历史的）纸张不宜长时间暴露在光照之下，这些作品绝少示人，三个月已经是它们可以承受的展览极限；因而本次展览仅有大都会一站，结束后多数作品就会回到温度与湿度都有特别控制的库房，下一次公开展出还不知要待何时。能亲眼看到如此多的大师原作齐聚一堂，“一生一次”机会丝毫不算夸张。

一

展览基本上照时间线索来组织，第一部分便是“青年艺术家的教育” （The Education of the Young Artist）。尽管与米开朗基罗同时代的传记作家将他誉为横空出世的天才，他的成就却并非来得全无凭据。米开朗基罗幸运地诞生在 15 世纪的意大利——人类历史上最富于创造力、思想与文化最为活跃的时期之一。文艺复兴早期大师的经典杰作与佛罗伦萨地区艺术家工作室的技法训练为他的成长准备了养分充足的土壤，15 世纪纸张在欧洲的普及和广泛使用也为他的素描和设计提供了不可或缺的物质保障。这一单元中，我们看到青少年时代的米开朗基罗临摹乔托、马萨乔、多纳泰罗等前辈大师的习作，也看到他曾受教的佛罗伦萨本地画家多梅尼戈·吉兰达约（Domenico Ghirlandaio）的素描作品。而最吸引人的还是米开朗基罗生平的第一幅创作——木板丹培拉（Tempera，一种以蛋黄或蛋清为溶剂调和颜料在木板上作画的技法，也称蛋彩画）《圣安东尼的受难》（The Torment of Saint Anthony）。据记载作于 1487—1488 年间。当然，这件作品并不是当时还不满 14 岁的艺术家的原创，一同展出的德国艺术家马丁·勋高尔（Martin Schongauer）的版画作品《圣安东尼的苦难》（The Tribulations of St. Anthony）显然担当着原型的角色。

不过，年少的米开朗基罗并没有简单地为原本黑白的版画加上色彩。他弱化了勋高尔原作中圣安东尼略微戏剧化、夸张的面部表情，取代以受难的圣者安详坦然的神情，并创造性地为原来的构图配上了背景，增强了空间效果。他还亲自前往港口仔细观察渔船和渔网的构造，又去市场察看鱼鳞的形状和颜色，是以画面中的细节被刻画得尽善尽美，五百多年后的今天仍然栩栩如生，清晰可见。

二

虽然米开朗基罗的成就横跨多个视觉艺术领域，他始终认为自己是一名雕塑家，并且奉大理石为毕生钟爱的艺术媒介。他最擅长的是赋予冰冷的大理石火热的生命，塑造出充满人性之美的血肉之躯。第二个展厅中央陈列的正是一座米氏 15 岁时完成的大理石雕塑《年轻的射手》（Young Archer）。（图 2）虽然对人体解剖结构的理解与表现稍显稚嫩，却也展示了艺术家如同出鞘的宝剑一样锐不可当的才华。策展人置于同一展厅中的古希腊与罗马雕塑彰显了文艺复兴时代所倡导的美学标准，也激发了年轻的米开朗基罗见贤思齐的雄心壮志。

图 2 | Michelangelo Buonarroti, Italian, 1475—1564
Young Archer
Ca. 1490
Marble; 94 X33.7 X35.6 cm
The Metropolitan Museum of Art, Lent by the French State, Ministry of Foreign and European Affairs

图3

图4

图5

图 3—5 | 米开朗基罗所绘建筑设计图，摄影：陈琳琳
图 6 | “米开朗基罗：神圣的绘者与设计者”建筑设计图展厅，摄影：陈琳琳

对古希腊罗马雕塑的研习让米开朗基罗渴望创作出纪念碑一样的作品，他成年后承接了一系列设计委托项目，试图将建筑与雕塑结合起来，创造出永恒不朽的作品。事实上他也的确做到了——他为教皇儒略二世（Pope Julius II）和美第奇家族设计的陵墓与居所至今仍然完好地矗立在罗马与佛罗伦萨，雄伟如初。大都会虽然无法将建筑搬来展厅，却搜集了他绘制的大量设计草图。这些比例严谨、一丝不苟、细节刻画入微的设计图让最勤奋的建筑系学生也自叹不如。同时，这些草图也绝非工整的建筑制图，而是带有艺术的表现手法，充满了个人的情绪与风格。(图 3—6)

正因为拥有雕塑家和建筑师的双眼与双手，米开朗基罗的人体素描体量厚重、结构精准，用笔有如在纸上切割、削凿，与同一时代强调平面性与画面感的威尼斯画派趣味相异。展览中有大量米开朗基罗生前速写本上的散页，笔记本大小的尺寸拉近了观众与作品的距离，反复调校的轮廓线、由整齐排线构成的阴影以及被橡皮擦拭过依稀可辨的痕迹，让观众有如穿越时空站在艺术家身边看他作画，耳边甚至能够听得到笔尖划过纸面的沙沙声。与拉斐尔在宗教题材的绘画中极力展示女性的柔美不同，米开朗基罗把目光投向健美的男性人体，他笔下的男性躯体，都如健硕的古希腊运动员一般充满了阳刚之美。

三

素描对于造型艺术的重要性无可替代，它是初学者入门的必经之路，也记录着成熟艺术家通向最终作品的思考过程。勤奋多产如米开朗基罗，素描与速写练习贯穿了他的整个艺术生涯。

米开朗基罗的才华吸引了无数显贵的主顾，几任教皇都青睐他的设计。1508 年他接受了教皇儒略二世的委托，为梵蒂冈的西斯廷礼拜堂创作天花板上的壁画。米开朗基罗亲力亲为，以过人的精力和激情，仰着头辛勤地画了四年，最后连颈椎都

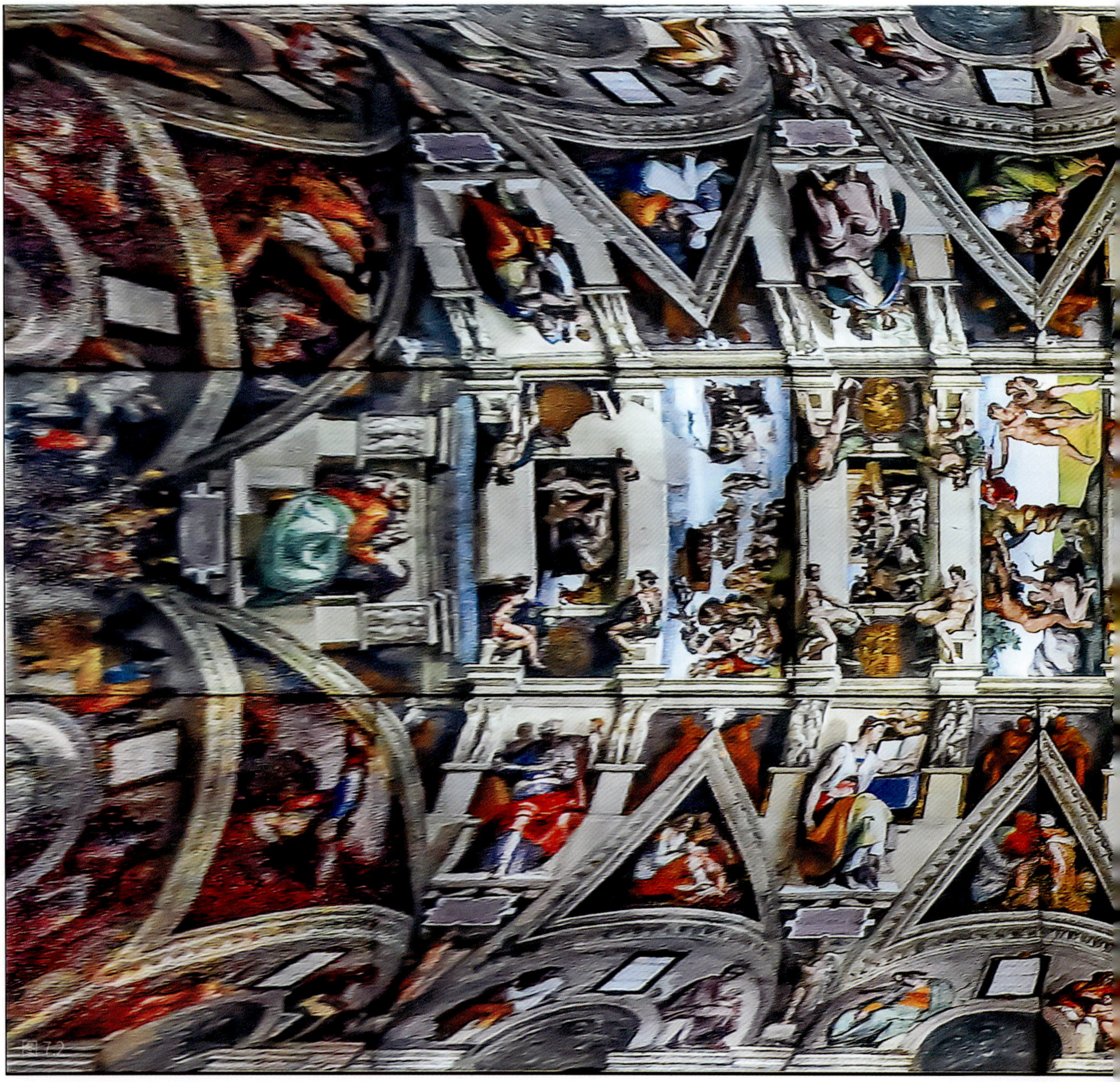

图 7.2

变了形。虽然画的是《创世记》《马太福音》等圣经中的故事与人物，米开朗基罗却启用真人模特，作了大量的速写和草稿来研习人物的动态与衣纹。西斯廷天顶画是米开朗基罗艺术生涯中的一座里程碑，也是本次展览的高潮。大都会用灯箱按照四分之一的比例复制西斯廷天顶画，与米开朗基罗的素描草稿对照展示，让观众一目了然地看到艺术家的创作思考过程。（图 7.1—7.2）

图 7.1

图 7.1 | "米开朗基罗：神圣的绘者与设计者"西斯廷天顶画复制展厅现场，摄影：陈琳琳
图 7.2 | 米开朗基罗：西斯廷天顶画

其中最著名的要数一张《利比亚女先知的习作》（Studies for the Libyan Sibyl）。另外一张速写中上帝与亚当将触未触的手指，也是经典中的经典，仿佛象征着米开朗基罗无出其右的造型能力来自上帝之手的钦点。（图 8—9）

这件大都会艺术博物馆的珍贵馆藏，保存完好；浅赭色的纸上棕红的色粉笔有力地勾勒出一位身体扭转的女性形象以及一些脸部与关节的特写，肩部用白粉笔点缀出高光，笔触清晰得像刚刚完成一般。（图 10）相信许多学过绘画的观众都会跟我一样看得感动莫名，因为多本素描教科书上都曾选用了这张作品（有一本《向大师学素描》还以此为封面），看到原作就像见到了久违的朋友一样亲切激动。

在文艺复兴时代，素描不但是艺术家创作的草稿，也逐渐被藏家认可，成为一种独立的艺术形式。（图 11）艺术史家瓦萨里（Giorgio Vasari）就收藏有不少同时代艺术家的素描作品。16 世纪 30 年代，米开朗基罗曾画了一系列神话题材的素描作品赠酬友人，画面精致细腻而带有神秘色彩，内容出处大多已不可考。其中一幅名为《弓箭手正在向赫尔墨斯石柱射击》（Archers Shooting at a Herm）的色粉笔素描，是他送给一位心仪的贵族少年的礼物，画中所有的射手空有射箭动作却无一人手持弓箭，不知是留给世人解读的谜题，还是与爱人之间约定的密码。

另一幅来自大英博物馆的《安德利亚·夸拉泰西肖像》（Portrait of Andrea Quaratesi）是米氏存世的唯一一件肖像作品，用柔和的笔法表现出人物略显忧郁的气质，堪称素描版的《蒙娜丽莎》。此外，《未完成的圣母子》（Unfinished Cartoon for a Madonna and Child）与《正面女性胸像（克里奥佩特拉）》（Female Figure Seen in Bust-Length from the Front[Cleopatra]）也展示了米开朗基罗笔下偶尔一现的女性之美。

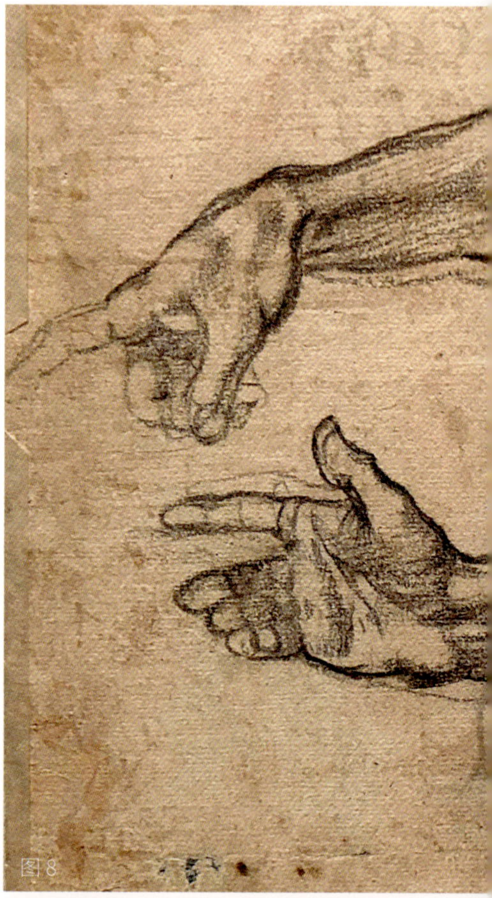
图 8

图 10

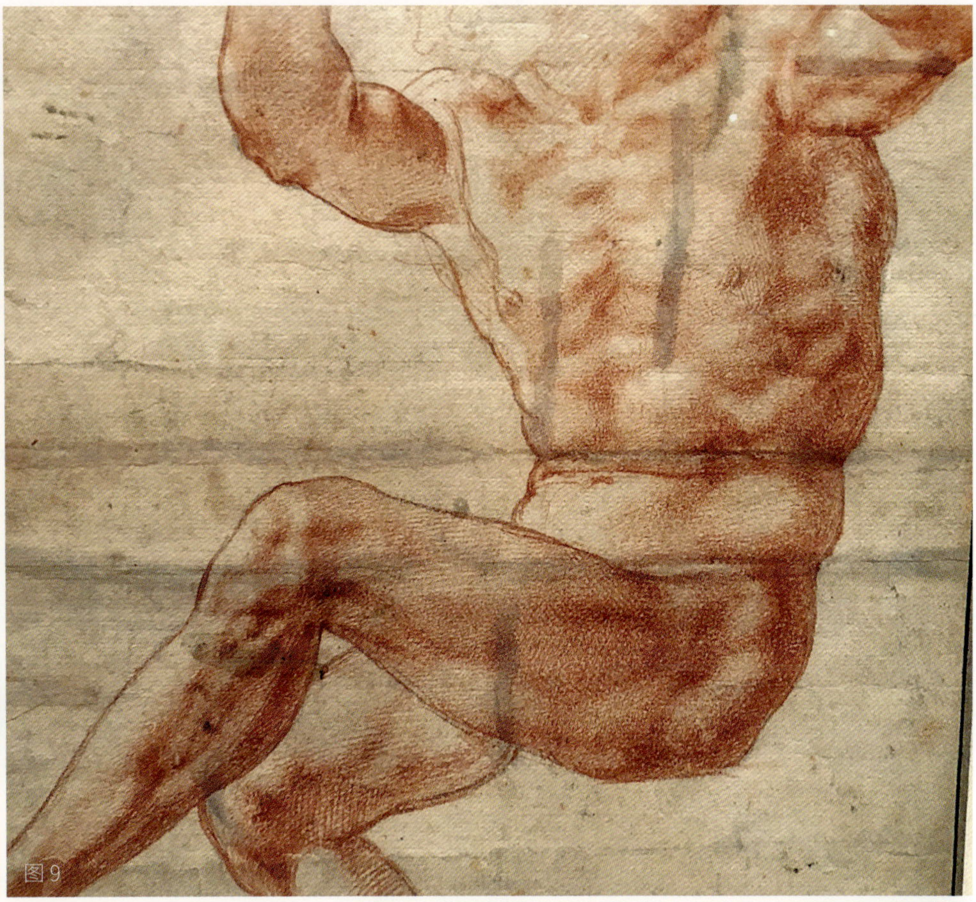

图9

图11

图 12 | 米开朗基罗，古罗马英雄布鲁图斯胸像，摄影：陈琳琳
图 13 | 安德里亚·费鲁奇，凯撒胸像，摄影：陈琳琳

四

本次展览虽然以素描、设计草图等纸本作品为主，也有少数珍贵的立体作品，如一座保存完好的、由米开朗基罗监制的石灰与木材的建筑模型，是他所设计的梵蒂冈圣彼得大教堂穹顶，仅有两座存世。（图 14—15）

更为难得的是同时出现在一个展厅中的三座大理石胸像：现藏那不勒斯考古博物馆、公元 3 世纪所作的罗马皇帝卡拉卡拉（Emperor Caracalla）的雕像，佛罗伦萨巴杰罗雕塑博物馆藏、米开朗基罗为刺杀凯撒的英雄布鲁图斯作的雕像（Bust of Brutus），以及大都会艺术博物馆收藏的、与米氏同时代的佛罗伦萨艺术家安德里亚·费鲁奇（Andrea Ferrucci）作的凯撒胸像。（图 16）策展人意在让观众通过比较理解米开朗基罗的伟大。尽管明显受到卡拉卡拉胸像的影响（据说当时收藏这座雕像的藏家就跟米氏住在同一条街），米开朗基罗的布鲁图斯胸像却更为大刀阔斧，删繁就简，不拘泥于细节，虽然尚未完成，却捕捉到了人物的英雄气概和博大胸怀。费鲁奇的凯撒像受到当时的风气影响注重细节刻画和局部装饰，不能说不是佳作，但是与米开朗基罗的作品放在一起，高下立判，后者被称为“神圣的”的确实至名归！（图 12—13）

[1]Hankins, James. The Intimate Michelangelo: On "Michelangelo: Divine Draftsman and Designer" at the Metropolitan Museum of Art. *The New Criterion*, Volume 36, Number 4,December 2017.

[2] 图片除注明出处之外，均由大都会艺术博物馆新闻处提供。

图 14—15 | 米开朗基罗监制的木制圣彼得大教堂穹顶模型，摄影：陈琳琳

结语

米开朗基罗是一位真正的“文艺复兴人”（Renaissance Man），博学多才。文艺批评杂志《新标准》（*The New Criterion*）2017 年 12 月号上哈佛大学历史系教授詹姆斯·翰金斯（James Hankins）发表了一篇展评，称晚年的米开朗基罗固步自封，不愿尝试新的媒介，将朋友建议他使用的油画材料斥之为“女人与疯子”用的画材，坚持使用自己熟悉的湿壁画（fresco）与丹培拉材料，殊不知这两种媒介很快就退出了历史舞台，油画却是未来发展的趋势，在他身后迅速成为西方艺术的主流媒介并统领几个世纪不变。[1] 对于翰金斯教授的看法，我保留意见：艺术不同于科学，与历史进步的方向是否保持一致似乎不能用作判断一位艺术家成就高低的标准。米开朗基罗不肯放弃湿壁画与丹培拉技巧而转向油画，恰恰表现了他对所热爱的媒介的忠诚，但是拒绝尝试新材料，并与作如是建议的朋友绝交，也难免显示出狭隘固执的一面。毕竟，“神圣的”艺术家终究也不过是一具肉身凡胎而已。[2]

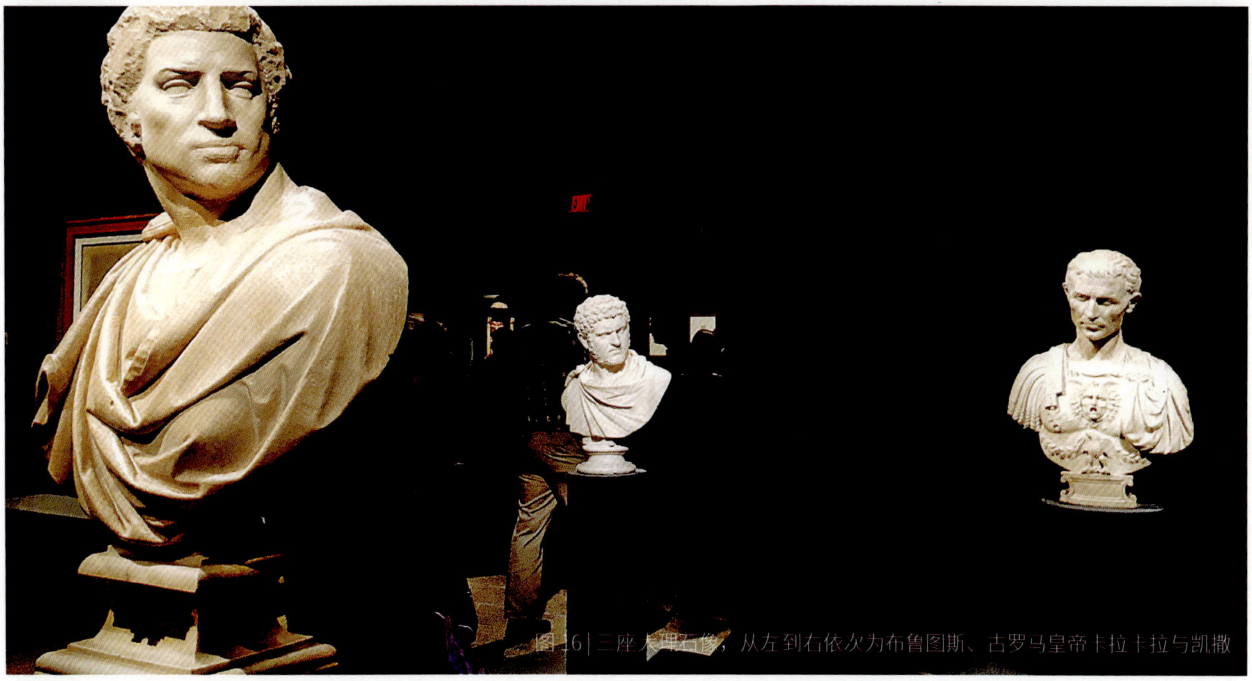

图 16 | 三座大理石像，从左到右依次为布鲁图斯、古罗马皇帝卡拉卡拉与凯撒

从“北斋与日本主义”和“梵·高－流转的日本之梦”两大特展看日本的文化自信

JAPAN'S NATIONAL CULTURAL CONFIDENCE IN THE EXHIBITIONS HOKUSAI AND JAPONISME AND VAN GOGH & JAPAN

王加

2017 年年底，一部以梵·高为主题的电影——《至爱梵·高》，掀起了一股“梵·高热”。2017 年 12 月初，我专程前往日本东京看了两个颇有意思的绘画特展：一个是国立西洋美术馆举办的“北斋与日本主义 - Hokusai 对西方的冲击”（以下简称“北斋展”）（图 1），另一个就是东京都美术馆的“梵·高 - 流转的日本之梦”特展（以下简称“梵·高展”），恰好赶上了这股“梵·高热”。两个看似毫无关联的展览，却展示了日本的文化自信。

从策展的角度而言，两个特展无疑都是极为成功的。北斋展胜在展品多、幕后大量的学术研究及制作精良的展陈设计。包括约 200 幅绘画、浮世绘锦绘和印刷品等总数近 300 件的展品，不仅全方位展示了被西方誉为“最伟大日本画家”的葛饰北斋作为民间画师多元且生动的艺术创造；更是通过他本人的真迹、手稿或印刷品，与诸多借展的西方印象派大师作品进行对比陈列，进而凸显这位高寿的日本民间绘画巨匠对西方美术，尤其是对印象派绘画不可忽略的影响。

图 1 | 东京国立西洋美术馆外“北斋与日本主义”展览广告

图 2—3 | “北斋与日本主义”展览海报

展览从 1854 年日本对外开放后，外交官和商人将所撰写的带有日本风俗和风景插画的旅行记带回欧洲为起点，以时间的脉络详尽描述了当时已去世的葛饰北斋及其作品是被何等方式和渠道流传至欧洲，并以多位受日本浮世绘和葛饰北斋作品影响的印象派大师作品为例，来反映当时诸多艺术家和藏家们竞相加入到收藏北斋和日本浮世绘作品风潮的过程。（图 2—3）

梵·高展，则赢在以质取胜和艺术家本人感人至深的日本情结。这个以荷兰阿姆斯特丹梵·高博物馆和克罗勒·穆勒博物馆的藏品为主，同时集合全球多家博物馆美术馆总计近 40 幅艺术家真迹（共 32 幅油画真迹及其手稿和水彩）的展览，堪称是在亚洲范围内最具分量的梵·高展。即便是对于接触西画更早、受众群体更为广泛的日本艺术爱好者而言，鉴于梵·高作品如今高昂的价格（市场拍卖价格、运输费和保险费），能够不出国门就欣赏到如此大规模的梵·高真迹，也尚属首次。

1890 年 7 月 29 日，梵·高英年早逝，1920—1930 年期间，“梵·高热”开始在日本蔓延扩散，日本旅行者源源不断地专程前往梵·高居住的奥维尔小镇去找寻他生命的痕迹和他“眼中的日本”。日本人推崇梵·高并以他为傲，源于他发自心底对日本艺术和文化的热爱，并将这份爱通过画笔描绘了下来。这份长达近一个世纪的情怀显然是我们不具备的。在东京举办梵·高大展，名为“流转的日本之梦”，这个主题在东京展出，恰如其分，颇有种让梵·高圆梦之感。

随着拿破仑入侵埃及，法国在整个 19 世纪掀起了“东方风情热”。如果说 19 世纪上半叶以德拉克洛瓦为首的浪漫主义和以安格尔为首的新古典主义画家们都在竞相描绘北非和远东风土人情，那么下半叶的印象派和后印象派艺术家们则受日本浮世绘影响巨大。

从 1883 年起，莫奈便开始居住在巴黎西北部诺曼底地区的乡村吉维尼。他不仅在住宅外自己设计了一座日本风格的桥，

图 4 | 东京都美术馆“梵·高 - 流转的日本之梦”展览海报： 梵·高自画像和临摹自溪斋英泉的《花魁》

花园里种植着从日本进口来的花草，更在水塘中种满睡莲，打造出著名的“莫奈花园”。北斋展中展出了一件莫奈在他家中的历史照片，餐厅的墙上挂满了数量可观的浮世绘收藏，这是他本人尤为得意的空间。

梵·高展的中文语音导览中摘录了多句出自他日记中的肺腑之言。他曾说：“我不管谁说什么，即使是一张色调平坦，再普通不过的日本版画，对我来说就是如同鲁本斯一般精彩。”他还认为：“浮世绘的艺术就像呼吸一样简单，他们能用区区几笔就创作出一个形象，那种感觉就像扣大衣扣子一样简单。”这些感触既是他的心声，亦影响了他在艺术创作中汲取和参照浮世绘所做出的创新。

整个展览以梵·高笔下最具代表性的黄色和天蓝色为主，代表他脑海中的日本印象，浓郁的苋红色和紫色为辅，使得整个展墙和梵·高真迹间的色彩关系丰富且和谐。他一次都没有去过日本，自然也从未真正地感受过这个遥远的东瀛岛国；他所有对日本的认知都来自于对浮世绘版画和工艺品的印象，他甚至认为法国南部小城阿尔勒等同于日本。

1888 年 2 月 20 日，他在搬离巴黎前往充满阳光、心神向往的阿尔勒小城时，曾在日记中这样写道：“前往阿尔勒的旅途上我沿路都非常激动，那种澎湃的感觉还记忆犹新，我雀跃不已而不断自问，日本快到了吗，要快到了吗，开心得像一个孩子。”他觉得阿尔勒就是他心中日本的样子，无论是阳光、色彩还是雪景。他甚至将自己的卧室都参照日式简朴风格来布置，能将他那幅最著名的《卧室》借到东京进行展出，完全要归功于梵·高本人对日式文化的情有独钟。

出于对浮世绘艺术的钟爱，梵·高临摹了不少浮世绘名家的作品。特展中颇具浮世绘风格的宣传海报便是出自他本人之手，这幅《花魁》乃是临摹自日本江户时代后期的绘师溪斋英泉的美人画——《身穿云龙打挂的花魁》。（图 4）

图 5 | 溪斋英泉的《身穿云龙打挂的花魁》与梵·高临摹版《花魁》

图 6 | 梵·高《播种者》

梵·高偶然看到巴黎画报杂志以《身穿云龙打挂的花魁》(图 5) 作为日本特辑的封面，便使用复写纸描出其轮廓，再加宽、放大。原作和梵·高所临摹的花魁左右相反，源于杂志在印刷时反转了原画。从造型方面看，梵·高是完全临摹了这幅《花魁》，在画面主人公之外的装饰部分则加入了很多浮世绘中经常出现的重要元素，比如竹子、荷叶、青蛙、莲花、仙鹤、渔船等。梵·高把它们拼接在一起，这样色彩组合显然更符合他的审美，比原作更为鲜艳靓丽。

除了《花魁》，梵·高还将歌川广重的《大桥安宅骤雨》和《龟户梅屋铺》临摹成自己的《雨中的大桥》和《开花的梅树》。有趣的是，梵·高的“高仿”版本如今价值已远远超过了原版，歌川广重的浮世绘作品甚至因为梵·高的临摹而在国际上享有盛誉，这个“高仿带火原版”的案例放在整个西方美术史里也算凤毛麟角了。遗憾的是，这两幅临摹作品并未参展，歌川广重的两幅版画原作倒是“近水楼台先得月”地出现在展览中。

在初始临摹阶段过后，梵·高开始将日式元素“移植”到自己的创作中，展出的一幅《播种者》便颇具代表性。(图 6) 画中的人物造型向米勒著名的《播种者》致意；构图则是参照歌川广重的《龟户梅屋铺》，用近景夸张的巨大树干将画面一分为二，再加入自己标志性的明快色彩和亮黄色烈日，梵·高版《播种者》巧妙地将西方写实主义、印象派和日本浮世绘融合在一起，成为了他的个人独创。

梵·高喜爱描绘鸢尾花和夹竹桃，因为他认为这些经常出现在浮世绘中的花卉植物代表日本。他笔下的《鸢尾花》和《夹竹桃》，受到浮世绘在近景描绘树木躯干的影响而作的风景画《橄榄园》和《杨树林中的二人》，以及根据浮世绘动植物图谱所临摹的蝴蝶花卉等作品，都在展览中展出，日本浮世绘文化对他的影响确实渗透到了个人艺术表现的不同层面当中。

“若研究日本美术，就会与聪颖且富有哲学涵养的人物相识，他们每天都做些什么呢？是在研究地球和月球的距离吗？不，不是。只是在探究一根花草罢了。然而这根草会让画家创作出不同类别植物的素描，然后再到季节、大自然的景观，最后是动物，甚至开始画起人物来，让自己花朵般的生活徜徉在自然之中吧。质朴的日本人所教导我们的，不正是真正的宗教吗？”日本的美术与文化不仅是梵·高创作灵感的来源，更是他的梦想甚至是信仰。

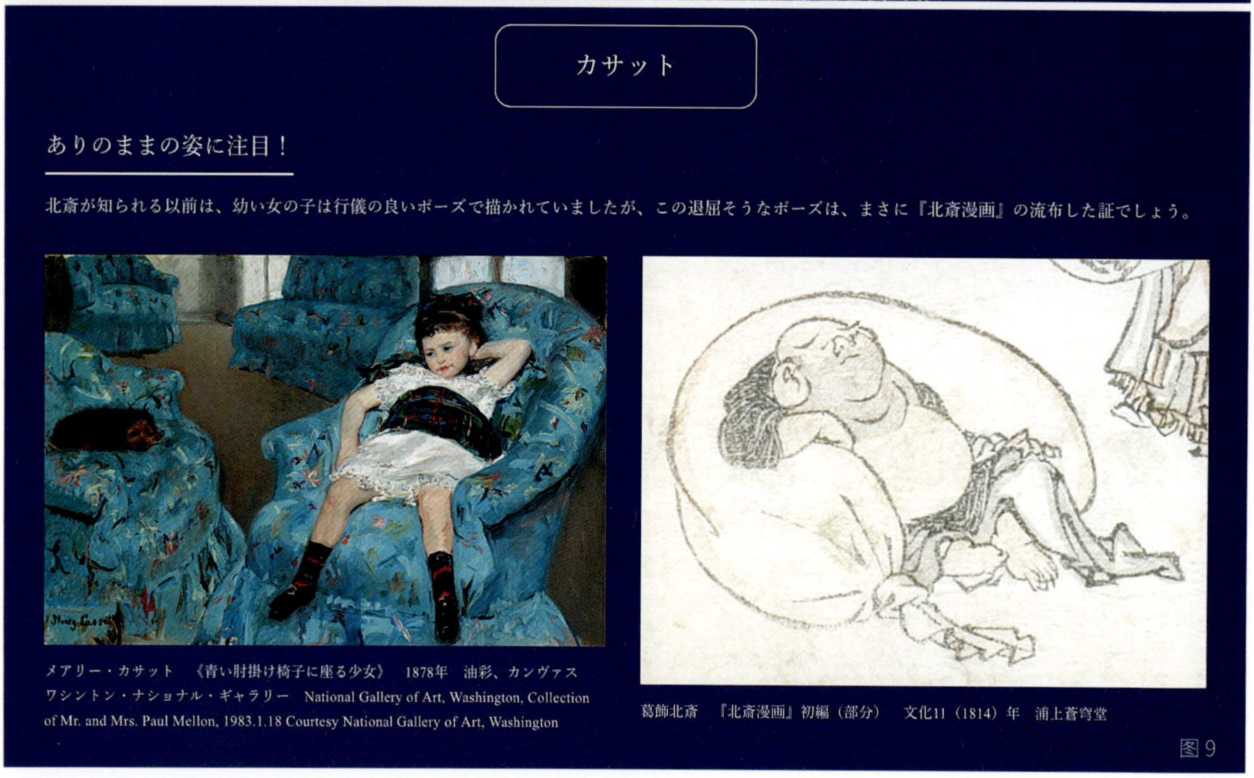

图 7 | 莫奈《阳光下的杨树》对比葛饰北斋《富岳三十六景》之“东海道程谷”
图 8 | 高更《三只小狗的静物》对比葛饰北斋《三体画谱》中的狗
图 9 | 玛丽·卡萨特《坐在蓝色扶手椅上的小女孩》对比葛饰北斋《北斋漫画》初编中的布袋和尚

梵·高笔下的日本是他从未亲历过的高度理想化的画面，虽然他生前未曾有机会圆梦，但从某种程度来说，梵·高在去世后所产生的巨大影响，也间接促使西方社会的学者和艺术爱好者们更深入地了解并研究日本文化和浮世绘艺术。在他去世数十年之后，日本民众也开始对这位热爱日本文化的荷兰天才艺术家抱持敬畏之心，并视他为本国民族艺术广泛影响的模板和骄傲。

和梵·高展基于真实史料所呈现出的清晰脉络相比，看罢北斋展的感受若用二字概括，那就是“牵强”。诚然，日本浮世绘对西方印象派多位艺术家的影响是显而易见的。如浮世绘风景中最擅用的近景树木构图（将几棵粗壮的树干放在画面近景的正中，然后远景按照西方常规的焦点透视法来完成），展览中莫奈的《阳光下的杨树》《瓦朗日维尔的风景》《博尔

图 10—11 | 德加《芭蕾舞娘，粉色和绿色》对比葛饰北斋《北斋漫画》十一编中一位在温泉泡澡的浴者

迪盖拉》《安提被角》和毕沙罗的《蒙福科的雪景》都或多或少地借鉴了葛饰北斋最具代表性的《富岳三十六景》中的画面构图。（图 7）我们也可以肯定浮世绘艺术对欧洲新艺术运动时期的瓷器和各类器具的装饰功能。德加的《芭蕾》和在梵·高展中出现的马奈作品《白菊花》均使用了东方传统的扇面体裁，上述影响已被东西方美术史学界所证实。

然而，大量 19 世纪西方绘画与北斋漫画对比陈列的牵强，以及语音导览讲解中多次出现的“或许参考了……”显示出北斋展中许多试图展现的西方艺术家们受浮世绘影响的产物，是基于假设而非论证得出的。

例如，展览把《北斋漫画》十三编中的岩石和象征主义画家古斯塔夫·莫罗的《赫拉克洛斯与九头蛇》并排陈列，认为莫罗是看了北斋漫画才画出这种山石；把高更的《三只狗和静物》看作是根据北斋《三体画谱》中的狗所借鉴而来；把图卢兹·劳特累克为巴黎蒙马特红磨坊创作的两幅最著名的海报——《珍妮·阿弗利》和《拉·古留》中两位女舞者擅长高抬腿的特色舞姿，看作是受北斋漫画农民起舞造型的影响；认为玛丽·卡萨特那幅优雅惬意的《蓝色扶手椅中的小女孩》，是《北斋漫画》初编中靠着布袋休憩的布袋和尚造型的变体。（图 8—9）展览甚至将德加最具代表性的《芭蕾舞娘，粉色和绿色》，也就是展览海报中所使用的身着粉绿色芭蕾舞裙的女舞者双手扶腰的动态捕捉，定义为是采样于《北斋漫画》十一编中一位在温泉泡澡时挺着大肚叉腰昂视的浴者。（图 10—11）

图 12 | 东京都美术馆“梵·高 - 流转的日本之梦”展厅入口处供观众合影的背景板

看罢这些基于“或许参考了……”的假设，我实在是哭笑不得。北斋画一个布袋和尚，玛丽·卡萨特笔下的小姑娘往扶手椅中一躺，就“或许参考了”？都是画母亲怀抱孩童的场景，前者的《北斋画镜》和后者的《身着深蓝色的幼婴在妈妈怀中》完全风马牛不相及，竟摆在一起对比展示。尽管劳特累克深受日本文化影响，甚至还拍摄了不少身穿日本和服的照片，但他著名的《珍妮·阿弗利》和《拉·古留》，则完全是凭借在红磨坊台下，对舞台表演的记忆而写生完成。对于芭蕾舞者而言，双手扶腰是一个再基础不过的姿势了，怎能和虽生动形象却大腹便便的日本浴者相提并论？

我们不能否认日本展方和研究人员在展览筹备期间，为了能够做出如此贴切的对比展示，而做的大量幕后工作。但对于一个高品质的学术性展览而言，仅靠“或许参考了……”的假设，未免略显牵强。相比较梵·高展那些证据确凿的史料，北斋展中意图凸显日本浮世绘对西方艺术家影响的部分作品对比，显然缺乏说服力。

近年来，文化自信是我们文博界频繁使用的词汇。看罢东京的北斋展和梵·高展，我最大的感触就是一个国家需要对本国

国粹抱有充分的自信，但不能盲目。

这两个特展无论从展品数量和质量、策展理念、展陈设计、学术含量、资料信息量和国际影响力等多个层面来看，都无愧于国际顶尖水平的绘画类艺术展。若说唯一的瑕疵，无疑是主办方在假设的基础上过度强调了日本主义对西方艺术家们的影响。

想最大程度地体现本国的文化自信和民族自豪感，应像梵·高展一样用毫无争议的私人书信、日记、语录和临摹的艺术作品作为基础，来更深层次地挖掘这些受异国文化潜移默化影响的绘画大师，是如何完成融会贯通的艺术创造的。葛饰北斋作为日本人民的国宝级艺术家，对 19 世纪西方艺术的深远影响早已盖棺定论，根本无须夸大，却也不应草率地认为，但凡造型姿势相似的画作便是受他影响，这是北斋展部分作品对比的欠妥之处。学术研究存在的意义，是让那些“或许”的假设变成肯定；文化自信和民族自豪感也应建立在毫无争议的事实之上。（图 12）

彼岸世界
WORLDS BEYOND

约翰·里夫 （John Reeve）
翻译：朱联璧

图 1 | 大英博物馆的大中庭

and let thy feet

有越来越多的当代人对宗教及其历史，和宗教对现今世界或好或坏的影响感兴趣，这似乎并不让人感到惊讶。你无法忽视宗教表达和实践的多样性，在伦敦我生活的地方就是如此。宗教这个词来自拉丁文的“religare”，意指团结在一起。在日益全球化的世界里，我们之中的很多人感觉到需要找到根基与彼此、与过去建立强有力的联系，从而在无法预测的环境中获得一些安全感。

像美国和俄罗斯这些世俗国家，恐怕也已经变得愈发宗教化。伊朗和沙特阿拉伯等国家的宗教化则是已有时日。尽管身在西欧的我们不怎么去教堂，但对宗教还是有着广泛的兴趣。这在博物馆和展览中有所体现。不消说还有关于宗教的永久展厅或专门的博物馆，比如位于格拉斯哥的圣蒙哥宗教生活与艺术博物馆。乌特勒支、马尔堡、莫斯科、圣保罗和台北的有些博物馆也是如此。当然，还有许多关于神圣艺术的博物馆和展厅，特别是关于伊斯兰艺术。但这些展览很少关注宗教的意义和实践。英国新的宗教博物馆位于英格兰北部，由一位信仰基督教的百万富翁建立，选址于过去奥克兰主教区（Bishop Auckland）主教的豪宅。伯明翰博物馆开设了新的有关信仰的展厅。布莱顿和考文垂的社会和文化史博物馆也体现了宗教维度。巴黎、安特卫普和伦敦的展览探寻了“圣书的子民”认可的亚伯拉罕的信仰，包括犹太教、基督教和伊斯兰教。但对其他世界各地的宗教关注相对较少。正如我曾在别处提到过的，像是英国布莱顿或荷兰阿姆斯特丹的年轻人、信仰宗教的同性恋者、移民到英国的穆斯林或是前往麦加的朝圣者，如今对宗教的关注越来越多。这一领域的研究和出版物极为丰富，代表性的学者有克里斯平·佩因（Crispin Paine），代表性的出版社有布鲁姆斯伯里出版社（Bloomsbury），代表性的期刊有《物质信仰》（*Material Religion*）。学术和合作研究项目遍布全世界，例如在牛津举办的“想象神圣：艺术和世界宗教的兴起”展览背后的研究项目“信仰的帝国”（Empires of Faith）。[1]

另一与大英博物馆有关的合作项目“超越边界：宗教、地区、语言和国家”（Beyond Boundaries: Religion, Region, Language and the State）是“一项旨在重新审视印度笈多王朝时期（约 320—550 年）亚洲历史的重要跨学科研究项目。这是亚洲历史上最重要的时期之一，人类所探索的每一个领域都结出了惊人的硕果”。“通过现代思想、地理和政治边界来看笈多王朝丰富的文化，复合的政体和多样的联系，从塔里木盆地到缅甸，甚至到更广阔的地区。这些都依然是重要的研究主题。而这个项目的目标是史无前例地超越边界，去恢复这种有着深远影响的文明。”[2] 博物馆、人类学家、艺术史学家、考古学家和历史学家定期举办的会议，包括了对宗教不同方面的讨论环节。

近期，宗教成为英国两家主要博物馆的展览焦点。这两家博物馆过去都由专家学者运作。一家是最早被认定为公众博物馆的牛津阿什莫林博物馆（Ashmolean Museum）。该馆是牛津大学的一部分，得名于 17 世纪的创始人。另一家则是造访人数最多的大英博物馆（The British Museum）。基于牛津大学和大英博物馆有关早期宗教艺术的大型博物馆研究项目，以及英国广播公司关于信仰的系列电台节目——该节目由大英博物馆前馆长尼尔·麦克格雷戈（Neil MacGregor）主持，这两家博物馆的展览都展出了许多不同宗教、信仰和仪式的物品。两个展览均与神学关系不大，这一点令我大为释然。

大英博物馆的展览是主题性的，观众可以在有限的半弧形空间里随意穿梭。阿什莫林博物馆的展览则是用一组白色方块将展览分区，以时间和信仰作为区分的依据。贯穿的主题让展览的不同部分相互作用，正如附书中不同团队成员与文化之间的对话。两个展览都没有出版收录所有展品的传统图录，取而代之的分别是史蒂芬妮·伦克（Stefanie Lenk）和雅希·埃尔斯纳（Elsner Jas）等人编写的《想象神圣：艺术和世界宗教的兴起》（*Imagining the Divine: Art and the Rise of World Religions*），2017 年由牛津阿什莫林博物馆出版；以及吉尔·库克（Jill Cook）所著的《与神同存：超越人类、空间和世界》（*Living with Gods: Peoples, Places and Worlds Beyond*），2018 年由伦敦大英博物馆出版社出版。

[1]https://empiresoffaith.com/
[2]https://asiabeyondboundaries.org/about/

展览及其出版物都反映出，合作和探索是后现代策展工作的特性。展览和著作都有明确的创作者，以特定概念为策展核心，而不是由展品主导展览。展览本身也远非中立，是变动且开放的。在构建主义学习论的背景下，与人类学相遇的不是神学，而是博物馆学和其他专业学科，也就是由我们来创造意义。因此展览是为了令我们有所思考和触动，而非宣布某些结论或展示权威。

这点令人印象深刻。对这类有着很多专业策展人的博物馆而言，并非必须如此。负责此次大英博物馆展览的策展人，是该馆经验丰富的史前考古学家吉尔·库克。她也是电台系列节目的幕后功臣，与其他策展人一起挑选了展品。阿什莫林博物馆的展览概念来自牛津大学的古典艺术史学者雅希·埃尔斯纳（Jaś Elsner）教授，以及大英博物馆的策展人斯蒂芬妮·伦克（Stefanie Lenk）。伦克还参与了所涉范围更大的研究项目——由利弗休姆基金会（Leverhulme Trust）资助的“信仰的帝国”。另有一些博士生和博士后专家学者参与了这一项目和此次展览。因此，对年轻的策展人和学者来说，展览也起到了培训的作用。两个展览都具有合作性，我们作为观众也被邀请参与其中。

“与神同存：超越人类、空间和世界”，大英博物馆

两个展览的布展折射出显著的物质性变化，以及在某种程度上概念性的变化。大英博物馆的中心是一个大型的有顶广场——大中庭（Great Court），由建筑师诺曼·福斯特（Norman Foster）为千禧年计划所设计。（图 1）直到 20 世纪 90 年代，这里一直是大英图书馆的中心。新月形的临时展览区环绕着历史久远的、有穹顶的圆形阅览室。这里曾是马克思等活跃于 19 世纪和 20 世纪的著名作家做研究的重要场所。

新月形临展区中举办的这个关于世界宗教的展览，是一场人们不曾料想会在英国国家级博物馆中看到的展览。尽管英国名义上是有国教的国家（女王是国教的世俗领袖），但展览中有关基督教的内容极少。相对地，展览非常关注亚洲，包括了例如西伯利亚的萨满教这种民族志视角下的世界，以及家庭宗教和即兴的仪式及物品。题目中的“同存”是指“探索人们如何信神，而不是考虑他们信仰的具体内容，并认为人类可能本性倾向于相信超验的世界和存在”。[3]（图 2—3）

图 2

图 3

图 2 | 礼拜毯，伊朗，1700—1800 年 © 大英博物馆理事会
图 3 | 藏戏面具，20 世纪早期 © 德国马尔堡大学宗教物品收藏室

[3] http://www.britishmuseum.org/whats_on/exhibitions/living_with_gods.aspx

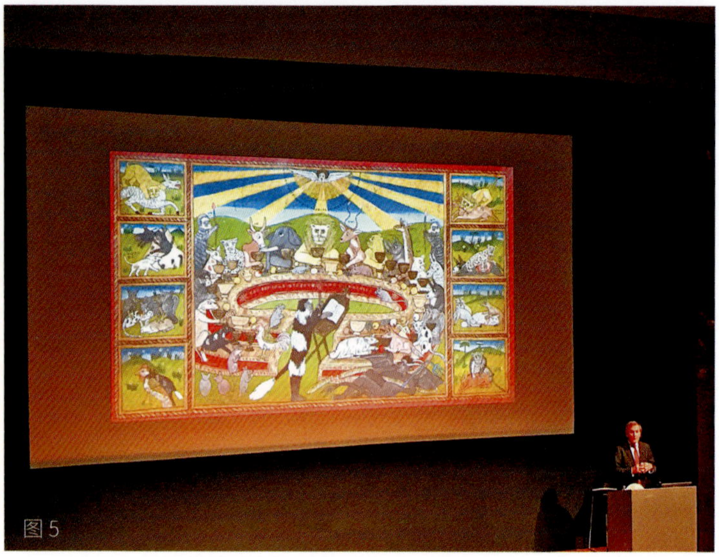

图4 | 与展览配套的广播节目
图5 | 大英博物馆原馆长尼尔·麦克格雷戈为特展作专题演讲

把“想象”和世界宗教连在一起，让“同存”得以扩大覆盖的领域，进而包括贵格会和新兴的宗教等，这是非常后现代风格的策展表现。这个占据不同平台的多媒体研究项目，囊括了展览、两本新书，线上评论以及在线视频导览，其中包括策展人吉尔·库克带领资助人约翰·斯图津斯基（John Studzinski）逛展览的视频。观众可以在视频中看到策展人挑选的明星展品。

此外，我们依然可以通过播客和 CD 收听 30 期重磅制作的电台系列节目。自《100 件文物中的世界史》起，这是尼尔·麦克格雷戈第四次为英国广播公司第四电台（BBC Radio Four）组织有关大英博物馆的系列节目。完成这项壮举需要极为惊人的想象力和校勘工作。“这一新节目从人类社会的出现谈起，讲述的第一件物品狮子人（Lion Man）雕像，是一件被认为有 40,000 年历史的小型象牙雕塑。其后的节目关注了‘火’，包括火在印度古吉拉特的琐罗亚斯德神庙中扮演的角色；讨论了‘水’，从索尔兹伯里大教堂中的水到恒河的水；还谈及了‘光’，包括在冬至日参观爱尔兰的纽格拉奇羡道墓的情况；也关注了‘季节更替’，介绍的文物包括来自古代埃及、有着玉米形象的奥西里斯。”（图 4—5）

这一节目的线索和展览吻合。展览从一个神秘的、几近抽象的史前文物（即狮子人）开始，随后追寻信仰的意义，诸如在“光”“火”“水”这些关键概念中信仰意味着什么，在实践和仪式中似乎多数人都需要的信仰意味着什么，以及在神圣性或“彼岸世界”可视化（尤其是通过艺术来可视化）的过程中信仰又意味着什么。（图 6）

“光”由日本的版画和镜子，以及透明的、被装饰过的清真寺灯具来展现。（图 7）北美原住民的渡鸦雕塑也带来“光”。“火”通过琐罗亚斯德教呈现，在印度信仰这种宗教的袄教徒（帕西人）发展了对火的表达。（图 8）“火”也在基督教的五旬教派之火中得到体现。展览中的水瓶引得小说家卡米拉·夏姆斯（Kamila Shamsie）回忆起“触摸到我父亲从办公室带回家的玻璃水瓶的感觉，那时我才五六岁。父亲的一个同事从麦加朝觐回来，带回一个装满圣水的水瓶，送给了父亲和我们一家人。那个水瓶和这些在大英博物馆展出的外形非常类似，有着圆盘状的瓶身和长长的瓶颈。玻璃上装饰了同心圆环。我的记忆从拇指流向了这些圆环”。[4]

[4] https://www.theguardian.com/artanddesign/2017/oct/27/gods-and-glory-rowan-williams-mary-beard-power-religious-art-living-with-gods-imagining-the-divine

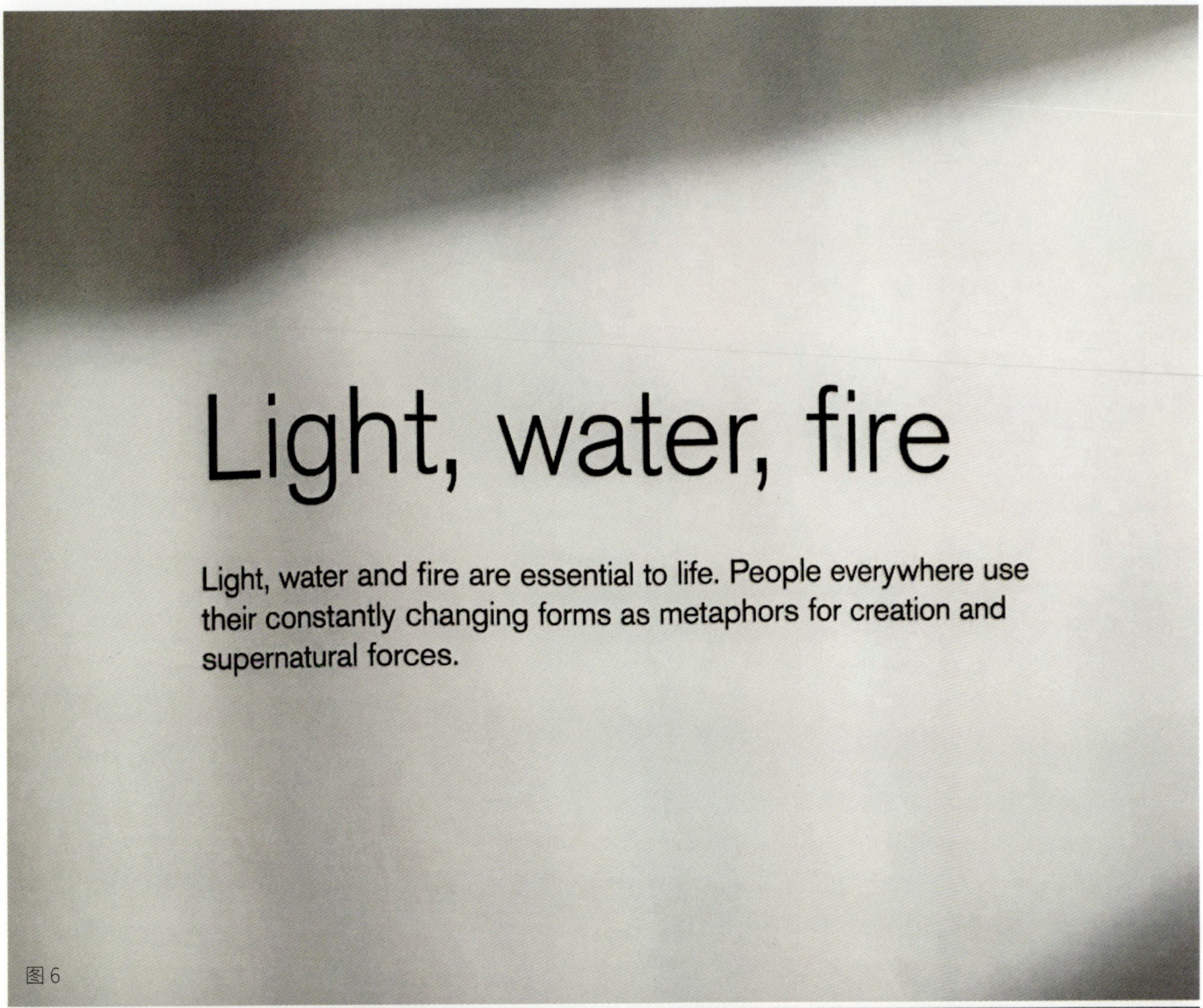

图 6

图 7

图 6 | 展厅现场墙面
图 7 | 清真寺灯具
图 8 | “火”通过琐罗亚斯德教呈现

图 9 | 啤酒罐制成的转经轮，印度查谟 - 克什米尔邦，1981 年 © 大英博物馆理事会
曼陀罗，即通过背诵音律或词汇的方式，达到离开肉身，清空思想的境界，打破和自然的界限。通过旋转一个圆柱形的、外面写着曼陀罗的罐子可以模拟这种效果。

大英博物馆拥有数量庞大的世界各宗教相关馆藏，但此次展览中并没有特别突出其中的某些藏品（比如在牛津展出的，已知最早有明确纪年的描绘了耶稣的作品）。大英博物馆的“生与死”展厅，以及重修过的牛津阿什莫林博物馆，都以跨越文化和时间的主题来布展。在“与神同存”展览中，主题包括思考、制作、符号化、感受其他世界以及生命之轮。关于犹太教的展品在大英博物馆的展厅中几乎没有出现，但此次展览通过外借的当代展品得以呈现。收藏于圣彼得堡俄罗斯国立宗教史博物馆的西伯利亚萨满教用品被借来参展，从而改变了文物的定位。宗教在现在的俄罗斯算是遇上了好时代。马尔堡的宗教博物馆出借了荸荠珠串，这是穆斯林苦修士用的一种念珠。1759 年大英博物馆开馆时已经收藏的斯堪的纳维亚地区游牧的萨米人召唤神灵用的鼓，还有日本阿伊努族人（Ainu）召唤神灵用的柳条，也在展览中陈列。在大英博物馆的日本展厅中，阿伊努族人的事迹和日本武士、佛像以及其他日本知名艺术家的作品放在一起，构成了展厅叙事主线的一部分。前述的两场展览和日本展厅都表明宗教与“上层”艺术、民族志和“流行”艺术之间的边界被打破了。这种趋势可以在大英博物馆即将揭幕的伊斯兰展厅中看到，也可以在近期重新开幕的何鸿卿爵士中国与南亚馆中看到。展厅中陈列的一对展品体现了这一理念：在来自尼泊尔的用白银和绿松石制成、样式传统的转经轮旁边，放着 1981 年在拉达克（Ladakh）发现的用啤酒罐制成的转经轮。（图 9）

大英博物馆有着丰富的，来自中国西南地区苗族的物品收藏。此处所示是一件在 20 世纪 90 年代制成的“百鸟衣”，上面绣有极具风格的鸟、昆虫和花卉图案。苗族人会在每十三年举行一次的祭祖活动上穿着这件衣服。（图 10）

我最喜欢的展品之一，是一幅 19 世纪的西藏唐卡绘画，它呈现了佛教生命之轮。（图 11）我在 2006 年出版的《大英博物馆世界宗教游客导览》中也介绍了这件展品。死神阎摩是凶猛的、怪物一般的神，握住了代表无尽转世、让灵魂受磨难的轮盘。轮盘的中心绘有鸡、蛇和猪，象征苦难的根源——贪欲、嗔恚、愚痴。离苦得乐的方法是在世界另一头等待亡者，让他们重见光明的佛陀。人只有追随佛陀的教诲，方能摆脱尘世间无尽欲望和失望的轮回。展览关于疗愈疾病和心灵的版块中，陈设了另一件来自中国的展品，即陶制的三足蟾，张着大大的嘴来接受贡钱。（图 12）

图 10 | 苗族节庆服装，中国西南部，20 世纪晚期 © 大英博物馆理事会
苗族人每十三年举办一次祭祖活动，聚集在一起跳舞、唱歌、宴饮。“百鸟衣”外衫和飘带裙都绣有非常繁复的鸟类和昆虫图案。苗族人会盛装打扮，佩戴精美的银饰出席鼓藏节与新年庆祝活动。

图 11 | 绘画布唐卡，中国西藏，1800—1900 年 © 大英博物馆理事会
图 12 | 陶制的三足蟾 © 大英博物馆理事会

图 13 | 兰佩杜萨岛十字架，意大利，由弗朗西斯科·图西奥（Francesco Tuccio）制作，2014 年 © 大英博物馆理事会
2013 年 10 月，一艘载着难民和移民的船只在兰佩杜萨岛边沉没，导致超过 300 名索马里和厄立特里亚人丧生，他们之中既有穆斯林也有基督徒。弗朗西斯科·图西奥为幸存者制作了小型的十字架来回应这场悲剧。十字架是基督教中希望和救赎的象征，旨在让全世界更多人都能加入到纪念这场人道灾难之中。

最后一个部分题为“其他”（and so on）。展出了很多更为现代的展品。《兰佩杜萨岛十字架》是一位意大利木匠用倾覆的船只残骸制成的。2013 年，这艘船曾载着移民前往意大利。（图 13）

《遗失》(Lost) 是伊萨姆·科尔巴伊 (Issam Kourbaj) 将两个溺水的儿童的衬衣浸入了石膏中制成的。旁边放置了载满“火柴人”的小船，是一件名为《黑暗的水，燃烧的世界》(2016 年) 的展品。最后的这两件展品包含了一种极为宽泛的宗教定义。它们既为了纪念亡者，也对我们所有人提出了道德批判。尽管宗教领袖会对惨案表示强烈抗议，但政治领导人似乎都对此充耳不闻，或无法回应。

当你结束参观时，展览开头史前“狮子人”的轮廓依稀可见。展览隐晦地向我们提出了这样的问题：从史前到当下，人类真的取得了精神上的进步吗？它质疑了认为世界是不断世俗化并且日益改善的这一常见的观点，也引人深思。这本身几乎就是一种宗教体验，在这愤世嫉俗、自我陶醉的当今世界里，展览能够带给人这样的感受，实属非凡成就。（图 14）

图 14 | 展厅现场效果

“想象神圣：艺术和世界宗教的兴起”，牛津阿什莫林博物馆

一直以来，大学博物馆都被认为是非常保守的。1997 年大卫·安德森（David Anderson）在对博物馆和教育的评论《共有财富》（*A Common Wealth*）中明确指出了这个观点。具有讽刺意味的是，大学博物馆和军事博物馆的直接教育意义也被认为是最少的。一些大学博物馆，例如著名的牛津大学阿什莫林博物馆，为了得到来自国家彩票（National Lottery）中的遗产彩票基金（Heritage Lottery Fund）的资助被迫重建。英国重要的博物馆项目日益仰仗这一基金的支持。阿什莫林博物馆的重建工作只保留了原本维多利亚时代建筑的外观，内部完全翻新；以“跨文化、跨时间”作为装饰主题，非常关注亚洲和中国，并把丝绸之路作为围绕中央楼梯、彼此相互可见的开放展厅之间的线索。牛津大学的学者彼得·弗兰科潘（Peter Frankopan）是目前研究丝绸之路的知名西方学者之一，正是他主持了这种多维度的取径。

此次的展览也具有同样的跨文化特点。有一种普遍的论断认为，在古代仪式转变到宗教体系的过程中，人称“古典晚期”的时代（即公元后第一个世纪）出现了被今人认可的世界宗教。我们认为，文化交流的大背景催生了世界宗教的兴起以及其极富特点的视觉表现。展览打破了古典、亚洲和西方历史之间的传统分野，强调了古典晚期时代的文明是在不同文化的接触中，涌现出了宗教和艺术的创造力。[5]

也就是说，公元 226 年至 843 年之间，从爱尔兰到印度的广阔空间里，有尚不明确的早期基督教艺术，也有令人惊叹的凯尔特十字架和插图手稿；有如今巴基斯坦和阿富汗地区的犍陀罗佛教艺术，也有南亚佛教开始衰落之时成熟起来的印度教艺术。简言之，在罗马世界出现宗教之后，在描绘早期基督圣像的犹太艺术之后，我们看到了佛陀和毗湿奴的视觉表达，见到了伊斯兰艺术的形成。最终，英伦诸岛上也出现了基督教。

对观众而言，展览中最冷门的展品是来自北马其顿共和国维尼察的赤陶瓦。它以民间绘画风格描绘了基督教的箴言和重要事件，并包含一段来自《诗篇》的文字：“我要把肥牛作燔祭，将公羊的香祭献给你。”展览和图录体现了一种相当直观的对话。对话的一方是展品本身传达和向我们追问的信息，另一方是基于文献和考古活动的叙事和假设，这是常被忽略的一方。（图 15—19）

图 15

图 17

图 15 | 佛陀足印，每个足印都有代表律法和莲花的千幅轮相；印度德干，2 世纪，石刻 © 大英博物馆理事会
图 16 | 中间的圆形马赛克图案来自英国多塞特郡，4 世纪早期 © 大英博物馆理事会
图 17 | 毗湿奴像，印度马图拉，4 世纪 © 阿什莫林博物馆
图 18 | 基督像，象牙制，地中海东部，500—600 年 © 英国私人收藏
图 19 | 《心经》的中译本，中国敦煌，约 9 世纪，纸上墨书 © 大英博物馆理事会

[5] https://shop.ashmolean.org/index.php/books/imagining-the-divine-catalogue.html

图 16

图 18

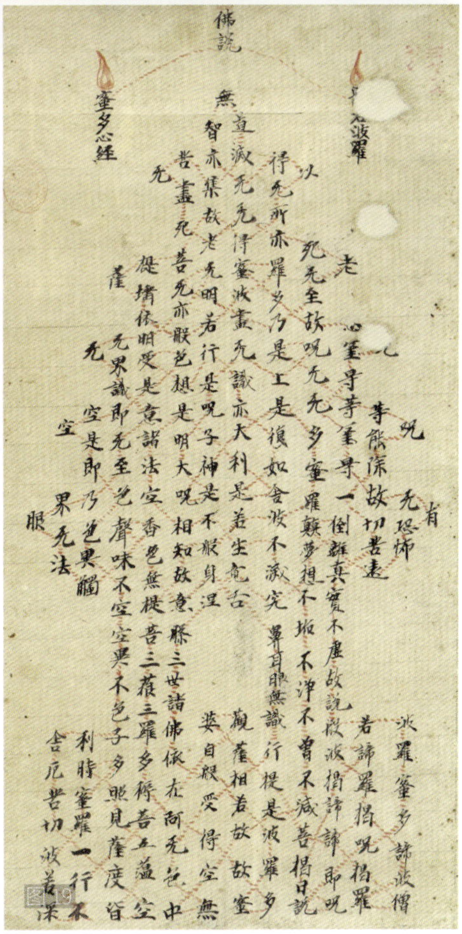

图19

回应和影响

两个展览都提出了许多问题，其中之一是“为什么宗教需要艺术？”。宗教似乎不是一诞生就有艺术相伴，或许是那些艺术品没有留存。而诸如贵格会这样的教派至今不靠图像也依然可以运作。一位前任坎特伯雷大主教向这些展览提出了这样的问题：“要如何展现被认为是看不见的东西？”“这是所有的宗教传统都面临的复杂难题……看这些图像和看文艺复兴之后欧洲的宗教图像定是两种截然不同的体验。展览敦促我们回到更根本的关于宗教想象的层面。这些在展馆中匆匆一瞥是无法领会的，需要大家驻足观看并参与其中，而不是熙攘地匆忙穿过展厅。”[6]

这些展览都强调我们作为主动的参观者，是否在牛津想象了神圣，或在伦敦与诸神或其他存在共生。创造或制作图像的毕竟都是极为虔诚的奉献者，想表达他们对精神领袖和教义的看法。而我们也许会有不同的解读，因而观众被邀请对这些图像进行再创作，以自己的理解来回应这些图像。正如“想象神圣”的展览网站所问：“为什么我们想象的耶稣基督是留着胡子的？而佛陀盘着腿？今天，人们印象中主要宗教的图像，如佛教、基督教、印度教、伊斯兰教和犹太教，都是极有特色，能立刻被辨认出来的。但两千年前，情况并非如此。”[7] 我们没有任何与佛陀或者耶稣同时代人留下的对二者的描绘，这就成了错综复杂的肖像学关注的焦点。[8]（图 20—21）

两个展览都引发了媒体的广泛关注，吸引了大量的观众，系列活动也是人满为患。对两场展览的评价也都非常有力。古典学家兼文化评论人玛丽·比尔德（Mary Beard）说“‘想象神圣’是一场‘突破性的展览’，与当今世界密切相关”（比尔德、

图 20

图 21

图 20 | 祈祷图，1400—1500 年 © 私人收藏，大英博物馆长期借展
图 21 | 释迦牟尼像，1460—1500 年 © 牛津大学博德利图书馆馆藏，阿什莫林博物馆借展

[6] https://www.theguardian.com/artanddesign/2017/oct/27/gods-and-glory-rowan-williams-mary-beard-power-religious-art-living-with-gods-imagining-the-divine
[7] https://www.ashmolean.org/imaginingthedivine
[8] 琼·E. 泰勒（Joan E Taylor），《耶稣长什么样？》（*What did Jesus look like?*），伦敦布鲁姆斯伯里出版社，2018 年

尼尔·麦克格雷戈和玛丽卡·昆贝拉·蓝德鲁斯 [Mallica Kumbera Landrus] 共同参与了有关这个展览及其主题的对谈[9]）。展览的联合策展人雅希·埃尔斯纳也有相似看法，认为展览“阐释了更早的宗教转型和混乱时期，对话、相遇和视觉交换如何产生，进而形成了世界宗教重要的特征。以古鉴今，文化交流、移民和全球化都是极为重要的”。[10]

上述评论颇为公允。两个展览都备受关注，吸引了不少观众反复参观。展览也都受益于策展理念宏大，以及策展人对展品精挑细选（并非所有展览都能如此）。但是，引发观众兴趣之后，下一步该做什么？麦克格雷戈同名书《与神同存》赶在展览闭幕前出版（2018 年 3 月，伦敦艾伦·雷恩出版社）。展览闭幕后，此书广大的读者们来到大英博物馆按图索骥，他们会看到什么？也许他们需要下一番功夫寻找。我在编写《大英博物馆世界宗教导览》时，就发现这是一项非常艰巨的工作。与牛津大学的皮特河博物馆（Pitt Rivers Museum，一座令人惊叹的民族志博物馆）不同，大英博物馆除了将过去的国王图书馆重建成启蒙时代展厅，展出不同文化和时代的宗教图像外，并没有单独的宗教展区。尽管新的何鸿卿爵士中国与南亚馆所介绍的地区很多都是主要宗教的起源之地，却很少强调宗教。基督教艺术的主展厅，假定观众知道关于基督教的一切。古代世界庙宇和圣殿的陈列中，也很少体现出对宗教和礼仪的关注。比如，多数游客是否真正知道自己在帕特农神庙里外走动的时候意味着什么？欧洲各地在经历宗教改革和日益世俗化后，在博物馆和公共生活中处理有关信仰的问题变得越来越难（除了用非常世俗化和高度形式化的方式来表现）。[11]

接任尼尔·麦克格雷戈担任大英博物馆馆长的哈特维希·费希尔（Hartwig Fischer）正在重新考量馆内的永久展厅。[12] 宗教展厅或许会进入永久展厅之列？重新布置“生与死”这一永久展厅有了一个契机。该展厅是由医学类托管机构惠尔康基金会所资助的，陈列了广义的宗教性展品，包括传统的、前工业化时代的，主要是仪式性的、非西方世界的物质遗存。这些遗存过去被归于大英博物馆的“民族志”收藏中。其中包括复活节岛的头像、墨西哥死亡之日的雕塑，以及对抗疾病和不幸的护身符。（图 22）

为何像这样对展览主题性的探索只限于临时展览？让麦克格雷戈感到懊恼的是英国试图成为“世界上第一个在国家核心中没有宗教信仰的社会”，这毫无疑问引发了广泛热议。[13] 为什么这里提到的是英国，而非斯堪的纳维亚、澳大利亚或加拿大呢？不论是展览、本文的讨论，还是电台节目都表明了，人们对宗教的兴趣正在与日俱增，博物馆是可以催生和传递这种兴趣的，只是我们需更加努力。

图 22

图 22 | 犹大 - 魔鬼雕像，墨西哥，墨西哥城，20 世末 © 大英博物馆理事会
每年 10 月 31 日，墨西哥人会在夜晚守在亲人墓前以铭记逝者。充满戏剧性的游行仪式象征着对冥界的恐惧和幻想。向罗马当局告发基督的犹大，被塑造成魔鬼形象。犹大的形象常出现在复活节游行中。

[9] http://torch.ox.ac.uk/imagining-divine-art-and-rise-world-religions-0
[10] https://www.ashmolean.org/article/international-scholars-collaborate-unprecedented-exhibition-art-major-world-religions
[11] 大卫·安德森（David Anderson），《创造、学习和文化权利》（"Creativity, Learning and Cultural Rights"），收录于理查德·桑德尔（Richard Sandell）和安妮·南丁格尔（Eithne Nightingale）所编《博物馆、平等和社会正义》（*Museums, Equality and Social Justice*），伦敦劳特利奇出版社，2012 年
[12] 马丁·贝利（Martin Bailey），《大英博物馆馆长有重新布置展厅的宏大计划，将馆藏移出伦敦》（"The British Museum' s director has bold plans to redisplay galleries and move stored collections out of London",http://theartnewspaper.com/interview/we-need-to-take-into-consideration-the-whole-world-not-only-europe）
[13] 马克·伍德（Mark Wood），《无神之界：英国和宗教的关系结束了？》（"Living without the Gods: Is Britain done with religion?"），载于《今日基督教》（Christian Today, https://www.christiantoday.com/article/living.without.the.gods.is.britain.done.with.religion/115781.htm）

小熊维尼
——一场供小朋友和大朋友阅读与触摸的展览
WINNIE-THE-POOH: EXPLORING A CLASSIC

张舒也

图 1 | 展厅入口 © Victoria and Albert Museum, London

图 2 | 展厅入口 © Victoria and Albert Museum, London

维多利亚与阿尔伯特博物馆（V&A）馆长特里斯特拉姆·亨特（Tristram Hunt）在受访时说："这是我们第一次专门为'小朋友们'策划展览，我们期待着这个年轻的群体走进米尔恩（A.A. Milne）创造的充满魔力、亲切和童趣的世界。"

事实上，下起两三岁，上至年逾六旬，每一个踏入展陈空间的观众都属于这个年轻的群体，所有人都变成了"小朋友"。（图 1—2）

我在展厅中观察了很久，观众一低头就看到穿着跳跳虎毛绒套装的小朋友在脚边蹦蹦跳跳，把这里当成了游乐园，抬起头又看到满头银丝的爷爷奶奶驻足在一幅手稿前回味他们的童年，亦或是两个年轻女孩捧着书，讨论维尼因为贪吃蜂蜜以至于太胖被卡在兔子洞的经历。这场展览的观众在寻找或追忆童趣的过程中都显得格外可爱。

Winnie the Pooh
Christopher robin
CUT-OUT DOLLS
MANY COSTUMES AND CLOTHES TO CUT-OUT for POOH AND CHRISTOPHER
图 3

ALAN ALEXANDER MILNE
KARUPOEG PUHH
图 4

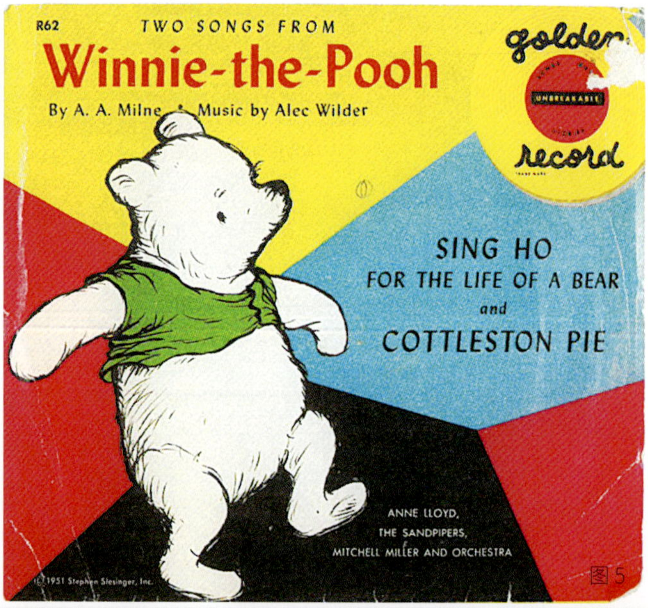
R62
TWO SONGS FROM
Winnie-the-Pooh
By A. A. Milne • Music by Alec Wilder
golden record
SING HO
FOR THE LIFE OF A BEAR
and
COTTLESTON PIE
ANNE LLOYD,
THE SANDPIPERS,
MITCHELL MILLER AND ORCHESTRA
©1951 Stephen Slesinger, Inc.
图 5

"It says that the Force has a light side and a dark side." said Chrisolo Robin. "I think," sighed Chew, "that I may be a little too heavy for the light side."
MEDVÍDEK PÚ
Winnie Ursuletul
Winnie-the-Pooh in FUZZY-FELT
KARUPOEG PUHH
LEGO duplo

— 一头非常受欢迎的熊

自 1926 年，维尼第一次“砰—砰—砰”地从楼梯上滚下来，米尔恩（A.A. Milne）和谢培德（E.H. Shepard）就用他们极富韵律感的语言和生动的插图，牢牢抓住了读者的心。随之而来的是一系列更丰富的故事创作和巨大的市场潜力。

1930 年美国商人斯蒂芬·施莱辛格（Stephen Slesinger）开始生产小熊维尼的派生产品，1966 年迪斯尼出品的第一部小熊维尼电影问世。相关书籍被翻译超过 30 种语言，它的形象出现在了茶杯、菜谱等不同的物件上。（图 3—5）

推开门，观众便沉浸在童话梦幻的世界中，一左转，就看到一大面斑斓的展墙，琳琅满目、错落有致的画报、书籍、玩偶以及各种精致的小物件，反映出小熊维尼强大的市场潜力。策展人用密集式陈列先声夺人的同时也注意到信息的简化，这一部分的说明牌仅包含名称、设计者和年份这几个基本信息，个别展品寓意在展墙上立牌补充说明，整体上展品及其组合本身即可自释。（图 6）

图 3 | 剪纸娃娃，Queen Holden 设计，斯蒂芬·施莱辛格授权，1935 ©V&A: B.18-2016
图 4 | 爱沙尼亚语版本封面，Peeter Urtson 设计，反映了本土审美风格，1994 © V&A: National Art Library
图 5 | 两首歌的黑胶唱片外壳，斯蒂芬·施莱辛格设计及授权，1951，私人收藏
图 6 | 墙柜 © Victoria and Albert Museum, London

图 6

图 8

为了同时照顾到小朋友和大朋友的观感，展览铺设了两条主线并行而走，亦可称之为两条信息带，其分层体现在内容、设计和空间上，观众的参与又使得两条信息带融洽交互。（图 7—8）

图 7 | 楼梯复原，观众可登上楼梯拍照 ©Victoria and Albert Museum, London
图 8 | “砰！砰！”上楼梯，谢培德，1926 ©Victoria and Albert Museum, London
图 9 | 送给两岁的伊丽莎白公主的一套手绘瓷器，全球仅两套，另一套为米尔恩所藏，摄影：张舒也
图 10 | 彩色说明牌，摄影：张舒也

内容上最鲜明的分层即是两套说明体系：在具有常规高度、形式和表述的说明牌外，展览从入口一直到出口，在较低的高度会设立另一组木质的、带有蜜蜂装饰的说明牌，语言简单生动并以问句做结。比如，介绍送给两岁的伊丽莎白公主的一套手绘瓷器时，彩色说明牌写道：“在女王还是个小女孩时，她收到了这套茶具作为礼物，它很特别，因为全世界只有另外一套和它一样的。你能在上面看到哪些角色？”（图 9—10）有心的家长这时就可以蹲下来抱着孩子给他们讲述这套茶具的故事，两条信息带的交互由父母、孩子与展品的互动共同完成。

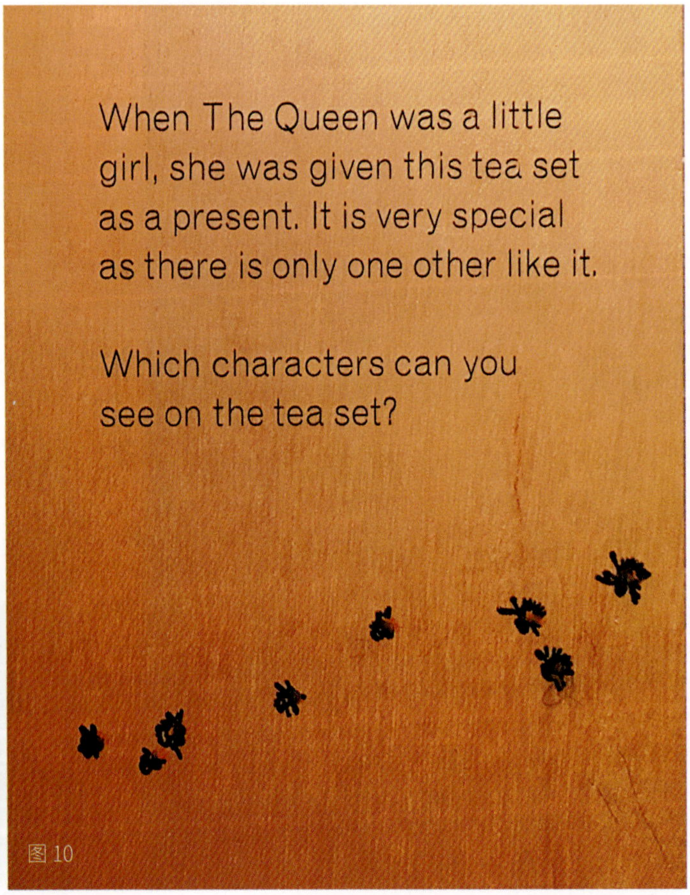

图 10

图 9

bump,
bump,
bump
Halfway down the stairs
Is a stair
Where I sit.
There isn't any
Other stair
Quite like
It.
I'm not at the botto
I'm not at the top;
So this is the st
Where
I always
Stop.
图7

二 作者与插画家

早在 20 世纪 20 年代初，作者米尔恩与插画家谢培德就小有名气，他们同为英国老牌幽默杂志《笨拙》（*Punch*）工作，在他们合作小熊维尼时，都以自己的儿子和儿子们的泰迪熊作为灵感来源。

艾伦·亚历山大·米尔恩（Alan Alexander Milne，1882—1956），毕业于剑桥大学，是英国著名剧作家、小说家、童话作家和儿童诗人，1906 年成为杂志《笨拙》的助理编辑，写了大量幽默诗文。

1920 年，他的儿子克里斯托弗·罗宾·米尔恩（Christopher Robin Milne）出生，罗宾 1 岁时，妈妈给他买了一只泰迪熊，他给它起了新的名字——“小熊维尼（Winnie-the-Pooh）”。（图 11）这个名字来自于伦敦动物园里一头加拿大温尼伯黑熊，小罗宾常常去看望黑熊朋友，与它成为了很好的朋友。（图 12）

后来米尔恩就以罗宾和他的玩偶们为原型，创造了一系列享誉世界的故事。（图 13）

图 11 | 米尔恩父子与小熊维尼，1926 © National Portrait Gallery

图 12 | 罗宾与“维尼”于伦敦动物园，1926 ©Brian Sibley and David Weeks collection

图 13 | 小熊维尼、屹耳、小猪、袋鼠妈妈和跳跳虎——罗宾的玩偶们，1921—1927 © New York Public Library

图 14 | 亚士顿森林手稿，谢培德在米尔恩陪同参观时绘制，1926 ©Victoria and Albert Museum, London

谢培德是一位知名画家，善用钢笔作画。自 1906 年起他常为《笨拙》杂志绘制插图，1923 年开始为米尔恩的儿童诗集绘制插图，谢培德简约的线条、细腻的笔触与极富动感的形象，与米尔恩的文字完美贴合。谢培德常常拜访米尔恩一家，并去故事中百亩森林（Hundred Acre Wood）的原型——亚士顿森林（Ashdown Forest）取景作画。（图 14—15）

图 15 | 亚士顿森林，东苏塞克 斯，1927 © The Francis Frith Collection

图 16 | 展厅内景设计 ©Victoria and Albert Museum, London

这部分最值得一提的，应当是其宛如舞台剧房屋内景的场景，亲切雅致的设计，很好地衬托了平面的照片和手稿，打亮展品的灯光也被具象出来成为室内设计的一部分。展览的形式设计是伦敦舞台设计师汤姆·派帕（Tom Piper）与一些建筑师合作完成的，可见 V&A 策展时力图将平面化的展品立体化，力图打造一个逼真童话世界的决心。家长可以抱着孩子坐在小床上、倚靠在窗沿边，给他们阅读那些自己童年时代就心爱的故事，一切就如永恒的、所有的睡前故事一般温馨美好。

手稿和照片所挂的位置对孩子们来说较高，主要是为了大朋友们准备的，但展厅也在边上准备了小凳子，想仔细观看手稿的孩子，可以在工作人员的监督下使用，这也是信息带交互的尝试。但经过笔者几小时的观察，孩子们大多是幸福地在这个构建的场景中玩耍蹦跳，几乎没有家长特意引导他们去观察那些手稿。从展览宣传照也能看出，这个高度已超出孩童的平视视线，并不易于被他们观察到，如何平衡两个主体受众群的观展体验，成为了这类想要迎合各年龄段观众展览的挑战。（图 16）

三　来一个故事吧

经过前两部分的铺垫，展览在第三部分达到高潮，搭建的场景以笔绘的触感将主人公们野外探险的环境还原出来，点明了创造力（Creativity）、逻辑思考（Logical thinking）、集体意识（Community）、团队合作（Teamwork）、体贴他人（Thoughtfulness）等一个个故事中的小主题。开放空间内，设有视频、动画投影、有声书、滑梯、可穿戴的服装、画笔和纸张以及大量的互动游戏装置。这是专门给小朋友们准备的主场，而大朋友们似乎在这些互动中也找到了无穷的乐趣。（图 17）

有趣的是，观众徜徉其中更多是在“读”而非在“看”，这得益于设计人员在将树木、小桥、小木屋立体化时，仍旧以谢培德的手绘线条为装饰，使得这个彩色的立体世界保留了书本的纸质感和浓浓的阅读性。这场展览没有大肆宣传后期的影视化和产品化，策展人仍旧站在故事的起点，也就是“经典维尼”时期，去诉说最纯粹的探险。（图 18）

图 18 | 展厅第三部分 ©Victoria and Albert Museum, London

图 18

图 17 | 互动绘画桌 ©Victoria and Albert Museum, London

四 叙事的艺术

小熊维尼系列书籍的成功得益于米尔恩和谢培德的完美合作，这一部分集中分析了他们笔下文字与图像两种叙事语言水乳交融的艺术表达。文字在米尔恩生动幽默的语言和排版下活了起来，具有了图像的可视性，而图像也在谢培德对内容精准的理解和对形象精心的“排兵布阵”下具有了文字的可读性。（图 19）

在米尔恩的手稿中，他的文字不会老老实实呆在正常的位置上，而是经常根据内容的语气和情绪带有一些活泼的错位和符号，这些都被反应在最终出版的书籍中；而谢培德也可以在描述“嘘！”这个场景时，反复调整角色的位置，最终的印刷版本中，维尼的手正好挡在了小猪的嘴上。（图 20—21）

在“他们看着桥下的河水好一会儿（For a long time they looked at the river beneath them）”这一场景中，谢培德将罗宾踮着脚致使左脚跟脱离了鞋子这个细节也绘制了出来。（图 22—23）

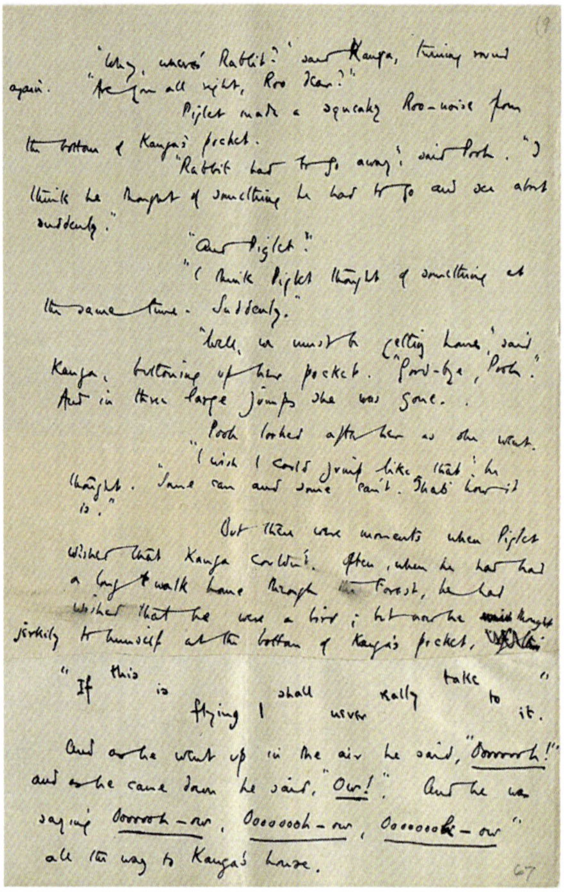

19

"Why, where's Rabbit?" said Kanga, turning round again. "Are you all right, Roo dear?"

Piglet made a squeaky Roo-noise from the bottom of Kanga's pocket.

"Rabbit had to go away," said Pooh. "I think he thought of something he had to go and see about suddenly."

"And Piglet?"

"I think Piglet thought of something at the same time. Suddenly."

"Well, we must be getting home," said Kanga, buttoning up her pocket. "Good-bye, Pooh." And in three large jumps she was gone.

Pooh looked after her as she went.

"I wish I could jump like that," he thought. "Some can and some can't. That's how it is."

But there were moments when Piglet wished that Kanga couldn't. Often, when he had had a long walk home through the Forest, he had wished that he were a bird; but now he thought jerkily to himself at the bottom of Kanga's pocket,

"If this is flying I shall never really take to it."

And as he went up in the air he said, "Ooooooh!" and as he came down he said, "Ow!" And he was saying "Ooooooh-ow, Ooooooh-ow, Ooooooh-ow" all the way to Kanga's house.

67

图 19 | 文字的动画化
©Victoria and Albert Museum, London

图 20

图 21

图 22

图 20 | “嘘！”手稿，谢培德，1926 © Victoria and Albert Museum, London
图 21 | “砰！砰！砰！”，谢培德，1926 © The Shepard Trust, reproduced with permission from Curtis Brown
图 22 | “他们看着桥下的河水好一会儿（For a long time they looked at the river beneath them）”印刷版，1928 © Gordon Beattle, The Creative Communications Groups

图 23 | “嘘！”印刷版，谢培德 © V&A: National Art Library

在排版时为了使文字与图像的组合更融洽，谢培德有时要重新考虑图像的关系和位置，而米尔恩有时也会为了谢培德的某一幅图多配上一些文字。看似简洁轻巧的儿童读物背后有着全情的投入与精心的设计，“叙事的艺术”这一部分为小熊维尼的成功提供了可靠的注脚。（图 24）

如果说“讲一个故事”是专门给小朋友设计的天堂，那么“叙事的艺术”则是供大朋友学习的园地，这一部分的形式设计与第三部分产生了巨大反差，这个围绕第三部分的条状空间全部被涂灰，没有任何其他色彩和设计，当观众在前三部分尽情地玩耍和吸收后，最后恐怕未必有毅力再在这个灰色的空间细细品读。不知为何策展人在最后一部分变得懒惰了起来，尽管内容仍旧精彩，但显而易见的博物馆疲劳也不容忽视。

图 24 | “维尼，漂浮的小熊”，谢培德，1926，私人收藏

推开最后一扇门，果然还是琳琅满目的衍生商品。

不断举办大投入的特展吸引观众，并通过门票和衍生品创收，这符合 V&A 一贯商业化维持自我运营的作风。

展览并无太大的学术性可言，“小熊维尼”的主题天生就是迎合市场的。然而，策展中还是保留了最原始的“书卷气”的，此类手绘是童年佳侣，是成年人赠送给下一代的礼物，而不是教化不是教育，正体现了传统英国式的严肃、刻板、锐利甚至傲慢之下的深情。（图 25）

作为一个面向全年龄段的展览，其信息带的分层亦有可借鉴之处。至于这到底是一场寻找本源的旅行，还是另一个商业计划的宣传起点，我们大可拭目以待。

展览信息：

Winnie-the-Pooh: Exploring a Classic

小熊维尼：探索经典

2017 年 12 月 9 日—2018 年 4 月 8 日

伦敦维多利亚与阿尔伯特博物馆（V&A）

图 25 | 小熊维尼手稿，米尔恩，1926 © Wren Library, Trinity College Cambridge

博物馆里的奥德赛

THE ODYSSEY IN THE MUSEUM

杨早早

作为一个多元文化中心，独特的社会面貌使得墨尔本成为讨论这一系列话题的最佳地点。继 2013 年维多利亚国立博物馆（The National Gallery of Victoria）主办国内现代艺术展之后，2017—2018 年的首届“三年展”包含了国际范围内新颖杰出的当代艺术与设计，并围绕了五个核心展开——运动（movement）、改变（change）、虚拟（virtual）、时间（time）、本体（body），在看似充满趣味、创意、色彩、活力的表面下，从不同的侧面反映了当今社会在全球化发展中面临的问题，及其对于人文、自然、未来社会走向产生的影响。

由罗伊·格朗兹（Sir Roy Grounds）设计，于 1968 年竣工的维多利亚国立博物馆（国际馆藏区）仿佛一座方形城池，巨大的拱形入口、水帘门以及具有亚洲风格的出檐及长廊强调了其极具通透性和设计感的内部空间。钢筋结构的内部通道如同一座迷宫，不可避免地吸引着人们去发现，去思考，并融入其中。古典时期的馆藏与策展的当代艺术相互交融，碰撞出思想的火花，并在对比中产生新的平衡。来自 32 个国家的 100 多件展品分别布展在四个楼面，顺序看似随意，实则独具匠心。

图 1 | 徐震《永生》

“我们是谁？
我们从何而来？
我们归属何方？”

图 2 | 西塞尔·图拉斯《墨尔本气味风景画》
Sissel Tolaas, SmellScape Melbourne, 2017, fragrance (dimension variable), SMELL RE_searchLab Berlin, National Gallery of Victoria

除绘画、建筑、雕塑外，此次展览也包括了媒体、服装、纺织品及科技类作品等，并通过感官体验、虚拟现实、不同媒介的融合互动给予观者一次沉浸式的体验；一场托尼·埃尔伍德（Tony Ellwood）馆长口中的“自己选择的冒险之旅”；一个不仅需要眼睛大脑，而是需要调动所有感官去体验的世界。

既然是一个感官的展览，从挪威气味艺术家西塞尔·图拉斯（Sissel Tolaas）的嗅觉艺术装置来开始旅程似乎再好不过。图拉斯认为，在一个被“过分消毒”的社会，嗅觉正在逐步退化。她相信嗅觉记忆的影响力远超过视觉记忆。这不禁让人想到聚斯金德在《香水》中所描述的——“嗅觉比文字、表象、情感或是意念远来得有说服力。气味的说服力是无法抵挡的，它进入人的身体仿佛空气进入肺部。它把我们填满、完全地渗透。”[1]

图拉斯从 20 世纪 90 年代便开始收集气味，现在她的档案库里储存着全世界 6,700 多种气息。她的装置是《墨尔本的气味风景画》，20 多种气味被“镶嵌”进石头雕塑中，共同构建一座城市独特的气味身份，任凭人们去猜测这些熟悉的气味。(图 2) 别光期待歌剧院女郎的香水，亚拉河畔的夏夜、雨后湿润的泥土，小巷里的垃圾桶、邻居后院的烧烤、市场小贩的鱼腥味……这些气味弥漫的瞬间也被嵌进了石头中，仿佛是一种记忆激起人们对过往某一刻的强烈情感体验。[2]

[1] “Odors have a power of persuasion stronger than that of words, appearances, emotions, or will. The persuasive power of an odor cannot be fended off, it enters into us like breath into our lungs, it fills us up, imbues us totally. There is no remedy for it.”（帕特里克·聚斯金德《香水》, Patrick Süskind, Perfume: The Story of a Murderer, 1985)

[2]"I record the smell to keep the moment, like you do a photograph. First I break down the molecules, then I identify them and reproduce the smell so it is as close as possible to the original. The result is a chemical formula."（西塞尔·图拉斯 Sissel Tolaas)

“I record the smell to keep the moment, like you do a photograph. First I break down the molecules, then I identify them and reproduce the smell so it is as close as possible to the original.” Sissel Tolaas

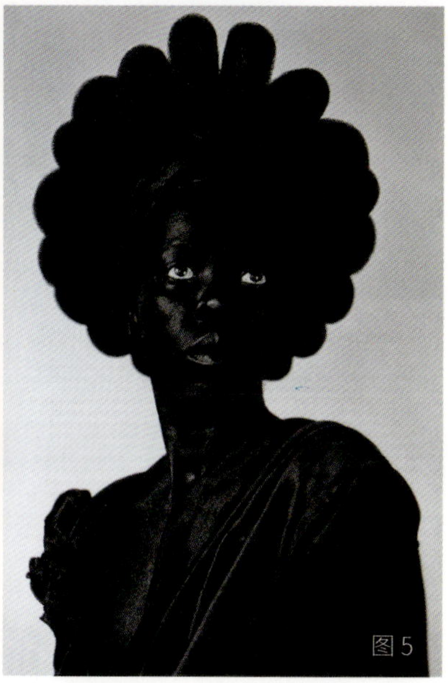

图 3 | 乔瑟芬·梅克塞柏《宫娥》
Josephine Meckseper, Las Meninas (2Xist), 2013, inkjet prints on anodise aluminium, synthetic polymer paint on wood, concrete, aluminium, bronze, stainless steel, glass, National Gallery of Victoria
图 4 | 卡蜜儿·亨罗特《控制术》
Camille Henrot, Contrology, 2016, bronze, ed. 5/8, 173.0 x 183.0 x 220.0 cm, National Gallery of Victoria
图 5 | 札涅勒·慕荷里《南非人肖像》
Zanele Muholi, Ntozakhe II, (Parktown), gelatin silver photograph, 2015—2016, National Gallery of Victoria

一方面是真实世界的感官体验，另一方面虚拟现实制造了一个近在咫尺却又相距甚远的迷幻空间。在汤姆·克雷格（Tom Crago）与坦塔罗斯（Tantalus Media）团队的 VR 游戏房里，参观者带着眼镜坐在单人隔间里，试图适应海浪的起伏，在遗弃的海盗船昏暗的船舱内游走。使人极度晕眩的冒险旅程让人不禁思考虚拟与现实的界限。未来人类是否还需要肢体沟通？虚拟世界能否摆脱现实世界的空间局限性？

科技发展的速度之快让人咋舌。在一楼展厅，走过乔瑟芬·梅克塞柏（Josephine Meckseper）玻璃展柜里的包豪斯与魏玛共和国、卡蜜儿·亨罗特（Camille Henrot）正在做普拉提的铜板人以及札涅勒·慕荷里（Zanele Muholi）的性别模糊的南非人肖像，你很容易被那些异形的头颅所迷惑。（图 3—5）奈丽·奥斯曼（Neri Oxman）《晚祷》展示了未来 3D 打印的可能性——艺术品被完全信息化、数字化生成，甚至被生物化改进——仿佛器官般培植出来。（图 6）15 个“死亡面具”被分别摆放在玻璃展柜中，怪诞、诡异、神秘，仿佛随时会动起来。如同天外来物，激起人们对未知事物的好奇与恐惧。

图 6 | 奈丽·奥斯曼《晚祷》（系列 1、2、3 中的两件）
Neri Oxman, Vespers, Series 1, 2, 3, 2016, coloured synthetic polymer resin, metal, magnets

“No man is an island entire of itself; every man is a piece of the continent, a part of the main”

John Donne, No Man is an Island

荷兰艺术团队的互动式艺术空间《为孩子编织地毯》（We Make Carpets for Kids）利用晾衣架、洗碗海绵、泡沫塑料、羽毛球等作为材料探索了日常物品创造的可能性，为孩子们制造了一个想像、游戏的天堂。（图 7）而在草间弥生的宜家风格公寓中，无论大人还是孩子都得以享受涂鸦带来的快感。开展不到一个月，纯白的公寓几乎被参观者用数以万计的红色花朵覆盖。（图 8）所有走进“波点怪婆婆”奇幻空间的参观者无一不争相举起手机——为什么？因为这实在是太有趣了！草间巧妙地把观众变成了设计者之一，如同她 2002 年的作品《洁净之屋》，“我们”创造着“艺术”；“我们”也变为作品的一份子——“一即是众（one = many）”。[3]

同样是日本艺术家，对比草间的随性、色彩、创造、涂鸦，佐藤大的异形漫画椅子则乍一看洁简、干净、严肃。（图 9）但区别于原研哉设计中仿若“无用之用”的哲学思考，南度（Nendo）在继承日本式严谨和禅意的同时，增加了将功能性包裹其中的幽默趣怪与“违和感”——正如他的设计工作室 Nendo 的宗旨所言，“为人们提供‘！’的瞬间（Giving people a small ‘！’ moment）”。50 把铝合金材质椅子的灵感来源于传统日漫的视觉动态元素，使人产生“椅子仿佛是跳着、跑着 、随时伸缩变形”的幻觉。作品模糊了空间与物体的互动、打破二维和三维界限，不断在形态的组成与瓦解中循环。

图 7 | 我们的地毯（设计工作室）《亲自为孩子编织地毯》
We Make Carpets (design studio), Amsterdam, Hands On: We Make Carpets for Kids, 2017, mixed media, 330.0 x 2122.0 x 1502.0 cm, National Gallery of Victoria
图 8 | 草间弥生《花之迷恋》
Yayoi Kusama, Flower Obsession, 2017, flower decals, fabric flowers, furniture, found objects, 330.0 x 1960.0 x 1480.0 cm (installation), National Gallery of Victoria
图 9 | 南度，佐藤大（设计师）《漫画椅》
Nendo, Oki Sato (designer), Manga chairs, 2015, stainless steel, National Gallery of Victoria

[3] “维多利亚国立美术馆三年展图录”, NGV Triennial, 2017, National Library of Australia Cataloguing-in-Publication entry

图7

图8

图9

“Change was incessant, and change perhaps would never cease.” Virginia Woolf, Orlando (1928)

图 10 | 亚历山德拉·卡哈亚格鲁《圣克鲁斯河》
Alexandra Kehayoglou (designer), Santa Cruz river, 2016—2017, wool, 1600.0 x 500.0 cm, (installation) National Gallery of Victoria
图 11 | 罗迪·奥尼尔《陀螺桌》
Brodie Neill, Gyro, table, 2016, plastic, 74.0 x 180.0 cm, National Gallery of Victoria

变化从来都是双向的，而经济贸易的发展无疑是把双刃剑。希腊裔阿根廷艺术家亚历山德拉·卡哈亚格鲁（Alexandra Kehayoglou）的大幅地毯作品便提出了现代社会发展与可持续性、环境保护之间的矛盾。利用工厂的废布料与线材，结合传统地毯制作工艺与详细的地貌测绘，《圣克鲁斯河》记录了阿根廷最后一条自由流动的河流。（图 10）卡哈亚格鲁用充满温度的羊毛绘制出巴塔哥尼亚大地的赭色、土黄、红棕，冰原地区植被深沉的橄榄绿，以及流经平原汇入大西洋的蓝灰色河流。观者可躺在这片土地上，小憩、遐想，通过头顶上的镜子俯视自己。对镜自拍的人们，以及身下的河川地貌——与作品的接触使人直观地感受到生态环境平衡的脆弱，更道出了人类与自然的命脉相连。而如今这种纽带在开凿大坝的威胁下危在旦夕。《圣克鲁斯河》仿若发展中所有牺牲品的最后挽歌。

联合国环境署将海洋塑料视为现代社会最为严重的环境经济危机之一。据统计预测，2050 年海洋中的塑料总重量将超过鱼类。罗迪·奥尼尔（Brodie Neill）和阿瓦罗（Alvaro Catalán de Ocón）的作品从一方面显示了人类对于塑料的依赖性，另一方面则探索了这种原材料被高估的重复利用价值。

塔斯马尼亚设计师罗迪·奥尼尔的作品《陀螺桌》（Gyro, table）利用回收的蓝、绿色海洋塑料描绘了地球的经纬度线，用废料重现海洋的深邃与变幻莫测。（图 11）桌面从桌沿向内由深至浅，暗喻着掌管海洋生态平衡的环流系统。[4] 很难想象其制作材料正是杀害数以万计的海洋生物、鸟类、珊瑚的罪魁祸首。

[4] 作品名亦取自“gyres”——海洋环流。

图 10

图 12 | 阿瓦罗 / 布拉布拉艺术家《塑料编织灯》
Alvaro Catalán de Ocón/ Bula'bula Artists, PET Lamp Ramingining: individual lamp, 2016, pandanus (pandanus sp.), natural dyes, PET plastic bottle

而西班牙设计师阿瓦罗的编制作品《塑料编织灯》（PET Lamp Ramingining）则从人文角度探讨了自然作为人类赖以生存的家园对于其身份具有的意义。（图 12）设计师深入澳大利亚北领地阿纳姆地（Arnhem Land），与当地的布拉布拉（Bula’bula）艺术家们合作，创造出这些结合现代与土著传统艺术的垫子形状“吊灯”。布拉布拉的编制传统是当地女性的象征之一。如何采集加工露兜树（pandanus plant）、制作树根染料、编制垫子的知识代代相承，通过口述流传下来的故事（“Dreamtime”）被一同编制进这些大地色的垫子中。圆形的编制品连接在一起，隐喻着其作为“庇护所”的意味，也象征了原始族群与大地之间紧密的关联。PET 塑料瓶与吊灯完美地融为一体，此刻更提醒着人类作为保护者与毁灭者的双重身份。就如同沃尔夫在《奥兰多》中所说的，“改变是持久的；也许将永不停歇”——是好的改变还是任由现状恶化，抉择的权力永远在我们自己手中。

镜面的利用在展览中是值得一提的。镜子作为反映世界的媒介也激发了人们对于展览的反思——无论是在卡哈亚格鲁的地毯作品中，还是阿瓦罗的编制吊灯，亦或是草间弥生被红色花朵渐渐遮盖的镜子。除此之外，镜子在展览中成为虚拟与现实世界中的连接点；过去、现在、未来在镜中汇聚一处，通过倒映呈现一种新的视角。

图 13 | 团队实验室（设计工作室），猪子寿之（设计师）
《漩动》teamLab (design studio), Toshiyuki Inoko (designer), Vortex, 2017, Interactive digital projection, mirror, National Gallery of Victoria

日本创意团队（teamLab）在作品《漩动》（Moving Creates Vortices and Vortices Create Movement）中探讨了人，数字与空间之间的联系，利用镜面构建出一个迷幻的小宇宙。（图 13）在进入这个空间的一瞬间，脑海中呈现出安东尼·德·圣埃克苏佩里《风沙星辰》中的一段话：“当我睁开双眼，我看见的仅有那深潭般的夜空，因为我正张开双臂平躺着，与星辰面对面。我半梦半醒，依旧没有注意到那片深渊就是天空。我与它之间没有屋梁、树枝的遮挡，更无任何依托；我感到晕眩，仿佛被往前一推，像个潜水者那样向深渊中栽去。”[5] 人群聚合而又离散，脚下的漩涡也随之变化，在房间中央形成一个巨大黑洞。此刻人就如宇宙中的沙尘，孤立无助，却又紧密相连，推动着改变。

[5] “When I opened my eyes I saw nothing but the pool of nocturnal sky, for I was lying on my back with out—stretched arms, face to face with that hatchery of stars. Only half awake, still unaware that those depths were sky, having no roof between those depths and me, no branches to screen them, no root to cling to, I was seized with vertigo and felt myself as if flung forth and plunging downward like a diver.” （安东尼·德·圣埃克苏佩里《风沙星辰》, *Wind, Sand and Stars*, 1939）

"Who are the ones behind all this carnage? Not me, we say, pointing to the others, yet we know that in our inaction, we are also responsible." Kushana Bush, The Ones behind This, 2015(图 14)

图 14

图 15.1

图 16.1

图 16.2

从环境变化到人口流动，“三年展”是一次跨越国界、文化、主题的奥德赛之旅。从虚拟空间回到现实世界，21 世纪的难民危机是众多艺术家的关注点之一——无论是本·奎尔蒂（Ben Quilty）笔触粗犷的荧光橙色救生衣（图 14）、露易莎·布法蒂契（Louisa Bufardeci）难民船遇难坐标的地理测绘图，还是希尔帕·古普塔（Shilpa Gupta）关于边境与流动的音像装置。而就在开展前，博物馆被披露出，他们雇佣的安保公司确实同时负责监管马努斯群岛与瑙鲁两个（非法）难民看守所。[6] 这使得墨尔本作为展览地被推至风口浪尖，舆论为此争论不休，其中包括理查德·莫斯（Richard Mosse）与坎迪斯·布莱兹（Candice Breitz）等受邀艺术家。后者甚至临时更改作品名称以表抗议。[7]

不得不谈的是爱尔兰摄影师理查德·莫斯，其系列作品《来临》（Incoming）利用军事热感摄像机记录了欧洲大面积的难民迁徙。（图 15.1—15.2）无论白天还是黑夜，这种法律上被界定为武器的摄像机可在 30 千米之外侦测到体温。黑白、失真的慢镜头画面制造了一种距离的假象，但同时又显得过分私密——一切都被放大至零倍而显得令人毛骨悚然——难民营中游戏的孩童、救援船中的妇女，那没有瞳孔的眼睛、停尸间的裹尸布上医生炙热的手印挥之不去。这一切试图重现无国籍人士无时无刻不在经历的那种“模糊不定的中间状态”（Mosse: “…state of indefinite limbo”）。

“50 分钟的电影也对全球化提出了一个疑问——在一个貌似愈渐开放的社会，界限似乎变得更加清晰，矛盾更加锋芒毕露。而博物馆的职责何在？这也是三年展探讨的主题之一。对于舆论浪潮，博物馆回应以积极与开放的态度，并表示唯有‘作为一个公平的平台，使得艺术家能够自由地发表观点，呈现时事’。”

NGV 错综复杂的格局使得寻找作品变得更有趣味，从某种意义上也赋予了艺术品更深层的意义。郭培的一系列服装设计作品《传说》（Legend）深藏亚洲馆——典雅的中国及日本瓷器、漆器展品更凸显出宗教神秘感。（图 16.1—16.3）整套作品花费两年时间，动用超过 500 名手工艺人。走进展厅你不得不感叹设计师对于纯粹的美与细节的追求，这在“现代化发展、快时尚节奏”中着实难求。其设计深受瑞士圣加仑修道院巴洛克艺术风格的感染——仿佛可以从中看到教堂的穹顶、吊灯的灯臂、圣坛屏的雕花柱头、彩绘玻璃与花饰窗格。在雅各布·施莱佛（Jakob Schlaepfer）的布料生产厂，设计师希望能够制造出一种拥有“仿佛太阳一般色调”的布料。用金线及其他金属丝线织成的斗篷与裙摆这时在展厅暗淡的灯光下展现出一种玄秘的金铜色，让人联想到落满尘埃的圣像端庄的面容。

图 15.2

图 16.3

图 14 | 本·奎尔蒂《高潮线》
Ben Quilty, High tide mark, 2016, oil on canvas, 170.5 x 160.4 cm, National Gallery of Victoria
图 15.1—15.2 | 理查德·莫斯《来临》
Richard Mosse, Incoming, 2015—2016, three channel black and white high definition videos, surround sound, 52 min 10 sec (looped), co-commissioned by the National Gallery of Victoria, Melbourne and the Barbican Art Gallery, London
图 16.1—16.3 | 郭培《传说》
Guo Pei, Legend collection, spring-summer, 2017, (dimensions variable), collection of the artist

[6] 马努斯群岛位于巴布亚新几内亚，而瑙鲁共和国自 2005 年起开始接受澳大利亚政府的援助，并建立一个拘留所处理非法进入澳大利亚的难民以作为回报。澳大利亚威尔逊安保公司 (Wilson Security) 负责监管。
[7] 坎迪斯·布莱兹将其一系列移民采访作品改名为《威尔逊（安保）出局》（Wilson Must Go），并声称在博物馆与安保公司断绝关系之前绝不让步。

"In every 'now' is now; in every 'now' it is already vanishing. In every 'now' the 'now' is now and therefore it constantly has presence as something selfsame, even though in every 'now' another may be vanishing as it comes along." Martin Heideggar, Being and Time (1927)

图 17 | 让·穆克《成堆》
Ron Mueck, Mass,2016—2017, synthetic polymer paint on fibreglass, (1—100) 114.6 x 108.0 x 157.2 cm (each), National Gallery of Victoria

受博物馆委托，艺术家们创作的 20 件大型作品中，并不是所有都（如徐震的卧佛那样）摆放在显而易见的位置。隐藏在三楼欧洲油画展厅的是澳大利亚现代艺术家让·穆克（Ron Mueck）最掷地有声的大型装置作品《成堆》（Mass）。（图 17）在忙碌与熙攘、嬉闹与谈笑间，死亡的降临使心灵产生了巨大的震动与敬畏之情，我们不得不稍事停留，徘徊其中。100 个 1.5 米 x 2 米、由玻璃纤维与聚酯树脂制成的巨型白色骷髅堆聚、散落在整个房间，如同上帝刚刚掷下的骰子。这令人想起巴黎延续几百千米的地下坟茔，联想到哈姆雷特捧于手中的头骨与虚空派（vanitas）的静物画——这些感思生命短暂之苦的作品，是美而庄严的，充满了仪式感。这些是艺术家对于柬埔寨红色高棉大屠杀的祭奠，是对于死亡的提醒——它无处不在，一视同仁，与生共存。

而在 17—18 世纪的展厅内，在扬·斯特恩寻欢作乐的人们、提埃坡罗朝歌暮宴的克丽奥派特拉以及无数曾经雍容富贵、金迷纸醉的贵族肖像的环绕下，它又显得滑稽而充满嘲讽，暗示着人对生死命运的无能为力。如同萨特所说，“人不由自主地出生，满怀希望地活着，最后又不由自主地从这个世界上消失，这就是每一个生命的三部曲”。

生与死是生物界中最自然的循环，更是一个值得我们人类永远探索的谜题。而在博物馆正厅，在达·芬奇彩绘天花板的衬托下，徐震的《永生》似乎是展览完美的结束语。（图 18）古希腊、古罗马及古典主义雕塑生动地尽显人间百态，跳舞的农牧之神、好斗的波斯战士、爱神阿弗洛狄忒与英俊的纳希瑟斯仿佛在说“在死亡与痛苦来临之前尽情爱吧！享乐吧！欢愉吧！”，在他们的簇拥下，巨大的唐代卧佛慈祥端庄，寂静涅槃。[8] 静与动、生与死、轮回与终结之间本该形成强烈的文化反差，[9] 此刻却并不突兀别扭，反而让人觉得“本来就应该是这样的”。用徐震自己的话来讲，“误解有时也是认知和理解的开端”。而极乐世界里“不朽的佛”创造出了“一种新的创意文化”，他希望这种文化能够打破隔阂，带来理解与欣赏。

图 18 | 徐震《永生》

[8] 释迦牟尼涅槃像，敦煌莫高窟，第 158 窟，长 15.6 米。
[9] 相比于东方宗教，对于生命时间的终结，希腊古典主义则显消极——对他们来说，生命的伟大永远无法与死亡之代价相平衡。

这些作品绝非展览的全部。百件展品层出不穷，令人目不暇接。在看似随性的展览选题、毫无刻意的陈列设计下，其实都是对展览主题的明确定位和诠释。通过“三年展”这一个平台，展示跨文化的艺术设计思潮，并通过多领域、多专业的结合来呈现当下艺术、人文、宗教、自然等主题，以多样性、全面性的话题来吸引社会各界、不同年龄段的人群参与。这是一个好玩的展览，一个包容性强的展览，一个值得思考的展览。每个人都能够在这儿有所收获。

三年展不仅是一个艺术展，更是一场音乐、文化、演出、交流的盛宴。为期十天的 Triennial Extra 设计了丰富的节目——一系列采访、论坛、导览、舞台表演（以及充满澳洲文化随意奔放的酒吧、美食与深夜狂欢）使得展览更加丰富，引人入胜。观展之余，660 页的展览图录，从五个核心主题呈现由展而生的奇思妙想。其他的，则留给观者自己去回味寻思。

展览信息:

National Gallery of Victoria, Triennial

澳大利亚墨尔本维多利亚国立博物馆的三年展

2017 年 12 月 15 日—2018 年 4 月 15 日

“独与众” · “多与少”
——“独上高楼·王国维诞辰 140 周年纪念展”展评

ALONE IN THE HIGH TOWER–COMMEMORATIVE EXHIBITION OF WANG GUOWEI’S 140TH ANNIVERSARY OF BIRTH

吉光

图 1 | 独上高楼展厅入口

图 2 | 静安先生长女王东明女士题签

2017 年 12 月 30 日，“独上高楼·王国维诞辰 140 周年纪念展”在清华大学艺术博物馆拉开帷幕。（图 1）作为一代国学大师王国维先生任教的学校之一，清华大学举办这样的展览可谓合情合理且占尽人和。展览分为“罗王之交”“平生交游”“清园执教”“静安不朽”四个板块，按照作品内容和风格分类展示了王国维与故交好友的日记、书法、手札、书信，以及与王国维相关的档案、王国维遗书的石印本等共 118 件展品。策展人借助了当下流行的“朋友圈”的概念，从王国维的交游入手，力图呈现出一个立体的、多面的，也是充满烟火气的王国维。应该说，展览基本做到了这一点。（图 2）

“无法引人思考的展览不是好展览”，观展结束后，笔者进一步翻检了王国维的相关著作，想到一些与展览有关的小问题，在此与各位同好分享。

一 “独”与“众”——内容设计的小问题

独则无偶，以“独”为题，却从交游入手，独与偶之间的关系如何把握？

对此，策展人冯远的解释是：“独上高楼，望尽天涯路”，不仅可喻其令后人难以企及的学问与成就之大，亦可喻其孤傲的个性和特立独行的行事风格。[1] 然而，“独”字一出，其后对其交游、工作、家事的展示自然游离于主题之外。其实，“孤傲”与“烟火气”本来就是王国维身上的一对矛盾：一方面他特立独行，多次拒绝蔡元培下达的北大聘书；另一方面他婆婆妈妈，在与罗振玉的书信中多次臧否他人，也对小儿女情事津津乐道。笔者以为，王国维的交友原则是道不同不相与谋，他的“独”与“众”的标准在于对方是否是他的同道之人。然而，从政治观点上说，王国维是不折不扣的保皇派，与其往来之人多为晚清遗老遗少，而这一点，又恰恰是今日不宜强调的内容。于是，策展人不得不始终游移在“独”与“众”之间，以陈寅恪撰写的碑文喻其“独”，以其交游之广喻其“众”，却始终没有找到沟通二者的桥梁，不能不说，这是此展最大的遗憾。

展览选择了罗振玉作为切入点。翻检最新出版的《王国维书信日记》，全书收录信件 744 封，涉及人物 50 余人，其致信罗振玉 300 封，书信往来次数名列第一，从这个角度讲，展览首列罗王之交，是非常符合历史事实的。（图 3）“成也萧何，败萧何”，当展览率先推出罗振玉这一坐标点时，恰恰忽略了王国维思想的复杂性：他的西方背景、他对康德哲学的推崇、他内心深处的悲剧意识、他对国家和民族命运的关注、他对祖国文化深沉的爱与推崇……当展览放大了罗振玉与王国维的关系时，恰恰缩小了王国维作为“人”的价值和意义。

图 3 | 王国维致罗振玉书札（左）、罗振玉致王国维书札（右）

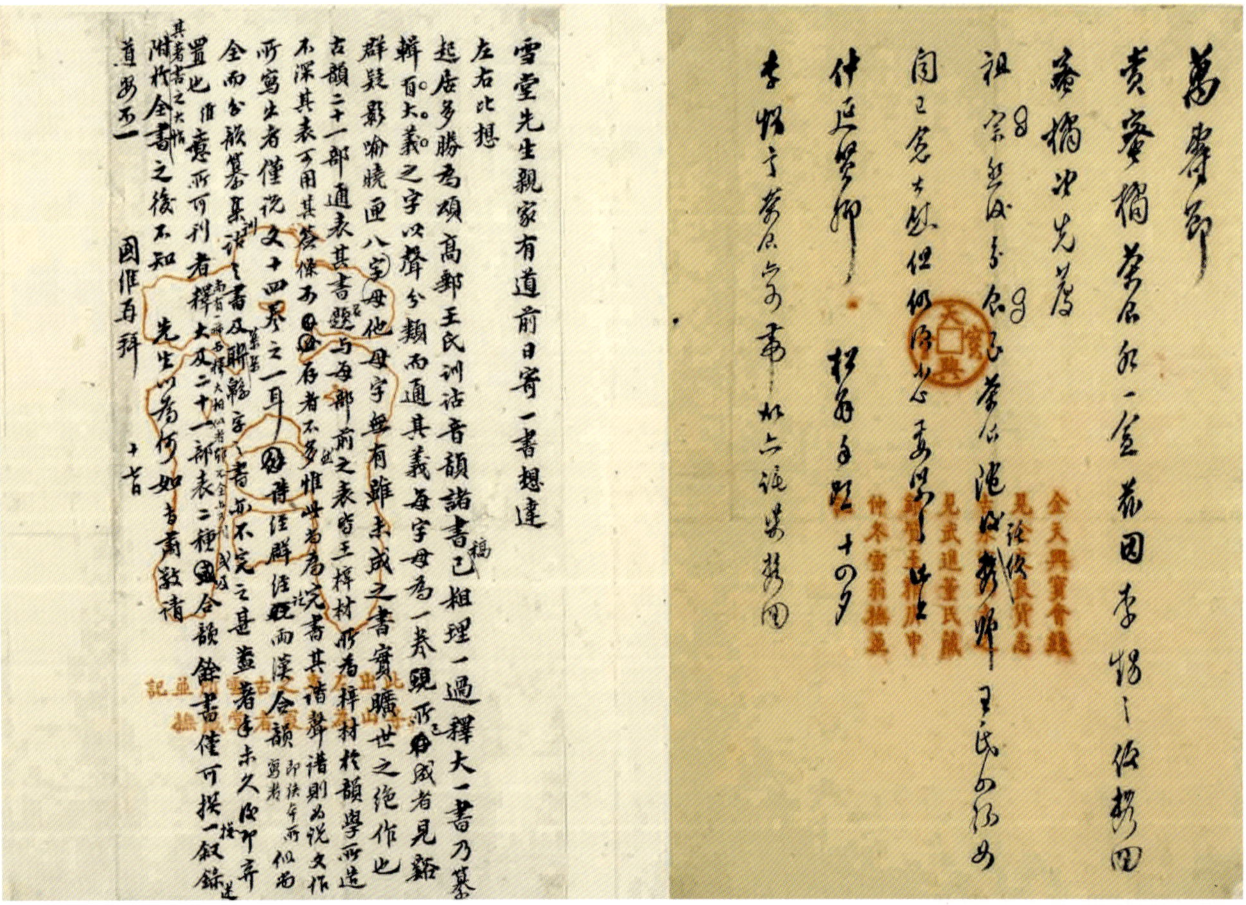

[1] 高素娜：《王国维：“独上高楼”亦有烟火》，清华大学艺术博物馆官网，http://www.artmuseum.tsinghua.edu.cn/news/mtbd/201801/t20180110_2964.shtml。

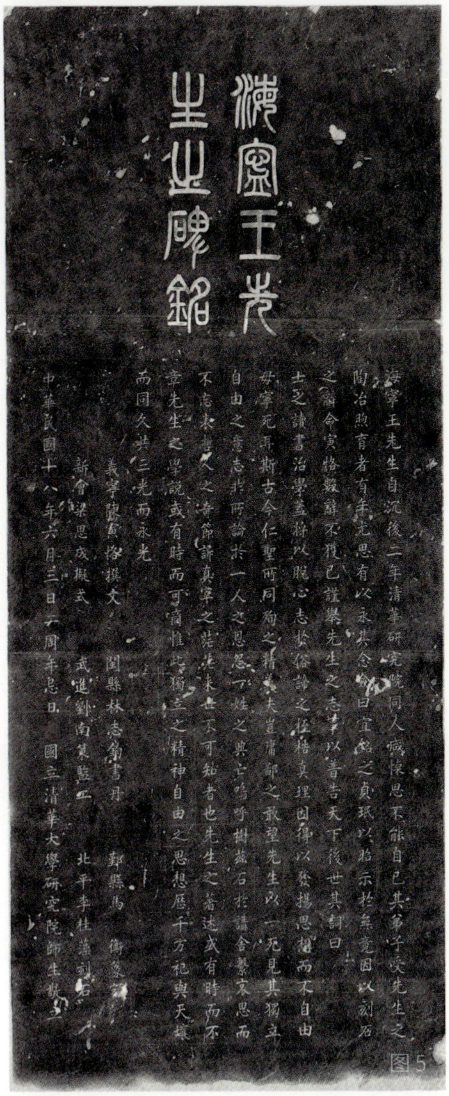

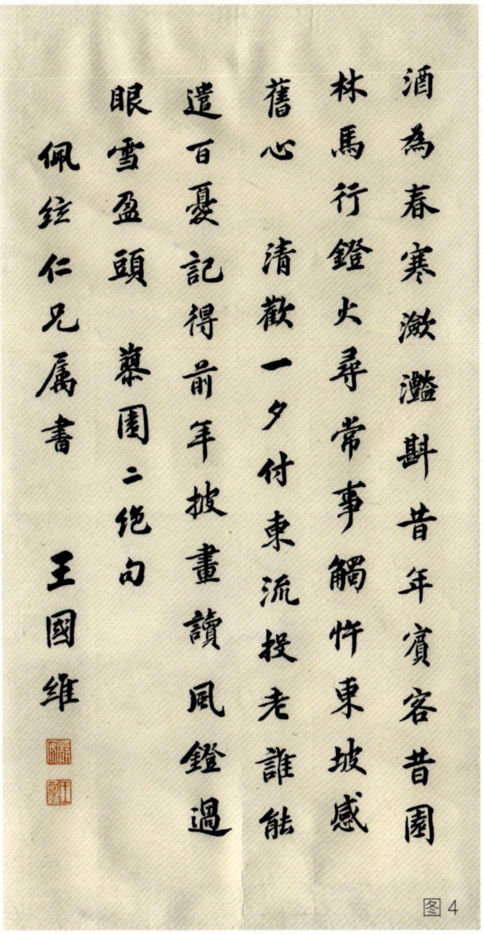

图 4 | 王国维书赠朱自清诗轴

图 5 | 王静安先生纪念碑碑阴拓片

展览以罗王之交为第一部分，平生交游为第二部分，笔者认为其设想在于从罗振玉辐射到王国维的“朋友圈”。（图 4）“朋友圈”是最近文学艺术与博物馆界策展与出版的流行思考方式，如首都博物馆 2011 年推出的“梵高和阿姆斯特丹的画家们”画展、天地出版社 2016 年出版的《当民国文人有了朋友圈》、中国国家博物馆 2017 年推出的“伦勃朗和他的时代：美国莱顿收藏馆藏品展”都是此类型的作品。但问题是：策展人要通过朋友圈表达何种观点？资深博物馆人俞乐滨曾认为：“博物馆主要关心如何让观众认识人类社会，纪念馆则更在意如何让观众客观认识和主观认同社会价值观。”[2] 那么，“独上高楼”展作为纪念王国维诞辰 140 周年的主题陈列，它想让观众客观认识什么，又主观认同什么？从整个展览看来，策展人想让观众客观认识王国维的学术成就，主观认同王国维先生的学术理想，正如总策展人冯远所言：“1925 年至 1927 年，王国维先生任清华国学院导师，在清华园度过了他人生的最后 3 年。时间虽短，却为清华大学留下了宝贵的学术遗产和精神财富，为一代又一代的清华学人所怀念。他去世后，清华校内竖立的王国维先生纪念碑，是无数后人景仰的地方；陈寅恪先生为其撰写的碑文中所作‘惟此独立之精神，自由之思想，历千万祀，与天壤而同久，共三光而永光’之评价，也成为照耀后世学者的箴言。”[3]（图 5）

[2] 俞乐滨：《“实物”与“信息”双核心定位下的现代纪念馆陈列》，
引自作者新浪博客，http://blog.sina.com.cn/s/blog_de73a03b0101pf0q.html。
[3] 高素娜：《王国维：“独上高楼”亦有烟火》，
清华大学艺术博物馆官网，http://www.artmuseum.tsinghua.edu.cn/news/mtbd/201801/t20180110_2964.shtml。

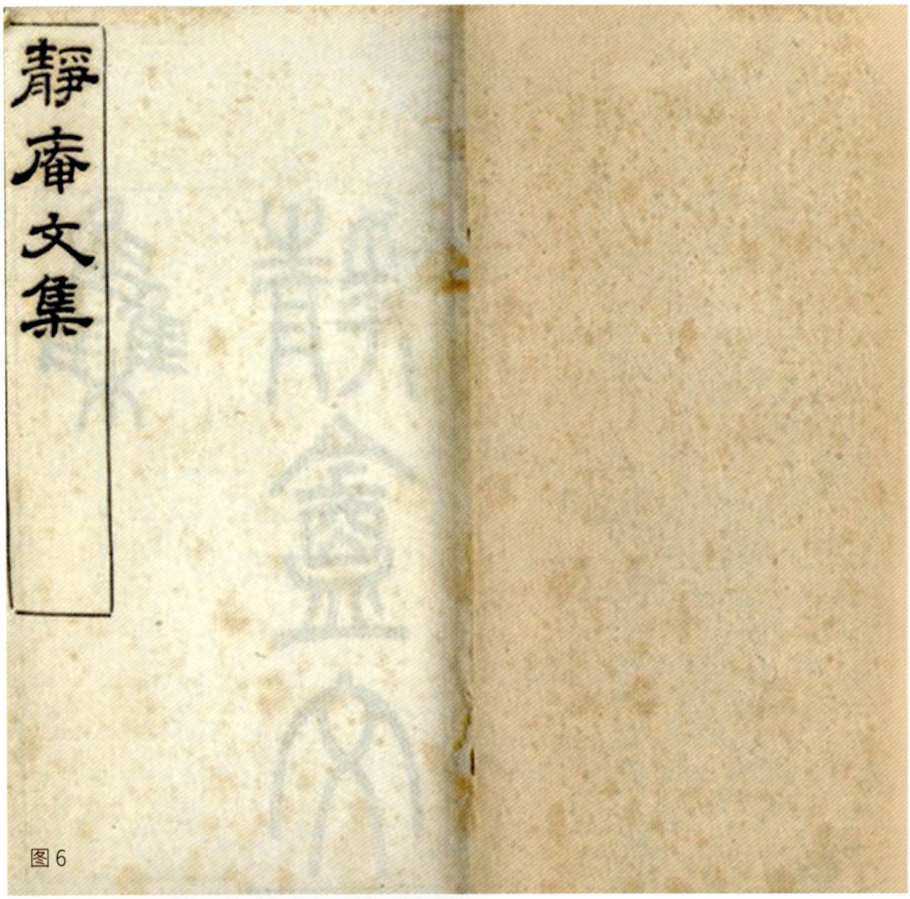

图 6

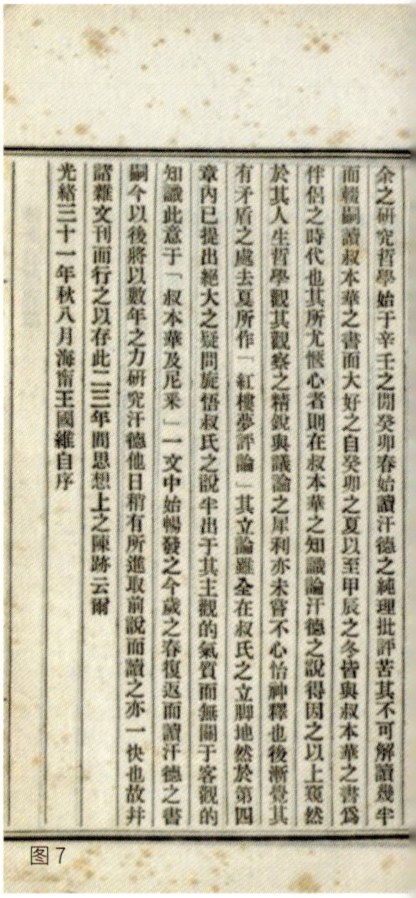
余之研究哲學始于辛壬之間癸卯春始讀汗德之純理批評苦其不可解讀幾半而輟嗣讀叔本華之書而大好之自癸卯之夏以至甲辰之冬皆與叔本華之書爲伴侶之時代也其所尤愜心者則在叔本華之知識論汗德之說得因之以上窺然於其人生哲學觀其觀察之精銳與議論之犀利亦未嘗不心怡神釋也後漸覺其有矛盾之處去夏所作「紅樓夢評論」其立論雖全在叔氏之立腳地然於第四章內已提出絕大之疑問旋悟叔氏之說半出于其主觀的氣質而無關于客觀的知識此意于「叔本華及尼采」一文中始暢發之今歲之春復返而讀汗德之書嗣今以後將以數年之力研究汗德他日稍有所進取前說而讀之亦一快也故并諸雜文刊而行之以存此二三年間思想上之陳跡云爾

光緒三十一年秋八月海甯王國維自序

图 7

图 8

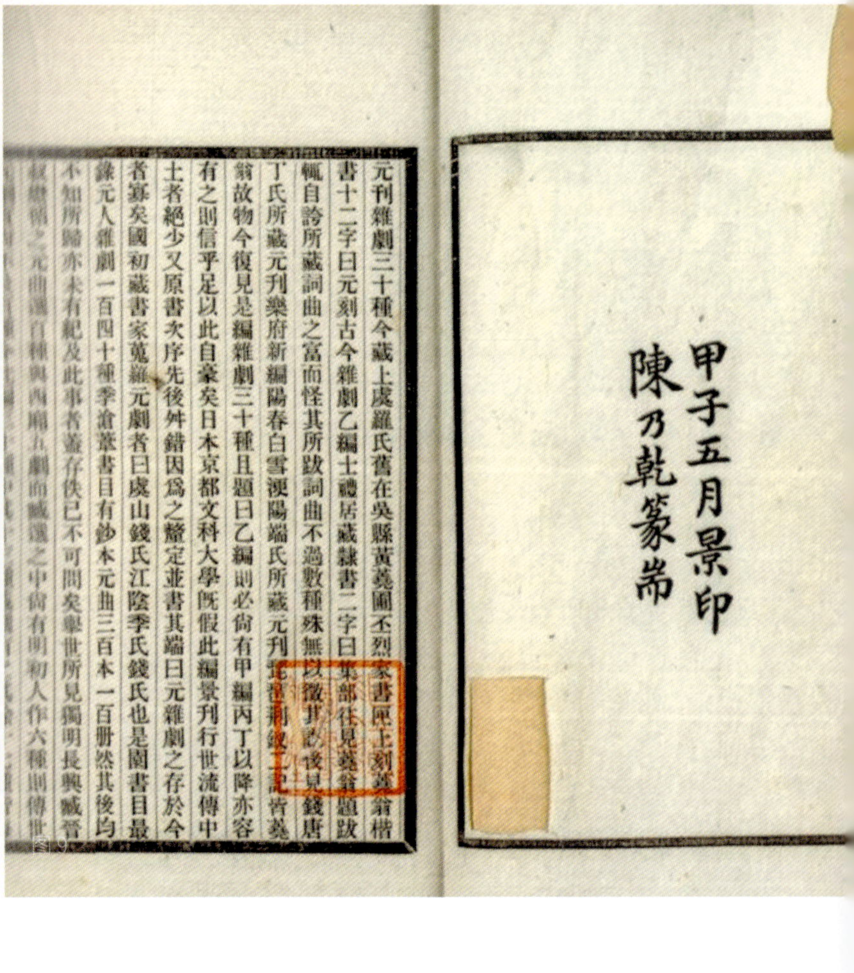
元刊雜劇三十種今藏上虞羅氏舊在吳縣黃蕘圃丕烈家書匣上刻蕘翁楷書十二字曰元刻古今雜劇乙編士禮居藏隸書二字曰集部往見蕘翁題跋輒自詡所藏詞曲之富而怪其所跋詞曲不過數種殊無以徵其說後見錢唐丁氏所藏元刊樂府新編陽春白雪溧陽端氏所藏元刊[illegible]皆蕘翁故物今復見是編雜劇三十種且題曰乙編則必尚有甲編丙丁以降亦容有之則信乎足以此自豪矣日本京都文科大學既假此編景刊行世流傳中土者絕少又原書次序先後舛錯因爲之釐定並書其端曰元雜劇之存於今者寡矣國初藏書家蒐羅元劇者曰虞山錢氏江陰季氏錢氏也是園書目最錄元人雜劇一百四十種季滄葦書目有鈔本元曲三百本一百冊然其後均不知所歸亦未有紀及此事者蓋存佚已不可問矣舉世所見獨明長興臧晉叔懋循之元曲選百種與西廂五劇而臧選之中尙有明初人作六種則傳世

甲子五月景印
陳乃乾篆耑

图 9

那么，从学术成就讲，王国维的重要著作中最为知名的当属《人间词话》，展览题名即出自此书。展览在第一部分就展出了其手稿本的复印件，可谓切中题义。然而，自《人间词话》后，王国维学术兴趣由文入史，由文学逐步转向小学、经学，展览第一部分即展出了《殷虚书契考释》书影，此书为罗振玉著，王国维手抄，意在说明罗振玉在王国维学术转型过程中起到的重要作用。然而，从文学到小学，王国维的学术转型，绝非一念之间。（图 6—7）

对于其转变过程，王国维在 1914 年致沈曾植的信中讲："国维于吾国学术，从事稍晚。往者十年之力，耗于西方哲学，虚往实归，殆无此语。然因此颇知西人数千年思索之结果，与我国三千年前圣贤之说大略相同，由是扫除空想，求诸平实。近因蕴公于商周文字发见至多，因此得多见三代材料，遂拟根据遗物以研究古代之文化、制度、风俗，旁及国土、姓氏，颇与汉人所解六艺不能尽同。此后岁月，拟委于此。"[4] 展览恰恰没有展出这封对梳理王国维学术思想如此重要的书信，从《人间词话》到《宋元戏曲史》再到《殷虚书契考释》的"三级跳"，是展览留给观众的第二个遗憾。（图 8—9）

展览第三部分为"清华执教"，讲述了一代宗师最后的岁月。应该说这是本展览最为出彩的部分。本部分选取了清华研究院档案，以及部分国学院毕业生的作品，力图构筑以王国维、陈寅恪、梁启超、赵元任四大导师为首的清华国学体系，呼应今日清华重振人文学科的努力。（图 10）观众也可从展览中看到策展人的良苦用心。然而，本部分和第四部分，却显示出另一组矛盾：到底是在用清华大学烘托王国维，还是在用后者为前者加分——即展览的主题是什么？今日的我们，是不是在王国维身上赋予了太多超越本人的意义和价值？

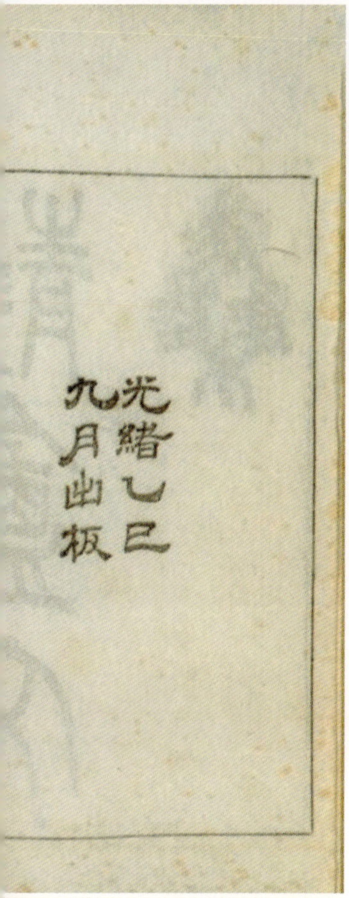

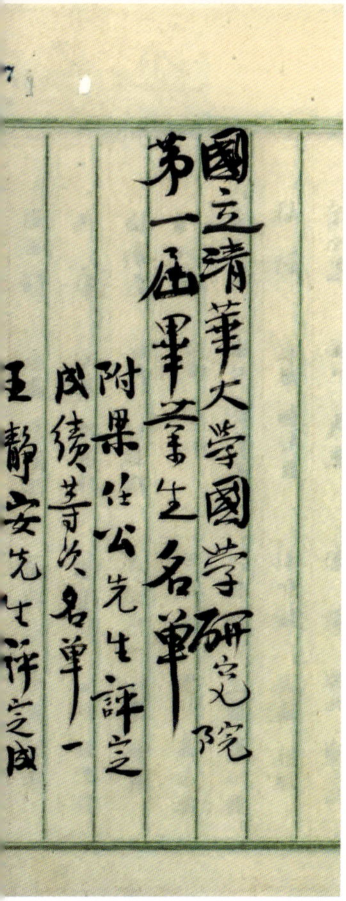

图 6—7 |《静庵文集》书影 2 张
图 8—9 |《古今杂剧》书影 2 张
图 10 | 清华大学国学研究院第一届毕业生名单，清华大学档案馆藏

[4] 房鑫亮编校：《王国维书信日记》，浙江教育出版社 2015 年版，第 62 页。

俞乐滨先生曾撰文指出：纪念馆的实质是传统纪念文化与现代博物馆文化的一种杂交产物。博物馆的价值客体是实物，因此博物馆的建立并不存在预设的价值尺度这个问题。而纪念馆则起源于纪念文化，其价值客体是纪念对象，是一种由对国家、社会有卓越贡献人物的崇拜与祭祀思想所发展而来的文化，带有强烈的社会教育性质，因而纪念馆的建立就涉及到社会意识和社会价值问题。笔者以为，这是本次展览没有解决的问题。因为展览在博物馆内举办，所以展览必须符合博物馆展览的特征：不预设过多的价值尺度；又因为这是一个纪念展，纪念对象是在清华大学工作过的教师，又是中国学术的一代宗师，所以展览必须拔高到王国维对清华，对中国学术，对中国学人的贡献这个层次。(图 11) 于是，观众看到了策展人的又一个妥协和游移：尽量不动声色，中规中矩地展示了王国维的清华岁月，但主要展品是清华大学发放给王国维的聘书，胡适、梁启超等人给王国维的求教信，清华大学国学院毕业生的作品……笔者猜想，大约策展人也无力解决这一问题，只好“让文物说话”，把东西摆在这里。至于是联想到王国维清华岁月的日常，还是他对清华大学的贡献，以及其他高大上的主题，只能是“仁者见仁，智者见智”。(图 12) 当然，笔者以为，这个问题不是一个王国维展可以解决的，也不必以此来苛责策展人；但这个问题确实要引起博物馆人的进一步思考，即：如何在博物馆内举办的人物主题展览中推广价值取向？据冯远先生介绍，清华大学艺术博物馆还将举办近代学术大师系列展览，希望在未来的展览中，博物馆能更好地解决这一问题。

图 11 | 王国维在清华期间的居所，现清华大学西院 42、43 号，谈晟广摄
图 12 | 清华国学研究院第一届学生毕业合影（前排右手起第六人为王国维）

二　“多”与“少”——形式设计的小思考

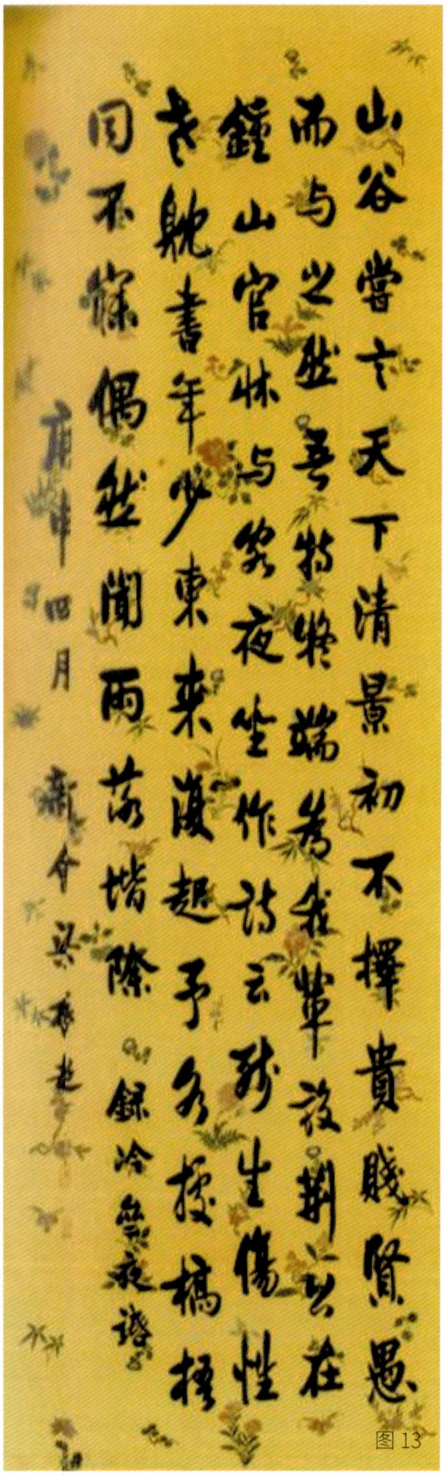

从形式设计上说，本展览颇多可圈可点之处。白色、绿色为主的背景色，让人不禁联想到王国维的家乡浙江海宁。经过序厅即可看到的王国维立像及其正对的展柜中梁启超书写的立轴（图 13），清华国学院四大导师中的两位在此如双峰并峙，向观众展示了中国传统学术的高峰。

观众转身默读观堂先生的背影，面前呈现的则是著名的“三重境界”说，是点题之笔，也是今人了解王国维先生的门径；而其说明牌上的文字“清华大学美术学院李鹤作”则再一次强调了王国维与清华大学的关系——清华后学以作品来纪念先人。一举多得，是展览形式设计的点睛之笔。（图 14）

图 13 | 展览中的梁启超书写的立轴
图 14 | 王国维立像揭示出展览主题

[5] 高素娜：《王国维：“独上高楼”亦有烟火》，清华大学艺术博物馆官网，http://www.artmuseum.tsinghua.edu.cn/news/mtbd/201801/t20180110_2964.shtml。

就我而言，现场的观赏，最为精彩的不在于故事情节的那一面。当然，展陈中细致安排的种种历史情节，都十分贴心，譬如，头一个展室环绕的墙幕上即列出了重要事件的时间线（图2）；随后每个展室以一位重要画家为划分，包括凡·斯潘多克（Gerard van Spaendonck）、谢弗（Ary Scheffer）、梵高（Viencent van Gogh）、凡·东更（Kees van Dongen）、蒙德里安（Piet Mondrian）等；每个展室迎面而来、悬挂的首先是该画家头像；每个展室的导言除了平常的文本，还都细心配上该画家在巴黎时期居住的地图标识；每个展室都使用画作、摄影作品等各种途径，尽可能还原当时的氛围、朋友圈互画的作品、画家的画室等；甚至，一个科普小展室独辟出来，陈列不同时期画家们使用的不同工具、材料和颜料——我们可以看到，瓶瓶罐罐的矿物色粉逐渐由管状油画颜料替代。（图3）同时，博物馆也定时安排专人导览，我刚好经过，耳闻主讲人将各位画家与每幅作品的背后故事娓娓道来。历史情节的再现，对于此类题材的展览，显然是重头戏。

可是，我最爱的还是回到作品本身，观察作品本身。科普小展室内的画具展示，就是给观者的一个小小暗示：时代在改变，工具在改变，技术在改变，风格在改变，思维方式在改变，还有什么改变是由我们观者自己去发掘和体会的？穿梭在一个个小展室中，最令我着迷的是，笔触的改变。

图3 | 独辟出来的科普小展室，陈列不同时期画家们使用的不同工具、材料和颜料

图 4

图 6.1

图 5.1

图 7.2

图 7.1

图 5.2

这场展览，足足就是一出笔触历史的典范示例。从 18 世纪末凡·斯潘多克的静物花卉，平滑精细的画面，看不到一丝毛刷的痕迹（图 4），到 19 世纪谢弗的人物，自然的笔刷扫痕出现（图 5.1—5.2），到 19 世纪末伯蒂尼（Giovanni Boldini）的风俗画，突然肆意挥洒一片云彩，以不规则厚涂暗示云层体积，提前跨入现代触感（图 6.1—6.2），而稍晚的拜海奈（George Hendrik Breitner），更是已经运用大刷笔触直接绘形（图 7.1—7.2）。

图 4 | 赫拉德·凡·斯潘多克，《白石桌沿上的大理石花瓶花束》，1781
Gerard van Spaendonck, Bouquet de fleurs dans un vase d'albâtre sur un entablement de marbre, 1781. Huile sur toile, Het Noordbrabants Museum, Bois-le-Duc ('s-Hertogenbosch) © Photo Peter Cox
图 5.1—5.2 | 阿里·谢弗，《流泪的女孩》，1837
Ary Scheffer, Meisje in tranen, 1837, Dordrechts Museum
图 6.1—6.2 | 乔万尼·伯蒂尼，《圆顶》（凡尔赛宫），1875
Giovanni Boldini, Les Dômes (Versailles), 1875
图 7.1—7.2 | 乔治·亨德里克·拜海奈，《身穿散步服装的三位女子》，1897
George Hendrik Breitner, Three Ladies With Promenade Covers, 1897, Stedelijk Museum Amsterdam

毋庸说闻名遐迩的梵·高，点画法的出现（图8），再到跨入20世纪的怀森布豪（Johan Hendrik Weissenbruch），风景中抽象简约的涂块充满趣味（图9），而20世纪初的凡·东更，不仅延续点画法，还将颜料夸张“浮雕”成一盏水晶灯——如果去掉灯的形状，几乎可以看作波洛克（Jackson Pollock）的画作（图10），类似笔触在斯劳德思（Jan Sluijters）的璀璨灯火中也是一样耀眼（图11），最后转到蒙德里安，笔触再次让位于抽象，笔触的趣味完全脱离形状、单纯回归笔触本身（图12）。

一百年的笔触史，大致由紧密隐藏笔痕，走向自然流露，再奔向直白的自身表达，然而这不是一条线型走向的历史，所有的笔触多多少少并存着，你我高高低低换着走向台前，幕前幕后轮流转，史家不能也不应只呈现光鲜的台前，或许更多扮演那个帮助转换明暗面的媒介角色——亦是这一场展览的潜在角色。

如果说有什么遗憾的话，也还是受限于题材本身，分量重的作品略少，例如梵·高7件、莫奈及塞尚各1件、毕加索2件、蒙德里安5件，凡·东更略多也就11件……只能算小型展吧——展览画册中出现的不少画作无法到场，摄影原件全部缺席，仅仅打印在说明牌示上。难得展览画册集成一份厚实的学术研究成果，图片编排及其印刷质量却不尽如人意，所以，观察笔触那样的细节，真的只能交给现场（in situ）了。

最后一个小插曲：小皇宫美术馆似乎低估了该展览的受欢迎程度，我到场的那个星期五上午，馆内竟然只有一位售票员，而排队的长龙已经曲曲折折弯了好几道。尽管“文明”的巴黎人没有闹腾没有言语抱怨，当第二位售票员终于出现，长龙中的人们还是纷纷鼓掌示意，“优雅”地表达了不满。的确，如此低效率的展览接待，在如今的巴黎已经少见。

图8 | 文森特·梵·高，《自画像》，1887
Vincent van Gogh, Autoportrait, 1887, huile sur carton, Van Gogh Museum, Amsterdam (Vincent van Gogh Foundation)
图9 | 约翰·亨德里克·怀森布豪，《在巴比松附近树木繁茂的景色》，1900
Johan Hendrik Weissenbruch, Wooded View near Barbizon, 1900, Rijksmuseum
图10 | 凯斯·凡·东更，《嘉莱特磨坊的枝形吊灯》，1905—1906
Kees Van Dongen, Le lustre, Moulin de la Galette, ca. 1905—1906, New National Museum of Monaco
图11 | 扬·斯劳德思，《塔巴林舞会》，1907
Jan Sluijters, Bal Tabarin, 1907, huile sur toile, Stedelijk Museum, Amsterdam ©Collection Stedelijk Museum Amsterdam
图12 | 皮特·蒙德里安，《景观与树木》，1912
Piet Mondrian, Paysage avec arbres, 1912, huile sur toile ©Collection Gemeentemuseum, La Haye
NE PAS RECADRER

图 11

图 8

图 12

图 9

在混沌中爆炸，在空虚中重生

EXPLOSION IN CHAOS, REBIRTH IN EMPTINESS

笪梦娜

在苹果电脑桌面的无垠宇宙中，系统文件夹被点开，弹出了两个错落的窗口，一边是非洲人身图腾，一边是现代艺术画册。随着背景乐的鼓点和说唱，不断有窗口弹出、并置、叠加：鱼骨化石、舞动的充气人偶、趴在苹果手机上的青蛙、搓揉着眼球模型的纤细手指……它们彼此产生微妙的关系，形成类似搜索引擎的图像集合体，令观者仿佛置身于浩瀚混沌的网络世界。说唱者踩着起伏的鼓点，叙述着宇宙的起源和文明的演进。吟游诗人般的说唱搭配上丰富跳脱的画面，构成了一段洋洋洒洒、混乱却自成一派的“史诗”。

这是法国艺术家卡密尔·亨罗特（Camille Henrot）13 分钟的影像作品《非常疲累》(Grosse Fatigue，2013）。[1]（图 1）

图 1 | 卡密尔·亨罗特，《非常疲累》，2013 © Camille Henrot, Courtesy the artist, Silex Films and kamel mennour, Paris/Lodnon

[1]《非常疲累》中的背景说唱由艺术家和诗人 Jacob Bremberg 合作写词、Joakim 演绎。

图 2 | 白南准《互联网之梦》，1996，摄影：笪梦娜

艺术家亨罗特在华盛顿史密森尼学会驻地一年，研究、拍摄、搜集了一系列有关世界起源的故事和影像，创造出一套知识体系的同时也发出了告诫：人类目前所知的历史永远不可能像宇宙般包容万千，或像神一样全知全能，更不是单一永恒的。《非常疲累》中，散落在世界各地、各时代的起源神话与科学发现被汇集、打散、重组，这归功于艺术家熟练掌握、应用网络时代信息中快速传播与积累的哲学。那么它是否意味着：互联网之于人类文明（包括政治、科学、社会、艺术等方面）的作用也是在汇集、打散、重组中循环？

这是个棘手的问题，那我们不妨以小见大地入手：互联网如何影响了当代艺术和艺术史？波士顿当代艺术馆（Institute of Contemporary Art）的大展“互联网时代的艺术——1989 至今” （Art in the Age of the Internet, 1989 to Today）汇集了当代互联网艺术的明星阵容，展出了 60 余位（主要来自欧美的）艺术家的 70 余件跨媒介作品，试图梳理自 1989 年互联网诞生以来，与互联网相关的当代艺术史——当然了，这还是以西方为中心的艺术史，毕竟地球上还有一半以上的人连上网的渠道都没有，何谈互联网艺术。[2]

展览现场分为五大主题：网络流通、解构身体、虚拟世界、监控国度／局面 [3]、自我表演。展览庞大，线索繁多，各作品之间有着千丝万缕的联系，本文也并不一定会顺着讲。

毫无意外地，展览一开场就是录像艺术之父白南准的经典作品《互联网之梦》（Internet Dream, 1996）：一面由 52 台电视机组成的屏幕墙，每台显示屏呈现的数码图像共同拼成几个完整的画面。（图 2）这件装置准确体现了互联网诞生初期人们对其实现“去中心化”民主交流的憧憬。在电视媒体沦为资本和政权的工具之后，互联网的出现提供了更为私密的信息传播空间，web2.0 时代更是让使用者变成创造者，自媒体的喷井式增长让这场春梦似乎不再遥不可及。[4]

[2] 展览时间 2018 年 2 月 7 日—5 月 20 日。
[3]States of Surveillance 有“监控的局面”与“监控的国家”双重含义。
[4] 互联网艺术与录像艺术息息相关，抛开技术发展的层面不讲，在政治理念上也是一脉相承。早在 20 世纪六七十年代，便携式录像设备的出现为艺术家提供了低廉自由的创作空间，电视机和家庭录像为大众提供了私人空间，所以许多早期录像艺术广泛应用于民主运动中。然而随着电视的普及，资本与政权合谋不断占领私人、公共空间，人们开始寻找下一个民主化的大众媒介。

图 3

《互联网之梦》打开了展览的第一部分："网络流通"。这也是互联网的基础。展厅呈现了数件雕塑、绘画、网页艺术，包括上文提到的《非常疲累》和黑特·史德耶尔（Hito Steyerl）的《流动（资本）公司》（Liquidity Inc., 2014）。[5] 德国理论学者和电影制作人黑特·史德耶尔在 2009 年曾为网络中野蛮生长的"坏图像"辩护 [6]，这些低像素的"坏图像"抛戈卸甲，舍弃了数码质量而追求传播速度，在知识私有化和商品化的时代中大行其道，它们重新定义了图片的价值，其意义无关内容与真实，而关乎传播力、灵活性、反抗与挪用。半小时的影片《流动（资本）公司》便是史德耶尔对该理论的延续和实践，讲述了现代人如同流水、商品、"坏图像"一般的生存状态和困境。（图 3）

信息如流水般的分散自然导致身体的分裂——此处，身体的定义早就跨越了传统生物学的单一定义，而是延伸到科技、社会体制等一系列层面。如唐纳·哈拉维（Donna Haraway）在 1985 年提出，赛博格是电子机械与生物的混合体，破碎的身份使其跳脱出各种二元论，真实与虚拟、自然与文化、男性与女性、过去与未来的界限将消解于攻壳机动队式的图景里。[7]（图 4）

图 4

图 3 | 黑特·史德耶尔《流动（资本）公司》，2014
Hito Steyerl, Liquidity Inc., 2014, HD video file, single channel in architectural environment, 30 minutes, Image CC 4.0 Hito Steyerl. Image courtesy of the Artist and Andrew Kreps Gallery, New York
图 4 | 唐纳·哈拉维在《攻壳机动队：无罪》中的形象

[5] 也许是出于展览效果的考虑，《流动（资本）公司》并不在主展场而是安排在美术馆另外的楼层。
[6] 黑特·史德耶尔《为坏图像辩护》（In Defense of the Poor Image），2009。
[7] 唐纳·哈拉维《赛博格宣言：1980 年代的科学、技术以及社会主义女性主义》，1985。

[8] 出自展签。“… these images are electronically produced, defaced, and finally delivered ‘clean’ only to be sullied again…”
[9] 名称取自于法国先锋诗人作家 Samuel Beckett 于 1965 年发表的同名短文。

在展览的第二部分“解构身体”中，实体的和虚拟的身体以及赛博格成为了社会课题的试验场。美国作家与艺术家朱迪斯·巴里（Judith Barry）将肉身压缩成一座高达三米的极简立方体，放大的人脸占满四面方形荧幕，脸上被不明液体和虫类糊满。（图5）按艺术家的话说，这些人像“被数字化生产后磨去表面、干净利索地呈现在观者面前，只为被进一步地玷污”。[8] 这件创作于 1991 年的《想象，死亡想象》（Imagination, Dead Imagine）居然如此精准地形容了举目皆是美图秀秀的当下。[9]

图 5 | 展览现场：朱迪斯·巴里《想象，死亡想象》，1991，摄影：笪梦娜

图 6 | 森万里子《地铁》，1994，摄影：笪梦娜
图 7 | 展览现场：朱莉安娜·哈斯特伯《怒火中的无题者（尼比鲁灾难）》，2015，摄影：笪梦娜

值得注意的是，这一展厅所囊括的十位艺术家中，七位都是女性艺术家，其中有三位亚裔、一位非裔，这样的比例在其他几个部分的展厅里是见不到的。这并不意外。长久以来，女性话题——尤其是对身体的展示与物化——无法在父权社会的传统领域（艺术上来说即绘画、雕塑等）中得到应有的探讨，而在新兴领域（录像、新媒体、网络）中，女性艺术家得以争取话语权，并迸发出惊人的创造力。

日本艺术家森万里子早在 1994 年就变身成未来女战士，在东京地铁内行动，照片中的她高傲、冷静，还带有一丝性感的不屑，一反日本女子的传统形象。（图 6）森万里子的科幻形象十分符合哈拉维式的未来图景——赛博格利用界限上的混沌来推翻现有体制，成为一种全新的政治行动路线。如今，女性或后性别时代的赛博格反抗形象在科幻文学、影视、游戏中已比比皆是（当然，这并不意味着这些吸引眼球的女性元素和亚洲未来主义元素是无罪无害的）。[10]

展览中另一位年轻的跨性别女艺术家，则将森万里子式的赛博格实践进一步带到了社交网络时代，她的作品也因此被策展人归入“自我表演”的板块。黑人酷儿艺术家和纽约夜店女王朱莉安娜·哈斯特伯（Juliana Huxtable）出生时是生物上较罕见的双性人（intersex），辛苦度过青少年时期后，在社交网络得到了解放，大学后接受手术成为跨性别女性（transgender woman）。她在网络与现实生活的振荡之间找到了自我：如照片《怒火中的无题者（尼比鲁灾难）》(Untitled in the Rage [Nibiru Cataclysm]，2015）所示，经过装扮和 PS 处理后的她有着绿色丝滑的皮肤，在一片混沌的烟云和黄土地中挺胸跪坐，她背对着观众，大蛇一般的黄色长辫紧贴着脊骨落在股间。（图 7）社交媒体开放了对自我的展示与消化，更使边缘人群得以占领一席之地，身体图像（尤其是裸体）不断被改造、挪用、变异，最终进化成这样一个怪异却富有神秘魅力的形态，用艺术家自己的话说就是“一个赛博格、贱货、祭司、女巫、奴瓦乌比亚国（Nuwaubian）女王”。[11]

[10] 笔者指的是女性——尤其是西方人眼中的少数族裔女性——和东方元素被作为意淫的客体等问题。
[11] 来自展签。作品标题中提到的尼比鲁灾难是 20 世纪的一个末世预言，说的是地球在与星球尼比鲁碰撞时毁灭。“奴瓦乌比亚国度”是 1967 年成立于纽约的黑人宗教组织，吸取了许多黑人主义和古埃及文化中的元素。

图 8 | 展览现场：皮埃尔·于热《百万王国》，2001，摄影：笪梦娜

“虚拟世界”这一板块则糅杂了以上几个主题，集中体现在法国艺术家皮埃尔·于热（Pierre Huyghe）和菲利普·帕雷诺（Phillippe Parreno）于 20 世纪末所构思的项目《百万王国》（Just Shell No Ghost, 1999—2002）。（图 8）两位艺术家从日本动漫公司 Kworks 买下一个名叫 Ann Lee 的亚洲二次元女孩的版权，并在三年内邀请数位艺术家为 Ann Lee 量身打造艺术作品，让 Ann Lee 作为文化符号和商品不断回魂。这件教科书般的案例成功地调侃了虚拟人物身份的界定、艺术品绝对所属权和品牌效应。2002 年，艺术家更以 Ann Lee 的名义建立了一个公司并将 Ann Lee 的版权卖给了此公司，以此“将版权还给标志本身”。然而正如 Chin Chin Yap 的评论指出，“它并没有以任何实质性的方式真正解放 Ann Lee 这一人物，相反地，它加强了帕雷诺和于热对于这个虚构傀儡的控制”。[12]

[12]Chin Chin Yap《逃逸的灵魂》，原文发表在 *Art Asia Pacific* 2012 年 3 月／ 4 月刊。

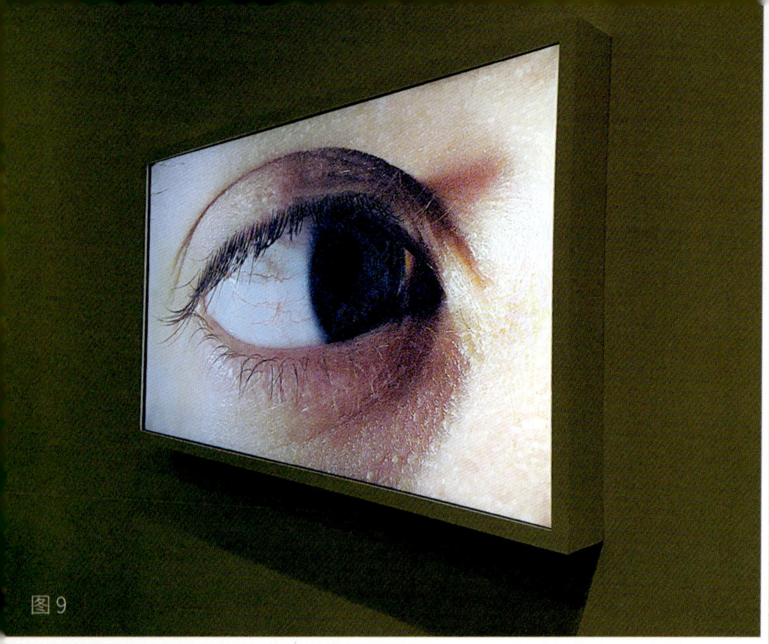

图 9

图 12

图 10

图 11

这些年，互联网与现实不断交织，私人领域在资本与权力要挟下节节退让，从 2013 年的斯诺登泄密到 2017 年底的 360 摄像头事件再到最近的脸书泄密案，假民主真监控的巨大谎言逐渐浮出水面。在“监控国度／局面”的板块中，各国艺术家都展现出极高的敏感度。墨西哥裔加拿大艺术家拉斐尔·洛扎诺 - 亨默（Rafael Lozano-Hemmer）早在 1992 年就预测了高度监控的时代，交互视频装置《表面张力》(Surface Tension) 模拟了“老大哥”的凝视，屏幕上巨大的人眼精准地跟着观者左右移动，简单明了，直击要害。(图 9) 中国艺术家 aaajiao 的装置 《Gfwlist》（2010）在展览现场不间断打印出一张长长的纸条，纸条上密密麻麻印着被防火墙拦下的域名代码。(图 10) 美国艺术家、地理学家特雷弗·培格兰（Trevor Paglen）则提出了一个反监控的方案，他设计了一款《自治立方》(Autonomy Cube, 2014），发出可以让人匿名上网的 wifi 信号，意在还给美术馆、学校等公共机构一个自由的网络空间。可惜事与愿违，美术馆反而在网上同步直播了该展厅的监控录像，不知培格兰会做何感想。(图 11)

诚然，互联网时代或许会给人带来世界同步的错觉，但正相反，原先的“互联网之梦”被几大机构垄断，网络中立性逐渐消失，接收信息的速度乃至可能性转由资本和权力决定。即使是极快的传播速度也会放大原先微乎其微的时间差：由于硬件、软件和不可抗力等因素，一秒前与一秒后的信息可能天差地别。这都让档案工作变得尤为重要。所以，在互联网时代，用线性时间来度量一件作品、一个事实、一段历史，都是肤浅无知的。展览成功之处在于试图打散线性历史，颠覆了这几年盛行的“后网络”理论，以主题为线索，证明了艺术家对这些课题的长久探索。

但不可避免地，这些展览主题缺乏新鲜感，也限定了讨论边界，除了西方中心主义，还有忽略了互联网作为实体的部分——培格兰拍摄的海峡电缆是展览中唯一触及到了这一课题的作品。(图 12) 互联网并非只是虚拟的狂欢，而是由实实在在的电缆、信号发射器、传输线等硬件组成，这些硬件的缺乏和高昂的价格才是导致地球上 40 多亿人无法上网的主要原因。对网络普及较慢甚至没有到达的地区而言，它们的文化、经济、政治、历史与其他地区大相径庭（然而这并不一定是坏事）。二进制的宇宙中，人类并非活在同一平面，而是活在不同的、甚至比三维世界更多更繁杂的维度之间。

回到文初的问题：互联网如何影响了当代艺术？互联网对人类文明的意义是什么？ 从最初的地球村构想到如今互联网乌托邦的分崩离析，互联网一边汇集着所谓尖端思想与科技，一边拉大时间、地理上的差距，带着人类文明（包括艺术）在汇集与发散中上下求索。与其他所谓改变人类历史的能量一样，互联网在混沌中爆炸， 在空虚中重生，不断往复。

图 9 | 拉斐尔·洛扎诺 - 亨默，《表面张力》，1992，摄影：笪梦娜
图 10 | aaajiao，"Gfwlist"，2010，摄影：笪梦娜
图 11 | 展览网站截图（aiai.icaboston.org, states of surveillance）
图 12 | 特雷弗·培格兰，《美国国家安全局掌控下的海底电缆，北太平洋》（NSA-Tapped Undersea Cables, North Pacific Ocean），2016，摄影：笪梦娜

展览信息：
Art in the Age of the Internet, 1989 to Today
互联网时代的艺术——1989 至今
2018 年 2 月 7 日——2018 年 5 月 20 日
波士顿当代艺术馆

凝之东隅
——日本京都东寺宝物馆春秋两季特别展
TO-JI HOUMOTSUKAN MUSEUM: 2018 SPECIAL EXHIBITION IN SPRING AND AUTUMN

温睿

日本迁都平安京之后，东寺与西寺便承担了“国寺”之责，一左一右簇拥着罗城门，目送朱雀大路径直向北奔去。斗转星移，烈焰与荒草吞噬了西寺，时光的洪流也卷走了城门，只剩下东寺，看尽阴晴圆缺，历经兴衰荣辱，成了日本现存唯一的平安京遗迹。不过，这座孤傲的“教王护国寺”，遗世独立于京都市区南部边缘的九条町，却并未与世隔绝、孤芳自赏——每年春分、秋分之际，伴着樱雨枫云，在东寺宝物馆各有一场分为前后期、每期历时两个月的特展，如内心剖白，娓娓道出东寺春秋。

东寺宝物馆只在每年两次特展期间开放，特展主题往往是与东寺及真言宗密切相关的人、物和寺内时事等。最近的一次，即 2017 年度秋季特展，便借着为期两年的观智院客殿屋顶修葺工程完结之机，将观智院内收藏的千年寺宝一同对外展出。笔者就是在那时与这个特展结缘的。（图 1）

穿梭在金堂、讲堂、五重塔底层之间，一番聊胜于无的走马观花之后，我不禁好奇：东寺是做什么的？“密教”和“真言宗”又是什么意思？东寺与密教之间又有何渊源，以至于两者经常捆绑成对出现？

那座位于寺内西北角的两层小楼——宝物馆，或许藏着答案。比起境内气势恢宏、引人瞩目的佛像和庙宇，东寺宝物馆朴素的外表确实略逊一筹。不过，“麻雀虽小，五脏俱全”，宝物馆特展的“容量”可不容小觑：虽然只有一层展示室、二层展示室和二层正厅这三处陈列，雕塑（佛像）、佛画、文书、器物（法具）却应有尽有。展品琳琅满目，令人眼花缭乱，看似一盘散沙，内在脉络却条分缕析，言简意赅地表达着展览的核心概念“东寺”和“真言宗”。

图 1 | 观智院客殿内部及栋札

图 2 | 从左至右：业用虚空藏（迦楼罗座）、莲华虚空藏（孔雀座）、法界虚空藏（马座）、宝光虚空藏（象座）、金刚虚空藏（狮子座）

甫一进门，原本只能仰望的东寺建筑整体，以局部的方式、写实的比例，在眼前放大：东寺东筑地塀的截面模型接近 3 米高，通向观智院的北总门门板木制复原模型高达 3.6 米，一同倚在墙边；逼真的模型最大化地还原了踩在脚底、关在门外的触感，即使只凭肉眼，也能感受到实物深浅凹凸的触感。四枚分别来自观智院客殿、厨房（日语“库里”，一说僧人居室）、书院和金刚藏的上梁记牌（日语“棟札”），树立年代自桃山时代至江户时代不等，黑色墨迹与年轮木纹同样清晰；举行上梁仪式时，它被安放在建筑内部的高处，记载着工事名称、上梁时间以及与建筑相关的人名等内容，从低处很难看清，如今近在眼前，可以轻易读出上面的文字。最有意思的是，东寺南大门垂脊（日语“降棟”）上作装饰用的两块大嘴突鼻的兽头瓦（日语“鬼瓦”），明明是悬在上空的建筑饰物，布展时却被置于地面，观众反而要特意蹲下身去，从下往上看，才能看到那对圆睁的双目。也许是主办方希望通过这个非常规的动作，让观众不至于错过兽面最有特色的部分。当然，兽头瓦的占地面积和重量也是这种摆放方式的原因之一。

与东寺相关的人物画像、手迹，将作者或作品主人翁当时的心境及密教真言宗在东寺的发展历程逐一还原。如展出的绢本着色画像就包括后宇多法皇和观智院第一世杲宝、第十二世杲快、第十三世贤贺等人，纸本墨书手迹则包含《后宇多法皇东寺兴隆条条事书并添状案》、《东宝记》第一及第六、《杲宝自笔书状》、《贤贺自笔让状》、《东寺事书》、《观智院客殿库里绘图并复愿上书》、《德川家康黑印状》等。

镰仓时代，后宇多法皇计划建立东寺寺僧住房，至南北朝延文年间的 1359 年，学僧杲宝创立观智院，这便是观智院的缘起。杲宝的徒弟贤宝则将五大虚空藏菩萨坐像安置于本堂，奠定了观智院的基础。（图 2—3）东寺寺志《东宝记》，就出自这对师徒。观智院的别名“劝学院”（按：相当于现代大学的研究室），则来自江户时代德川家康颁布的黑印状。这些画作文书原属不同的历时层面，在展览中进入了共时层面，环环相扣，深意互见。

倾注大量心血收集和修复与密教真言宗相关的雕塑、佛画、文书和用具的人，以杲快、贤贺师徒为首。这些寺宝也是特展的重心。佛、菩萨、明王、天、尊者等身份，坐、立、半跏等姿势，背光、台座等布置，排列组合成复杂精致的系统，淋漓尽致地体现了密教之“密”——神秘。如展出的一尊木造漆箔的释迦如来立像，外表与其他佛像并无二致，可是研究人员通过 X 光检视发现，其腹中藏有毛发团，据说用来表示内脏。而钴杵、绢索、橛、梵钟、打鸣、香炉等法器，则代表了另一种密教之“密”——隐秘。法器多数原为古印度武器，在密教中用来“破除烦恼”。青铜材质的九头龙九钴杵，中间

图3| 五大虚空藏像

图 4 | 爱染明王坐像

图 5 | 观智寺茶室本席枫泉观内部

呈菱形、四面佛头环绕，以一杵为中心，其余八条象征龙头。破除烦恼的途径，是一场充满仪式感的法事；佛、菩萨、明王等又通过变幻莫测的手势，来教导世人如何破除烦恼；展品《苏悉地仪轨契印图》以工笔白描和简要的汉字注释，直陈个中玄机，不仅能打消观众的疑问，还能满足观众的好奇心。这些体现了密教真言宗神秘、隐秘特质的东寺文物，倒很符合“此中有真意，欲辩已忘言”的意味。

有了观览上述文物的基础，二层正厅的陈设内涵便显而易见：一座典型的密教真言宗道场——高约 6 米的千手观音立像是东寺宝物馆特展的常客，位于展厅正中，前方是密教佛坛。千手观音立像后方两侧分别是宽达 4 米的复制版元禄本金刚界、胎藏界曼荼罗图，象征着密教的世界观。展厅的左右两侧，分别悬挂着幅面稍小的两界曼荼罗图，以及弘法大师的两幅画像。正是这两幅镰仓时代绢本着色的两界曼荼罗图，使东寺得名“曼荼罗之寺”。

弘法大师空海从唐朝将真言宗带回东瀛，是日本真言宗的开山祖师。他的两幅画像，一幅是传统坐姿的“得度式”，与“剃发大师”之名相应，另一幅同样左手持佛珠、右手持五钴杵，表情庄重，坐于无背床几上，右见梵名、左有汉号，身着奇装，白色内服从袖口可见。

佛坛两旁还有地藏菩萨半跏像、爱染明王坐像、如来坐像和地藏菩萨立像等。半跏的地藏菩萨身着偏衫和裳，偏袒着右肩，右手执锡杖，左手原执宝珠，现已佚；爱染明王是经典的红身忿怒相，第一层双手分别执五钴杵和金刚铃，第二层双手分别执弓箭，第三层双手一手持结印、一手执莲花——虽然持物多已佚失，但雕像保存状态良好。（图 4）平安时代的木造地藏菩萨立像，则来自原先的西寺。可以说，密教真言宗的精髓，在此济济一堂。

一场展览，能够充分回答“是什么”“为什么”“怎么样”的问题，已经难能可贵；能够以小见大、见微知著，从各个侧面出发，而核心概念归一，更是难上加难。身在密教真言宗总本山，东寺宝物馆特展没有令人失望。虽然一年只有两次，但它们既是完整的、连续的，又能单独抽离出来。金堂是东寺的尊严，讲堂是东寺的根本，五重塔是东寺的象征，东寺的“外表”直观且宏观；宝物馆的特展，则是侧面的、片段式的，与前者相得益彰，从客观的、微观的角度，加深观众对东寺和密教真言宗的理解。

“不立文字，以心传心”，东寺宝物馆特展彰显着东寺的精神。趁红枫盛时，去看夜晚亮灯的东寺五重塔，不妨也留出白天的时间，细细参观东寺的庙宇和特展，抚其眉眼，触其灵魂。（图 5—6）

图 6 | 楼阁山水图（茶室本席），狩野氏信笔

2018 新当代艺术博物馆三年展
2018 NEW MUSEUM TRIENNIAL

郑灵云

图 1 | 三年展官网图片

纽约是博物馆和艺术爱好者的天堂。琳琅满目的博物馆、画廊和数不尽的展览让人能每时每刻都能享受到艺术的饕餮盛宴。比起簇拥在纽约上城区的传统景点，例如大都会、古根海姆和现代艺术博物馆，纽约下城区日渐成为艺术爱好者们的打卡圣地，从切尔西琳琅满目的画廊，哈德逊河畔的惠特尼美国艺术博物馆，再到毗邻 SOHO、东村的新当代艺术博物馆。（图 1—2）作为一个致力于展现当代艺术的机构，新当代艺术博物馆在 2018 年走过了其第 41 个年头。1967 年，由前惠特尼美国艺术博物馆的独立策展人玛西亚·塔克提出构思，经过多年的搬迁整改，直到 2007 年，才以其标新立异的独特建筑形象，亮相于纽约下城区。

每两年或三年举办一次双年展或三年展，是当代艺术特有的一种展示活动。每次展览都会邀请各国参展，展示在世界范围

图 2 | 新当代艺术博物馆外景
图 3 | 三年展官网图片

内最为活跃或最有发展潜力的艺术家的作品，其重要性相当于当代艺术界的奥林匹克。威尼斯双年展可谓是其中历史最悠久的、影响力最大的一个，其他具有代表性的还包括巴西圣保罗双年展、美国惠特尼双年展、悉尼双年展等。从 1996 年创始的上海双年展，也逐渐成为亚洲最重要的双年展之一。

今年在新当代艺术博物馆举办的三年展则是其创立至今的第四届三年展（图 3），总共有来自 19 个国家的 30 多个艺术家参展，而且大部分艺术家都是第一次在美国展出他们的作品。与前几届相比，此次三年展虽然从规模和参展艺术家的数量来看略显缩小，就内容来看，却是“小而紧凑” 的一届。此次展览取名为“ 破坏之歌”，旨在探讨个人和集体怎样将艺术、文化与我们所生活的环境紧密地连接起来。它所涉及的话题也从严肃的历史政治问题，到对当下社会中的各种现象的批判讽刺。当代艺术的一大特点便是其多种多样的表现形式，艺术品再也不是单一的绘画、雕塑。纵观参展作品，大量作品都采用了新媒体的表现形式，例如影像、声音等。（图 4）

图4 | 展览现场

图 5 | 哈如·冈 - 萨莉（Haroon Gunn-Salie）的《森泽尼纳》（Senzenina）

此次三年展占据了整个博物馆的五层楼面，每一层都经过精心布展，给参观者一次绝妙的体验。其中最让人记忆深刻的一件艺术品便是来自南非的年轻艺术家哈如·冈 - 萨莉（Haroon Gunn-Salie）的《森泽尼纳》（Senzenina）。（图 5）1989 年生的冈 - 萨莉在大学期间积极参与社会活动，关注基层群众的各种问题，甚至考虑选择法律作为自己的未来的事业。然而在 2008 年，他选择将自己的这种兴趣通过另一种形式呈现出来——艺术。他大量创造了以社会问题为主题的装置艺术，此次在三年展展出的便是一件由 17 座雕塑构成的作品。一眼看到这 17 座黑色的、无头的、半蹲着的、犹如幽灵般的雕像，不得不说，十分震撼。每一座雕塑都朝向不一，有着细微不同。这件作品源于 2012 年一场在南非玛丽卡纳的屠杀，34 名矿工在示威游行期间与警察发生暴力冲突，最终在枪战中丧生。此次事件是南非种族隔离结束以来最严重的暴力事件，而冈 - 萨莉的这件作品记录下了这血腥的一瞬间，以此来表达对无辜逝者的哀悼，以及对暴力一方的谴责。

图 6 | 简尼瓦·埃利斯（Janiva Ellis）的《令人震惊的事件》(Thrill Issue)

种族问题即便在 21 世纪的今天也是个绕不开的社会问题。简尼瓦·埃利斯（Janiva Ellis），作为一个黑人女性艺术家，她通过自己的绘画表达了对自己身份的探讨。乍看她的作品，便会被其明亮的色彩和卡通般的人物形象所吸引。几乎在她所有作品中都会出现黑人女性形象，有着夸张的面部表情，与色彩鲜艳的背景形成强烈反差。埃利斯不仅希望通过自己的作品引起其他黑人女性的共鸣，更希望引起全社会对种族问题的关注。（图 6）

图 7

图 8

图 9

另一位黑人艺术家威尔默·威尔逊四世（Wilmer Wilson IV）也同样希望通过自己的艺术作品探讨黑人问题，而他自己本身常常出现在其作品中。此次展出的作品，乍看以为是一幅画，能模糊地看出艺术家本人的轮廓，细看才能看出其中的玄妙之处。艺术家在长方形木板上使用了成千上万的订书钉，密密麻麻地布满整个木板，拼凑出一幅画。（图 7）

即便当代艺术以其丰富多彩的表现形式和抨击时代现状为主要特点，当代艺术家依旧可以通过传统艺术表现形式表达个人丰富的情感。例如来自墨西哥的曼努埃尔·索拉诺（Manuel Solano），作为一个盲人艺术家，他通过自己丰富的绘画作品告诉世界，视力上的缺陷并不会影响他的艺术创作，相反他将自身的不幸以艺术的方式宣泄了出去。其绘画大部分的主题都是表达自身的情感。这幅名叫《我不懂爱》（I don't know love）的绘画是索拉诺在 2017 年完全失去视力之后所创作的一副自画像，他以自己多年前在万圣节拍的一张照片为模板，通过朋友对照片细节的描绘进行创作。背景中的夕阳天空，颜色明亮的微妙变化，难以想象是出自一位盲人艺术家之手。（图 8）

说到以多媒体为表现形式的艺术品，就不得不提来自中国香港的插画师与动画师黄炳（Wong Ping）的数码动画作品《寓言》。这一动画短片描绘了在香港这一多元化城市日常生活中的一些荒诞又超现实的幻想。动画里共有三个拟人化的主角：一头大象、一只鸡和一棵树，伴随着粤语旁白叙述着种种荒诞的情节，例如一棵树在公交车上看见了一只蟑螂从一头大象的手提包中爬出来，又比如一只时刻关注自己社交媒体关注者的鸡。通过种种隐喻，艺术家讽刺了父权制、社交媒体等一系列道德、社会问题，时不时冒出来的带有哲学意义的金句，让人忍俊不禁的同时，又发人深省。（图 9）

从绘画雕塑到动画短片，从历史事件到个人情感，只有当代艺术才能涵盖如此广的内容和表现形式。而新当代艺术博物馆在其第 41 年之际，以此次三年展再一次成功地吸引了当代艺术界的目光。

图 7 | 威尔默·威尔逊四世（Wilmer Wilson IV）的作品
图 8 | 曼努埃尔·索拉诺（Manuel Solano）的《我不懂爱》（I don't know love）
图 9 | 黄炳的《寓言》

典藏
COLLECTION

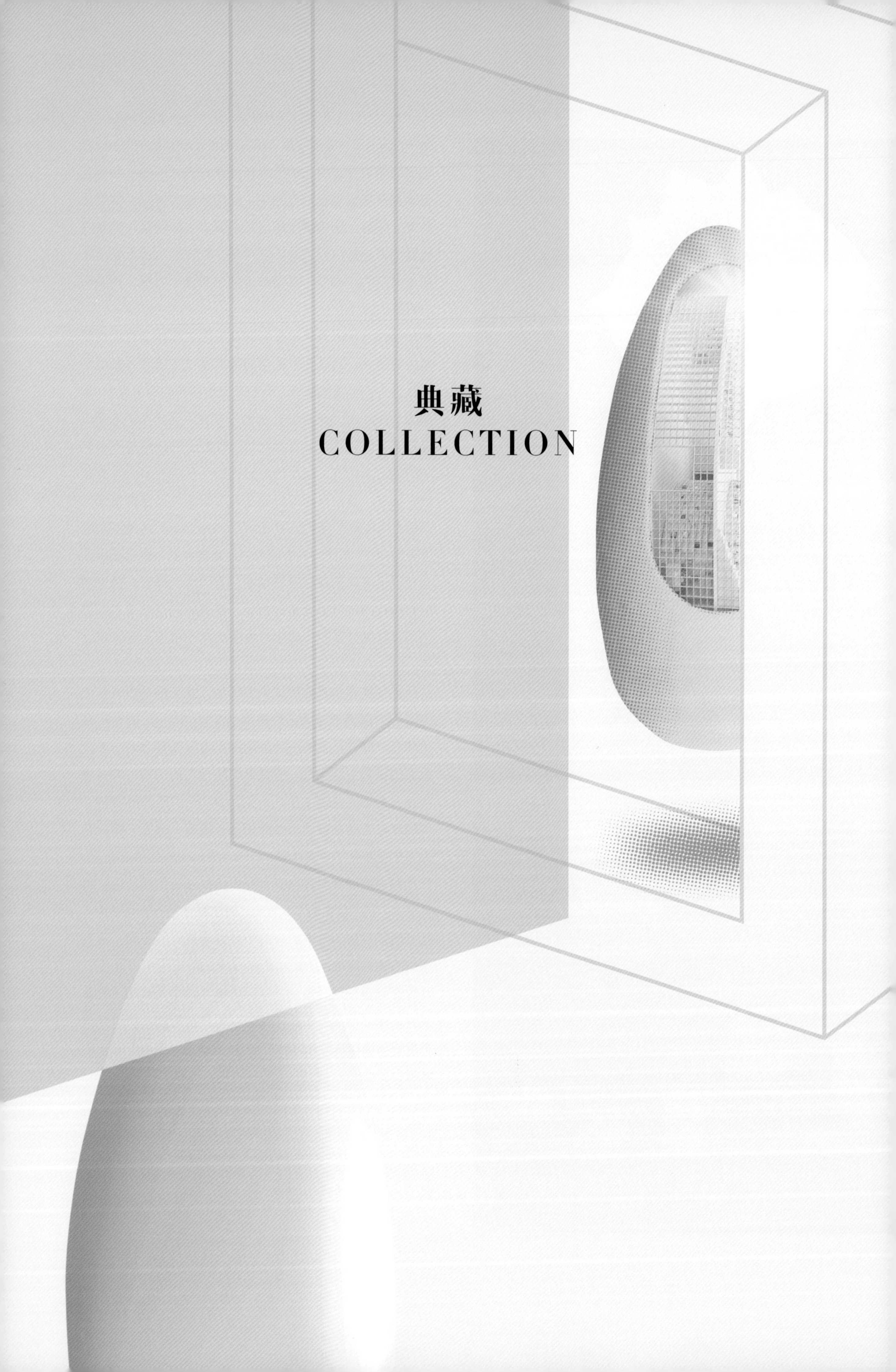

以《扇贝壳》为例谈纽约大都会艺术博物馆的里奥纳德·劳得立体主义收藏

CUBISM: LEONARD A. LAUDER COLLECTION AT THE METROPOLITAN MUSEUM OF ART

潘雨希　纽约撰稿人

图 1 | 毕加索，《扇贝壳》，1912 年
Pablo Picasso, The Scallop Shell: "Notre Avenir est dans l'Air", Paris, spring 1912 © The Metropolitan Museum of Art. Image source: Art Resource, NY

在毕加索（Pablo Picasso）1912 年春天创作的油画《扇贝壳：“我们的未来在空中”》（The Scallop Shell: "Notre Avenir est dans l'Air"）椭圆形画布的最右方，不完整的几个单词“Notr[e] Ave[nir] est dan[s] l'A[ir]”（我们的未来在空中）似乎浮现在法兰西的蓝白红三色国旗之上。（图 1）根据学者的考证，毕加索在这里用工业颜料描绘的并不是“国旗”，而是米其林轮胎公司 1912 年 2 月 1 日出版的宣传册封面。1911 年 11 月 4 日，德法和议的签署结束了两国关于北非和中非的殖民地争议，但民族主义由此兴起——米其林宣扬军用飞机的这一宣传册甚至达到了百万销量。[1] 宣传册封面在毕加索作品中的出现多少体现了好战情绪在当时的流行，除了历史信息的传递，它也预示了立体主义在艺术史上的重要转折。1912 年下半年，乔治·布拉克 (Georges Braque) 和毕加索先后将木纹纸和报纸引入作品，创作出更加平面化的拼贴，由此开始了立体主义由分析 (Analytical Cubism) 向综合 (Synthetic Cubism) 的过渡。尽管《扇贝壳》并非是一件拼贴作品，但宣传册元素的引入及与贝壳、烟斗在“桌面”上的交叉与覆盖暗示着艺术家转变的倾向，由标语引发的关于莱特兄弟发明飞机的联想，也寓意着毕加索和布拉克两人在艺术上进一步的合作。

《扇贝壳》来自纽约大都会艺术博物馆的里奥纳德·劳得 (Leonard A. Lauder) 立体主义收藏。2013 年，雅诗兰黛集团的名誉主席里奥纳德·劳得宣布，要在去世后将自己收藏的立体主义艺术作品 (Cubist Art) 无条件捐赠给纽约大都会艺术博物馆。这批作品当时总共 78 件，分属四位重要的立体主义艺术家——其中的 33 件来自毕加索，17 件来自布拉克，其余 14 件分别来自胡安·格里斯 (Juan Gris) 和费尔南德·莱热 (Fernand Léger)。学者普遍认为，它们是不逊色于纽

[1] 引自纽约大都会艺术博物馆出版的《立体主义：里奥纳德·劳得收藏》（*Cubism: The Leonard A. Lauder Collection*）一书中第 180 页肯尼斯·E. 希尔弗（Kenneth E. Silver）所著《毕加索与爱国主义》（"Picasso and Patriotism"）一文。

图 2 | 乔治·布拉克《埃斯塔克的树》，1908 年
Georges Braque, Trees at L'Estaque, summer 1908, Promised Gift from the Leonard A. Lauder Cubist Collection © The Metropolitan Museum of Art. Image source: Art Resource, NY
图 3 | 乔治·布拉克《水果盘与玻璃杯》，1912 年
Georges Braque, Fruit Dish and Glass, Sorgues, autumn 1912, Leonard A. Lauder Cubist Collection, Gift of Leonard A. Lauder ©The Metropolitan Museum of Art. Image source: Art Resource, NY

约现代艺术博物馆 (Museum of Modern Art)、圣彼得堡东宫（State Hermitage Museum）和巴黎蓬皮杜艺术中心 (Center Pompidou) 等重要立体主义收藏的一批艺术作品。收藏中的许多作品，无论是布拉克 1908 年受到塞尚影响而创作的最早的立体主义油画——《埃斯塔克的树》(Trees at L'Estaque)(艺术批评家对风景画中“立方体遍布（full of cubes）”的批评，正是立体主义流派得名的来由)，还是布拉克 1912 年创作的第一幅拼贴——《水果盘和玻璃杯》(Fruit Dish and Glass)(图 2—3)，都在艺术史上占据了极为重要的地位。

与《埃斯塔克的树》和《水果盘和玻璃杯》等作品相比，《扇贝壳》并不是劳得收藏中最为显眼的，但在劳得收藏的形成过程中具有更加重要的意义。20 世纪 80 年代初，劳得从纽约著名画商尤金·斯奥 (Eugene V. Thaw) 的手中购得了之前由芝加哥收藏家玛丽和李·布洛克 (Mary and Leigh Block) 收藏的这件毕加索作品。“当时我并不能完全理解这件作品，”劳得曾说，“我只知道这是一件不错的作品。”但是，几年后，劳得偶尔间参加的一次艺术史讲座令他对作品及其所代表的立体主义艺术的认识完全改变了。讲座中，纽约大学艺术史教授，也是后来的纽约现代艺术博物馆绘画和雕塑主策展人柯克·瓦恩多 (Kirk Varnedoe) 以《扇贝壳》为例阐释立体主义由分析向综合的转变，而坐在讲台下的劳得则度过了他“收藏人生中最珍贵的一两个小时”。他回忆道：“我获得了一种顿悟：无数的意义、思想和历史正掩埋在每幅立体主义画作当中。令人愉悦的不仅仅是欣赏作品，而是研究作品，找到它们的前后联系。”尽管《扇贝壳》不是劳得收藏的第一幅立体主义作品，他的第一幅立体主义收藏是莱热 1920 年创作的水彩作品——《“飞行员”习稿》(Study for "The Aviator")，在该作品中莱热已经显露出了向纯粹主义 (Purism) 转变的倾向，但它代表了劳得收藏的真正开端。(图 4) “对《扇贝壳》和《纸牌、玻璃杯和朗姆酒瓶：“法国万岁”》（Playing Cards, Glasses, Bottle of Rum: "Vive la France", 该作品同样通过斯奥购自布洛克收藏）的收藏是我立体主义收藏中的一个转折点。我不再是简单地聚集作品，而是以鉴赏家的眼光，通过学习，创造出一个既能使我愉悦又能为后世留下东西的收藏。” 劳得说。[2](图 5)

《扇贝壳》为劳得收藏定下了独特的开端和基调：劳得的收藏不单看重艺术品本身所蕴含的艺术史价值，亦重视艺术品在过去将近一个世纪的流转与收藏过程。1912 年，《扇贝壳》以第 795 号的编号进入坐落于巴黎维尼翁路 28 号的坎魏勒画廊 (Galerie Kahnweiler) 仓库。当时，于五年前创立了坎魏勒画廊的德国犹太人丹尼尔 - 亨利·坎魏勒 (Daniel-Henry Kahnweiler) 仅 28 岁，但已经逐渐成为新兴的立体主义流派在一战前的巴黎的唯一推手。在 1908 年为布拉克举办了首个重要个展后，他先后与布拉克（1912 年 11 月）、毕加索（1912 年 12 月）、格里斯（1913 年 2 月）、莱热（1913 年 10 月）签订了独家代理合同，以提前支付艺术家生活费用为前提获得了优先挑选作品的权力。这使坎魏勒在仅仅七年间就积累了大量的立体主义作品，但事与愿违，这一做法并没有给他本人亦或是艺术家带来未来的高收益。1914 年一战的爆发令身为德国人的坎魏勒无法重返巴黎，其画廊内的全部艺术品随后被法国政府没收并拍卖。在 1921—1922 年间的四场拍卖会中，大约 3000 件来自坎魏勒画廊的艺术品被拍卖，其中有包括《扇贝壳》在内的 1219 件立体主义作品。这样的大量倾销对立体主义艺术的市场造成了重创，但也使藏家有机会建立其庞大的私人收藏。比如，仅仅十年间，德国纺织大亨格特里布·弗里德里希·雷柏 (Gottlieb Friedrich Reber) 就聚集起囊括立体主义发展各个阶段和形式的 189 件作品（格里斯 89 件、毕加索 73 件、布拉克 16 件和莱热 11 件），而《扇贝壳》也在这一时期进入瑞士藏家约瑟夫·穆勒 (Josef Muller) 之手。不过，在进入劳得收藏之前的半个世纪，这些藏品中的许多几经周转。《扇贝壳》就曾经纽约西尔贝曼画廊 (E. and A. Silberman Galleries) 和苏富比拍卖进入布洛克收藏，而雷柏的大量收藏则在 20 世纪 30 年代初的经济大萧条中被艺术史家、收藏家道格拉斯·库珀 (Douglas Cooper) 收购。作为 20 世纪最重要的立体主义学者和收藏家，库珀受到坎魏勒的影响，将立体主义“重要（Essential）”艺术家的范围仍然限制在布拉克、毕加索、莱热和格里斯四位艺术家当中，并着重关注他们创作于 1906—1914 年间的作品。这一收藏观深深影响了劳得，使他在“蜻蜓点水似的收藏每个艺术家的作品”和“深入地收藏‘重要’艺术家最好的作品”间选择了后者。

当被问到如何定义“最好的”作品的时候，劳得答道：“看到其他一些很好的立体主义收藏，像雷柏的、库珀的收藏被一个接一个地打散，我感觉到，因为我有足够的经济能力让我的收藏一直放在一起，因此我想试试建立一个值得挂在博物馆墙上的收藏。对我来说，达到博物馆质量就是最好的，我总是会问自己：‘这件作品是否好到可以挂在博物馆墙上，并且永久悬挂？’ 我想要那种愉悦感，或者说，那种荣誉……‘最好’也意味着一个收藏是一个完整的整体，具有足够的深度来证明立体主义是 20 世纪艺术的守门人。”[3] 2014 年，劳得的愿望终于实现了。包括《扇贝壳》在内的 81 件包括油画、素描、雕塑、拼贴在内的立体主义收藏（劳得收藏仍在持续增加中）在大都会博物馆的“立体主义：里奥纳德劳得收藏 (Cubism: The Leonard A. Lauder Collection)”展览中集体亮相。与展览一起上线的还有“劳得现代艺术研究中心 (The Leonard A. Lauder Research Center for Modern Art)”。这个附属于大都会博物馆的研究机构由劳得捐资 2200 万美金建立，不但在展览开幕后组织了一系列研讨会和学术交流，还将劳得收藏的作品和相关资料在网站上逐步向公众公开。尽管作品本身仍然悬挂在劳得纽约的家中 (2017 年早些时候劳得确认了捐赠意向，但据《纽约时报》报道，一个非正式的捐赠前提是大都会需要在 2025 年之前建成能够展示这批作品的展馆），但《扇贝壳》的数字化图片，将永久出现在大都会馆藏的毕加索作品之列，与它们一起讲述从分析到综合立体主义的历史。

[2] 引自纽约大都会艺术博物馆出版的《立体主义：里奥纳德·劳得收藏》一书中第 8—9 页《收藏家的故事：伦纳德A. 劳德与艾米丽·布让的对话》（"A Collector's Story: Leonard A. Lauder and Emily Braun in Conversation"）一文。
[3] 引自纽约大都会艺术博物馆出版的《立体主义：里奥纳德·劳得收藏》一书中第 12 页《收藏家的故事：伦纳德·A. 劳德与艾米丽·布让的对话》一文。

图 4 | 费尔南德·莱热《“飞行员”习稿》，1920 年
Fernand Léger, Study for "The Aviator", 1920, Leonard A. Lauder Cubist Collection, Gift of Leonard A. Lauder ©The Metropolitan Museum of Art. Image source: Art Resource, NY
图 5 | 毕加索《纸牌、玻璃杯和朗姆酒瓶：“法国万岁”》，1914 年
Pablo Picasso, Playing Cards, Glasses, Bottle of Rum: "Vive la France", Avignon, Summer 1914 / Partially reworked, Paris, 1915. Leonard A. Lauder Cubist Collection, Gift of Leonard A. Lauder © The Metropolitan Museum of Art. Image source: Art Resource, NY

王圣雨 牛津大学考古与艺术博士

牛津大学音乐系贝特乐器收藏

THE COLLECTION OF BEIT INSTRUMENTS IN THE DEPARTMENT OF MUSIC, UNIVERSITY OF OXFORD

图 1 | 牛津大学音乐系贝特收藏入口

英国是文艺复兴以后欧洲私人收藏风潮最兴盛的国家之一，17 世纪世界上第一批公共博物馆的建立也始于英国。[1] 在牛津的热闹的《哈利·波特》拍摄地基督堂学院（Christ Church College）边，有一座不大的院子，低矮的围墙，20 世纪初的老式英国建筑，简单低调。这个游客们即使路过也未必会注意到的地方，却有着全英国乃至全世界最丰富的乐器收藏之一——牛津大学音乐系贝特收藏（Bate Collection）。（图 1）

菲利普·贝特（Philip Bate，1909—1999）出生于英国格拉斯哥，音乐学家，也兼职在 BBC 做一些音乐广播节目。从学生时代起，他就对音乐和乐器收藏有着极其浓厚的兴趣。1946 年，他和朋友们创立了专门研究乐器历史与演奏的加尔潘社团（Galpin Society）。此后，贝特结识了很多慷慨的私人藏家，当然也遇见过吝于分享和展示的人，这些经历让他逐渐意识到“物尽其用”的重要性。1968 年，年近花甲的贝特决定把自己多年的乐器收藏悉数捐赠给牛津大学，并嘱托校方务必建成一个“尽可能最大限度为研究者所用的用于教育的收藏”。[2] 几年后，或许是为了表彰贝特的贡献，牛津大学还授予了他文科荣誉硕士的学位。（图 2）

贝特收藏共计有 15000 多件藏品，完整呈现了从文艺复兴到现当代的乐器发展史，也是全英国收藏欧洲木管、铜管和打击乐器最完整的博物馆。馆内常年展出的有 2000 多件展品——在这栋小小的两层楼建筑里，可以看到半个多世纪以来不变的密集式陈列。（图 3）此外，贝特还

[1] 位于英国牛津的阿什莫林博物馆（Ashmolean Museum）是世界上最早的公共博物馆，建成于 1683 年。

[2] “…as a teaching collection accessible to researchers on the widest possible scale.” 摘自 1968 年 11 月贝特写给牛津大学的信件。

图 2 | 穿着牛津大学学位服的贝特
图 3 | 1968 年初步建成的贝特乐器收藏
图 4 | 信息中心 + 纪念品商店
图 5 | 部分管乐陈列

收藏有 3000 多本 18 世纪初至今的器乐学、音乐学书籍，以及更早期、更珍贵的文艺复兴手稿的微缩资料（microfilm reels）。

虽然贝特收藏现在每年只能从音乐系得到 3000 英镑的运营费，但展厅从来都是免费开放的；更难得的是，音乐系师生能随时借用年代晚近的乐器和一小部分古老（如文艺复兴时期）乐器。进入展厅后，最先映入眼帘的是一个提供咨询服务和纪念品售卖的“多功能区”，经常会有一位和蔼可亲的长者递给参观者免费的导览器，只要摁下展品编号，导览器就会放出各种乐器的声音，据说都是由音乐系师生和前来访学的音乐家、学者们演奏的。（图 4）

管乐器包括大小号、圆号、短号、长笛、萨克斯风等。仓库式的陈列或许会让一些参观者很快就进入“博物馆疲劳”的状态，（图 5）好在这密密麻麻的管乐堆里不时就有些不同寻常的展品让人眼前一亮，比如蛇号（serpent）。蛇号是大号的“祖先”，16 世纪晚期在法国逐渐流行开来，一般为木制，外面包裹一层黑色牛皮，在教堂里和一些特定的节日上被演奏。馆藏的 13 件蛇号中也有少数英国制造，如这件 1813 年象牙嘴英式军用蛇号。19 世纪下半叶起的一百多年间，随着现代交响乐的蓬勃发展，蛇号逐渐被人们遗忘，直到 20 世纪 70 年代欧洲复兴古乐的浪潮兴起（Early Music Revival），它才重新被想起。虽然欧洲各国的乐器收藏一般都有蛇号，但鲜有贝特收藏这样积极投身到古乐复兴中的展馆，竭尽所能地为古乐器提供被

图 6

图 7

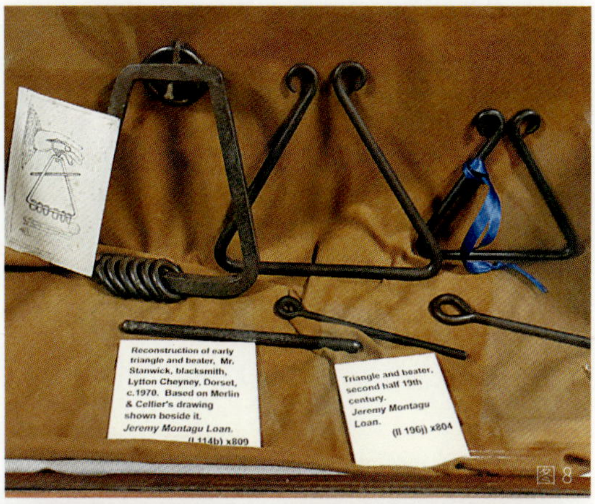

图 8

图 9

图 10

图 11

图 6—7 | 蛇号
图 8—9 | 部分打击乐器别
图 10 | 羽管键琴
图 11 | 漂亮的古钢琴们

研究和再使用的开放平台，甚至通过 3D 打印等新兴技术，让这些曾经濒死的“文物”能再次成为用来演奏的乐器，被感知、了解和喜爱。[3]（图 6—7）

馆内的打击乐器也种类繁多。尽管表面看起来老旧甚至有点破损，但这些来自亚、欧、非等各大洲的鼓、铃、三角铁等在专业人员的细心呵护下仍能演奏出或铿锵或清亮的音色。（图 8—9）

贝特收藏的键盘乐器种类齐全，本身也都是值得细细欣赏的艺术品：羽管键琴（harpsichord）、击弦古钢琴（clavichord）、古钢琴（early piano）和无法分类的“其他”（other keyboard instruments）—— 例如罕见的玻璃键琴（glasschord）。观众可以弹奏其中的一部分，亲手触碰古老的键盘，享受真正浸入式的、多重感官的博物馆体验。（图 10—11）

[3] 贝特收藏与英国伦敦帝国学院（Imperial College London）经过合作研究，在贝特收藏官网为公众免费提供蛇号 3D 打印的下载包，包括所需软件、操作说明等：http://www.bate.ox.ac.uk/。

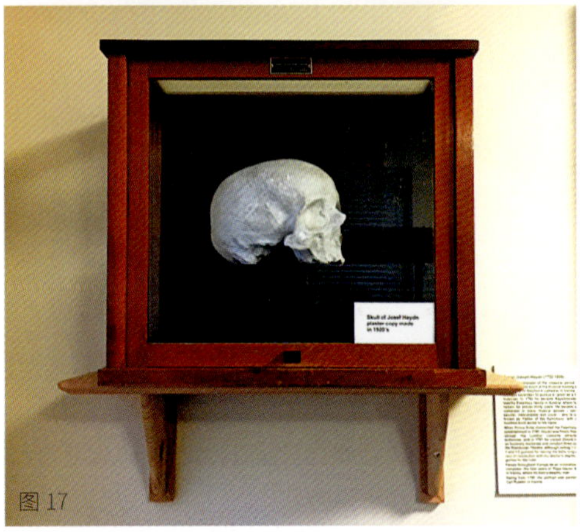

图 12 | 大提琴，1780 年，德国
图 13 | 中提琴，1967 年，英国温布尔顿
图 14 | 小提琴，Robert Thompson，1760 年
图 15 | 小提琴（琴头），Robert Thompson，1760 年
图 16 | 英国德文郡公爵夫人像（Georgian Cavendish，Duchess of Devonshire）
图 17 | 海顿头盖骨石膏复制品，20 世纪 20 年代
图 18 | 英国小哥在演奏一把 18 世纪的大提琴

馆藏的弦乐器虽不及其他乐器有名，但也颇具看点，包括保存状况极佳的大、中提琴，以及琴头雕刻有精美人像的小提琴等。（图 12—15）

贝特收藏中还有很多其他有趣的古代、现代乐器和画像、手稿，二楼的一角还陈列着音乐家的“头盖骨”，可谓集历史、考古、音乐、美术和英式幽默于一处。这里也常有才华横溢的音乐系师生或民间高手出没，在吹拉弹唱间把名贵的“老古董”演绎出经典的气质或当代的风采。这样美好而浪漫的邂逅，哪怕只有短短几分钟，也足以穿透英伦阴郁的天空，给生活带来一抹亮色。（图 16—18）

感谢贝特收藏的馆员 Mr. Graham Stratford 提供的支持和帮助。

建筑和空间

ARCHITECTURE AND SPACE

杜瑞德博物馆建筑范例初探

A PRELIMINARY STUDY ON DURAND'S THEORY OF MUSEUM ARCHITECTURE

彭洁薇

一　引言

多份博物馆建筑史文献将 19 世纪法国建筑理论家杜瑞德（Jean-Nicolas-Louis Durand，或译迪朗、杜兰）在其所著《建筑学课程概要》（Précis of the Lectures on Architecture）中提出的博物馆建筑范例视为 19 世纪博物馆建筑设计的重要代表。[1] 杜瑞德的范例不仅将博物馆建筑设计标准化，并且对后世产生巨大影响。

目前国内建筑学领域可见对杜瑞德理论的专门研究，但并非针对其博物馆设计思想，而博物馆史领域对杜瑞德的介绍还非常有限。杜瑞德是谁？他的博物馆建筑范例是在什么背景下提出的？有什么内涵？该范例在博物馆建筑史上有何地位？对后世有怎样的影响？本文试图利用相关文献对这些问题进行探索。

二　杜瑞德和《建筑学课程概要》

杜瑞德（1760—1834）是法国 19 世纪重要的建筑理论家，他早年曾参与诸多建筑项目的设计工作，后因法国大革命的影响离开实务界，于 1794 年进入刚成立的巴黎综合理工学院（École Polytechnique）讲授建筑课程。[2] 巴黎综合理工学院是第一所“具有制度化的教学计划和现代化的培训方法，以培养工程师和建筑师为目标的职业学院”，杜瑞德在学院任教期间，将课程讲义编纂为《建筑学课程概要》一书。[3] 该书随即成为综合理工学院的建筑学教科书，并一直沿用至 19 世纪中叶。[4]

《建筑学课程概要》分三部分，第一卷于 1802 年出版，主要内容是建筑学基础理论。第二卷于1805年出版，内容是不同类型建筑的设计方法。杜瑞德将建筑分为“城市的基本组成部分”（the principle parts of cities，如街道、城门、陵墓）、“公共建筑”（public buildings，如庙宇、宫殿、医院、图书馆与博物馆等）和“私人建筑”（private buildings，如城市住宅、乡村住宅、旅馆等），他对每种建筑的设计思想都进行了细致阐述并提出设计范例。配合其教材的图集作为第三部分于 1821 年出版。

杜瑞德在综合理工学院工作期间对建筑学的教育模式进行了影响深远的改革。他的思想很大程度上受到启蒙时代理性主义思潮的影响，对过于注重建筑物象征意义的传统建筑理论提出质疑，而强调建筑的实用性、经济性。[5] 他还首创了以方格纸为辅助的建筑设计方法，简化建筑语言，推动建筑设计的标准化。[6]《建筑学课程概要》中的范例全部采用简单的几何形状，并强调对称，使建筑设计更为高效、容易实现。

[1] 例如建筑史经典文献 Nikolaus Pevsner: "Museums", in Nikolaus Pevsner: *A History of Building Types*, London: Thames and Hudson, 1997, 111—138. 以及博物馆学文献 Michaela Giebelhausen: "Museum Architecture: A Brief History", in Michaela Giebelhausen (Ed.): *A Companion to Museum Studies*, Malden, MA: Blackwell Pub, 2006, 223—244. 还有 Helen Searing 著，郭美芳译：《博物馆建筑类型的发展》，《博物馆学季刊》1989 年第 3 期，第 3—13 页。邹瑚莹、王路、祁斌：《博物馆建筑设计》，北京：中国建筑工业出版社，2002 年。

[2] 曲茜：《迪朗及其建筑理论》，《建筑师》2005 年第 8 期，第 41 页。

[3] 曲茜：《迪朗及其建筑理论》，第 48 页。

[4] 曲茜：《迪朗及其建筑理论》，第 51 页。

[5]Jean-Nicolas-Louis Durand: *Précis of the Lectures on Architecture*; with, *Graphic Portion of the Lectures on Architecture* (D. Britt, Trans.). Los Angeles, CA: Getty Research Institute, 2000.

[6] 曲茜：《迪朗及其建筑理论》，第 42、48 页。

三　杜瑞德的博物馆建筑范例及其内涵

如图 1 所示，杜瑞德的范例采用封闭、对称的设计，整体呈田字形，在建筑内部形成四个方形庭院。[7]（图 1）建筑的正中央、也即田字形的中心有一圆形大厅（rotunda），并带有穹顶（dome）。博物馆的四边都设有入口，每个入口前是由 46 根廊柱组成的长门廊。建筑主体由长廊及房间组成，房间上方均有半圆形窗户以保证室内采光。[8] 图例中还标有建筑的内部格局，从 A 至 H 分别为：主入口门廊及前厅、临时展厅、绘画展厅、雕塑展厅、建筑展厅、综合展厅、工作室、次入口。该范例简洁与对称的构造体现着杜瑞德的实用主义思想，此外，博物馆入口的设置也是出于实用考虑。杜瑞德在《建筑学课程概要》第二卷中解释道，之所以设置多个入口，是因为博物馆收藏的物品不只一类，多个入口可以方便观众更快到达想去的房间。[9]

虽然杜瑞德重视实用性，批判具有浓厚象征意味的建筑，但他的博物馆设计依然体现出相当程度的象征性，这从他对博物馆的理解和对建筑元素的运用中都能够发现。杜瑞德认为，博物馆与图书馆相似，都是保存公共珍宝之处，汇集着人类最精华的知识，只不过图书馆只保存图书与文件，而博物馆则要收藏不同类别的物品。因此，博物馆建筑设计的中心思想完全可以借鉴图书馆，其差别仅在于，图书馆只需要一个入口而博物馆需要多个。[10] 可以看出，杜瑞德将博物馆与图书馆都作为知识圣殿看待，他认为两者都是神圣的场所，必须有严格的安保措施，要保持庄严肃穆，他甚至还刻意将其图书馆建筑范例中的阅览室设计在建筑的中间部分，以方便馆员对使用者进行监督，维持秩序。[11] 由此可见，杜瑞德本人将博物馆视为充满象征意义的文化纪念碑，因此他的博物馆设计也不可能完全避免对象征性的体现。

在建筑元素方面，杜瑞德使用了西方建筑常用的柱列与圆形大厅，两者也都蕴含着纪念性表达。柱列源于古希腊神庙。（图 2）神庙最初是为供民众崇拜而设立，因此它的建筑努力营造高贵、权威之感。[12] 神庙的立面自上而下依次是三角形山墙、柱列和阶梯，柱列是其中的重要组成部分。柱列是墙壁的变体，起支撑屋顶的作用，显示厚重与力量，能够表达震撼、纪念性与永恒感，其整齐排列的形式又能表现秩序感。[13] 圆形大厅则来源于古罗马的万神庙（Pantheon），穹顶象征天域，表现该空间的至高无上。[14]（图 3）同样对后世博物馆建筑影响甚巨的梵蒂冈庇奥—克里门提诺博物馆（Museo Pio-Clementino），就用圆形大厅陈列最珍贵的艺术品。[15] 因此，杜瑞德的范例是综合了象征性与实用性的考量，并非只注重建筑的实用功能。

[7] 引自 Jean-Nicolas-Louis Durand: *Précis of the Lectures on Architecture*; with, *Graphic Portion of the Lectures on Architecture* (D. Britt, Trans.), 图版（原图于 1821 年出版）。
[8]Nikolaus Pevsner: "Museums", in Nikolaus Pevsner: *A History of Building Types*, 122.
[9]Nikolaus Pevsner: "Museums", in Nikolaus Pevsner: *A History of Building Types*,160—161.
[10]Jean-Nicolas-Louis Durand: *Précis of the Lectures on Architecture*, 160—161.
[11]Jean-Nicolas-Louis Durand: *Précis of the Lectures on Architecture*, 159—160.
[12]David Watkin 著，傅景川等译：《西方建筑史》，长春：吉林人民出版社，2004 年，第 15 页。
[13] 汉宝德：《纪念性形式》，载汉宝德：《汉宝德谈建筑》，台北：艺术家出版社，2004 年，第 203 页。
[14] 汉宝德：《漫谈博物馆建筑》，《博物馆简讯》2011 年第 56 期，第 6—7 页。
[15]Nikolaus Pevsner: "Museums", in Nikolaus Pevsner: *A History of Building Types*,116—117.

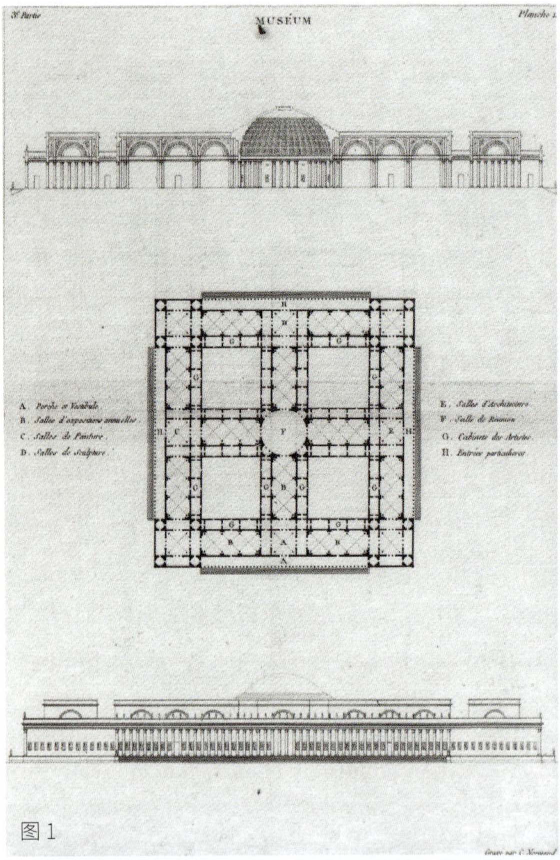

图1

图2

图 1 | 封闭、对称的设计，整体呈田字形，在建筑内部形成四个方形庭院
图 2 | 古希腊神庙
图 3 | 古罗马的万神庙圆形大厅

图 4 | 德国卡塞尔市弗里德利希阿鲁门博物馆

四 杜瑞德范例的地位

杜瑞德的范例兼具象征性与实用性，但即便其本人更加强调建筑的实用性，他的范例仍被后人认为是纪念碑式博物馆建筑的代表。

若要厘清杜瑞德范例在建筑史上的地位，还需简要回顾博物馆建筑的发展史。在公共博物馆出现之前，并没有专门的博物馆建筑，早期的收藏者大多利用已有建筑空间（如庭院、长廊、花园）陈列古物。16 世纪，专为容纳收藏品而构筑的空间出现，但这类空间通常是宫殿或住宅的一部分，也并非独立建筑。18 世纪，伴随启蒙思想的流行，很多曾经的皇室、贵族收藏向公众开放，成为公共博物馆。由于其建筑原型是宫殿或贵族住宅，因此独立的博物馆建筑保留了宫殿、住宅的风格，极力表现高贵、权威、纪念性与永恒感。[16] 这类建筑被统称为纪念碑（monument）式的博物馆建筑。[17] 它们通常是为已经存在的收藏品而建，其收藏和建筑都被视为纪念物，永久保存。德国卡塞尔市（Kassel）的弗里德利希阿鲁门博物馆（Museum Fridericianum）与梵蒂冈庇奥—克里门提诺博物馆都是这类建筑的早期代表。[18]（图 4）

纪念碑式风格主导博物馆建筑的状况直到 1851 年伦敦举办“万国工业博览会”（Great Exhibition）时才发生转变。为了适应临时展示的需要，博览会的场馆水晶宫（The Crystal Palace）采用预制构件组装，以便于拆卸。（图 5）展会结束后，场馆即被拆除，在另一地点重新组装。水晶宫打破了博物馆建筑追求永恒性的传统，显示出适应实际需求的灵活性，被称为工具（instrument）式的博物馆建筑。[19] 此后，1939 年建成的纽约现代艺术博物馆（The Museum of Modern Art）的永久馆舍和 1977 年建成的法国蓬皮杜中心（Centre Georges-Pompidou）也都是工具式博物馆的代表。（图 6—7）在工具式博物馆的时代过后，博物馆建筑形式越发多元，已无法用纪念碑式或工具式等单一模式概括。

由博物馆建筑的发展史可见，杜瑞德的范例的确更加偏向纪念性的表达，其建筑的造型与功能设计都在试图巩固博物馆作为文化纪念碑的角色。相对于后世的工具式博物馆建筑，其纪念性与象征意义颇为显著。

[16]Nikolaus Pevsner: "Museums", in Nikolaus Pevsner: *A History of Building Types*, 111—114. 李三民:《博物馆建筑的钜与细》,《台湾博物》2005 年第 1 期，第 18 页。 Helen Searing 著，郭美芳译：《博物馆建筑类型的发展》，《博物馆学季刊》1989 年第 3 期，第 3 页。
[17] Michaela Giebelhausen: "Museum architecture: a brief history",in Michaela Giebelhausen (Ed.): *A Companion to Museum Studies*, Malden, MA: Blackwell Pub, 2006, 225.
[18]https://commons.wikimedia.org/wiki/File:Museo_Fridericianum_en_Kassel.JPG.
[19]Michaela Giebelhausen: "Museum architecture: a brief history", 231—232.

图 5

图 6

图 7

五 杜瑞德范例的后世影响

随着《建筑学课程概要》被翻译成多种语言，杜瑞德的建筑理论也在欧洲广为传播，其范例对后世的博物馆建筑影响深远。德国建筑师莱奥·冯·克伦泽（Leo von Klenze）与普鲁士建筑师卡尔·弗里德利希·辛克尔（Karl Friedrich Schinkel）便是最常被提到的杜瑞德追随者。

克伦泽设计了位于慕尼黑、始建于 1816 年的古代雕塑展览馆（Glyptothek）。[20]（图 8）该馆布局呈口字形，虽然没有中间的十字形廊道和圆形大厅，整体布局仍体现了杜瑞德范例的模式。[21] 该馆的入口处也是采取古希腊神庙样式，由山墙、柱列、阶梯组成，表现纪念性。

辛克尔的代表作则是建于 1825—1830 年的柏林老博物馆。[22]（图 9）虽然老博物馆的格局完全打破田字形，而采取长方形样式，楼层也增加为两层，但其圆形大厅、内部中庭等建筑元素明显来自杜瑞德。[23] 该馆的入口直接通向位于建筑中央的圆形大厅，大厅高两层，上有穹顶。自老博物馆开始，杜瑞德的圆形大厅变成了最受博物馆建筑欢迎的元素，其范例对后世的影响也一直持续至 20 世纪中叶。[24—25]

六 结语

杜瑞德提出的博物馆建筑范例将纪念碑式的博物馆建筑标准化，并随《建筑学课程概要》广为传播，这使他成为博物馆建筑史上里程碑式的人物。除杜瑞德外，还有许多建筑师对博物馆建筑的发展产生过重要影响，例如曾发表博物馆设计图、同时也是杜瑞德老师的布雷（Étienne-Louis Boullée），曾提出“无限增长的博物馆”（Museum of Unlimited Growth）建筑方案的现代主义建筑大师柯布西耶（Le Corbusier），还有引导博物馆建筑回归传统的路易·康（Louis Isadore Kahn）等。这些人物的建筑思想与建筑范例或可作为后续研究题材。

图 5 | 水晶宫世博会场馆
图 6 | 纽约现代艺术博物馆
图 7 | 蓬皮杜中心
图 8 | 古代雕塑展览馆
图 9 | 柏林老博物馆

[20]https://commons.wikimedia.org/wiki/File:Glyptothek_in_M%C3%BCnchen_in_2013.jpg.
[21]Michaela Giebelhausen: "Museum architecture: a brief history", 226.
[22]https://commons.wikimedia.org/wiki/File:Altes_Museum_(Berlin)_(6339770591).jpg.
[23]Michaela Giebelhausen: "Museum architecture: a brief history", 228—229.
[24]Nikolaus Pevsner: "Museums", in Nikolaus Pevsner: *A History of Building Types*, 127.
[25]Helen Searing 著，郭美芳译：《博物馆建筑类型的发展》，《博物馆学季刊》1989 年第 3 期，第 7 页。

DIE UNSTERBLICHEN
GÖTTER GRIECHENLANDS

图 8

FRIDERICVS GVILELMVS III STVDIO ANTIQVITATIS OMNIGENAE ET ARTIVM LIBERALIVM MVSEVM CONSTITVIT MDCCCXXVIII
Altes Museum
Altes Museum

图 9

教育与传播

EDUCATION AND COMMUNICATION

知识付费时代的博物馆教育

PAID CONTENT AND MUSEUM EDUCATION

袁雁悦

自 2010 年以来，互联网与新媒体的迅猛发展逐渐催生了一种新型的知识经济模式，从慕课 (MOOC) 的兴起到各类层出不穷的开放式付费教学平台，“知识付费”这个名词终于在 2016 年闪亮登场。知识付费时代对博物馆教育会有怎样的影响？博物馆教育与知识付费有怎样的关系？对于博物馆来说，这到底是契机还是危机？笔者尝试从个人的观察与经验出发做一番简要的评论，并提供基于少量实践个案的一些粗浅见解，望能抛砖引玉，引发更多碰撞与讨论。之所以如此立题，因为自觉这一命题折射了博物馆教育根本价值与使命的何去何从。

一 知识付费时代的特点

知识付费本身是一个我们非常熟悉的概念。从社会经济学的角度来说工业化时代兴起的现代学校教育模式，其背后的经济关系就是学生（家庭）缴纳学费从而得到“受教育”/“学习”的机会和教学资源。精英教育模式的根基也是通过经济资本来划分并区别教育资源与质量。

当今的知识经济时代则孕育了知识付费这一概念和对“知识”的新态度。知识付费的两端一般为商业主体与消费者个体，其商业逻辑大致是创造或利用用户群体对某类知识的“渴求”，将知识“打包”成可出售的产品；与此相联系，知识付费所提供的“知识”多是快餐型的内容，并隐含了“金钱”换“时间”的逻辑，希望通过用户认可并信任的“教学权威”将原本需要自己花费时间来学习、研究或是通过较长周期来探索并实践的内容进行“浓缩”。社会媒介趋向视觉化的演变早已开始，麦克卢汉观察到“如果说 17 世纪从一种视觉和造型的文化退入一种抽象的文字文化的话，今天我们就可以说，我们似乎正在从一种抽象的书籍文化进入一种高度感性、造型和画像式的文化”，而这一大转变在数字时代有了更剧烈、快速的发酵效应。技术让图像的创造与保存变得轻而易举，网络空间上打包好的多以音频、视频形式出现的“知识”可以很方便地传达给各地的“学习者”，这比物理空间中的教学有更强的可达性，也比图书等文字形式更直观，所需投入的转化精力更少。

知识付费时代的到来并非落地生花，除了互联网的催化作用与社会发展过程中形成的向成本效益这一量化框架的倾斜，这一现象的出现一定程度上反映了教育体系中“学习者”的意识觉醒。学习者希望能够通过壁垒较低、趣味性更强、更容易亲近的方式来“获取”那些长期以来被视为“高端”“神秘”“晦涩”的专业性较强的知识，而知识经济时代的市场正是发现并商业性地利用了这一需求。

从表面上看，知识付费基于“客户评价体系”的互联网消费模式是保证教学质量的最牢靠的根基，但这也是知识付费的风险所在。尽管“学习者”是评价主体，似乎拥有选择“我该学什么”“我想学什么”的自由，但很有可能会因“形式”的新颖与趣味而忽视了内容本身的质量，或者说有时用户并没有充足的评判能力。同时，商业主体也会因利益驱动而去迎合甚至故意创造某一类知识的“急迫性”与“必需性”，制造焦虑感并培养从众心理。知识付费模式的最大风险是向碎片化、非体系化的知识倾斜，因而经常可以看到类似“X 天内读懂 / 学会……”“XXX 手把手教你……”的标题。

知识付费的一大“卖点”是出售基于社会正统评价体系的优质内容，比如一流高校学者主讲的课程、受到广泛认可的某领域优秀实践者的经验分享。但由于这一商业模式中无可厚非的盈利至上的考量，“教”与“学”的驱动力极有可能发生变化。比如，主讲者为了“夺人眼球”故意隐去重要的教学内容而花费大量篇幅讲述无关紧要的奇闻八卦；又比如因为主业占用了大部分精力与时间，授课教师可能会将“过时”的老课件直接搬到知识付费平台上，或是将平时学校课堂内的教学内容随意删减拼接转化为“收费”内容。

从教育公平的角度来看，在某些中小学教学中存在的“课上故意不讲、课后收费补习”的现象极有可能在知识付费的影响下扩散为“公益教育缩减、收费学习遍地”的恶性循环，从而加剧教育资源的不公。

二 知识付费与博物馆教育

在 2010 年前后中国博物馆开始逐渐从以收藏与保存文物为核心的“内向性”研究机构转变为有意识地构建面向公众的“外向性”公共文化机构。从 2008 年公立博物馆实行免费开放，到近几年民营博物馆数量的猛增及博物馆参观人数的迅速上升，“博物馆热”催生了大众对博物馆的关注与兴趣。知识付费的流行风也自然而然地刮到了博物馆界，最主要的动力之一是公众对博物馆藏品及展览相关“知识”的渴求。

与其他知识付费产品类似，与博物馆相关的知识产品也可按“知识”的性质大致划分为两大类：第一类是基本静态的背景信息及相关学科知识，比如博物馆某件藏品的基本信息（某件青铜器诞生的历史背景、制作工艺、铭文内容、考古发现经过及藏家的传承故事等；梵·高的生平、创作风格，他的油画《向日葵》的创作背景、所用的技法等）。这一类知识一般是经过专业考证与研究而积累起来的，也很适合转化为需要付费的知识内容。而第二类性质的知识，或者说这里用“知识”一词已不合适，暂且用“学习过程”替代，因为这是更具开放性、探索性、引导性的动态的过程，往往因视角不同而会引发出不同的观点，也经常需要结合“思考”与“实践”。这第二类性质的知识，其核心涉及的是思维模式，比如博物馆展览主题中所隐含的命题（在自然科学类博物馆中结合展览引导学习者思考在日常生活中如何为维护地球生态作贡献、在艺术类博物馆中结合艺术作品探讨个人身份认同的问题）。第二类的学习过程中也往往会涉及到第一类的知识。

知识付费的出现会推动博物馆思考如何更好地传达第一类知识。可以观察到在各大主流的知识付费平台，与博物馆相关的内容层出不穷，受众率也很高，尤其是针对儿童与年轻群体的付费内容。这就触及到了博物馆作为公共文化机构应当承担的使命与责任。自 18 世纪欧洲博物馆开始陆续向公众开放，现代博物馆兴起之初所秉承的精神是创造一个更为民主、开放、公平的学习空间。这一精神的具体体现也在博物馆教育理念的更迭发展中有了变化。免费开放、让每个人都拥有参观博物馆的机会只是最基本的底线。正如国际博物馆协会的《职业道德准则》中所明确指出的，博物馆的一项重要责任是“发展其教育职能，从而吸引来自他们所服务的社区与团体的更多观众”。[1] 因而，作为公益机构的博物馆如果不能尽心利用自身的资源提供最基础的教学资源，也就是没有尽到教育职责。

当然，博物馆教育的重要性已在中国博物馆界得到普遍认可，许多博物馆也经常策划并举办“博物馆内”的教育活动。但对于“什么是博物馆教育”“博物馆教育应当怎样去做、做成怎样”则并没有形成公认的、可持续的模式。有些博物馆可能并未真正对教育有独立的思考，并以此为基础展开基于自身馆藏特点与教育理念的教育活动。不论是公立博物馆寻求政绩还是民营博物馆试图以教育活动的形式增加一部分收入，当“教育”被等同于“举办活动”来对待时，就很可能形成“办过活动打过勾”的敷衍态度。将文化活动随意植入到“博物馆”这一物理空间中（比如在博物馆中举行音乐会、读书会、手工活动、文艺表演等），这样的例子数不胜数。在这样的安排中，博物馆并未在教育意义上作出真正的贡献，充其量只是一个活动的承办方甚至场地提供者。结合中国人口众多的特别国情，在博物馆领域也同样可以观察到通过价格来把控人数的行为。对于有能力提供优质学习内容的博物馆（以下主要指公立博物馆）来说，目前采用的措施主要有以下三种：

1. 在相关教育学习活动中实行“先来先得”的报名预约制度；
2. 通过第三方运营机构来实现商业化模式运作，收取一定费用来确保质量与人数（必要时也叠加第一种方案）；
3. 开发并提供受众面更多的教育形式：比如网络课程、学习包等。

而除了这些“供不应求”的优秀博物馆外，更为“冷门”的博物馆则缺乏受众群体。公众对优质的博物馆教育有需求，而博物馆作为公共文化机构难以针对较大体量的人群提供充足、多元的教学资源，博物馆之间的差异又造成了地域之间的不平衡，这就为知识付费提供了“商机”。但从另一个角度来看，知识付费的特点会进一步帮助消解博物馆的专业壁垒，博物馆会自觉地或是“被迫”去调整“居高临下”强调自身学术性而疏远公众的姿态。

回到博物馆教育的内容与质量，则与知识付费时代到不到来并无太大关系。这也正是博物馆应当与“唯利是图”的知识付费平台有所区别的重中之重——如何引领观众的兴趣点而不是一味的迎合，以更具趣味性的方式、更全面多元的视角提供第一类知识，并有意识地在第二类“学习过程”上多下功夫，营造一个更为公平、开放的学习环境。

笔者以为，真正体现博物馆“教育性”的活动应当是结合博物馆自身的教育资源（尤其是展览）而设计的。这样的案例也已零星出现在中国的博物馆界。比如上海博物馆在 2017 年 6—9 月特展“大英百物展”期间推出了“亲子音乐会”，与上海音乐厅联动（采用的是上述提及的第一、第二种相结合的方式，活动先后举行了 2 次，票面价格包含了展览的文创产品）。参加活动的家庭们先在博物馆报告厅里欣赏为“大英百物展”特别策划的主题音乐会。音乐会由上海音乐厅邀请的乐队演

[1]“博物馆承担着发挥其教育作用的重要职责，同时也要吸引其所服务社区、地区或团体中更广泛的观众。”引自国际博物馆协会《博物馆职业道德准则》（2017）（“ Museums have an important duty to develop their educational role and attract wider audiences from the community, locality, or group they serve. ”from ICOM Code of Ethics for Museums[2017]）。

奏与展览中五大主题相关联的五首曲目（多为大家熟悉的电影配乐），舞台的大屏幕上同步播放电影片段画面。同时，来自上海博物馆展览部的馆员与来自上海音乐厅专门主持家庭音乐会的主持人合作主持，由前者在每首曲目之后简要介绍展览中相关的展品，由后者活跃气氛，并引导观众进行一些关于音乐知识的互动游戏（比如知识竞答、孩子与父母之间根据音乐节拍进行的“游戏性”练习）。虽然活动在大型的报告厅，但有了与演奏同步播放的电影画面和极富趣味的互动环节，现场气氛十分活跃，呈现出与传统音乐会“安静地欣赏音乐”截然不同的气氛。音乐会之后，参与家庭可以入馆在特别为他们准备的夜场参观中再次“温故”音乐会中提到的主题和藏品。这一教育活动的核心并非是将音乐会搬入博物馆，而是基于展览的主题和内容生发出特别的教学设计（除了音乐，当然还能通过其他形式达到这一目标）。在此案例中，博物馆将音乐和展览相融合，为特定的观众群体提供了更丰富、更适合他们的“看展方式”与互动形式。（图 1—3）

三 未来我们能走多远

上面所例举的上海博物馆的教育案例触及到了第二类的“学习过程”，包含了激发学习者的好奇心、创造力与学习动力的教学目标。这也回应了上一辑《博物馆评论》中关于博物馆教育发展趋势与使命的讨论，如莱斯特大学艺术馆与画廊研究系学术主任马思甜 (Janet Marstine) 提到博物馆应当关注公众参与度以及如何介入社会正义和人权事务的议题，又如大英博物馆十多年前将“教育部”(Education Department) 更名为“学习及国内事务部”（Learning and National Partnership），反映了对博物馆教育本质的思考角度的转变。

在知识付费时代，博物馆作为公共文化机构，更有责任树立社会公益教育的标杆，在教育方面不断反思：

1. 博物馆是否考虑了多元群体和他们不同的需求与期望？

2. 博物馆教育的规划中是否融入了自身的教育理念？这些理念如何通过具体的实践得以体现并可持续地发展？

因而，博物馆要做的远远不止专业知识的“普及化”表达， 更具体地说，博物馆在知识付费时代应当警醒，不能“利用”专业知识的封闭、神秘而采取一种“恩赐”的态度。博物馆可以向知识付费模式借鉴的是其“大平台”的运作模式与数字化、网络化的多维度传播形态。如此，则能推动教育的公平化与普及化，惠及更多人群。比如，欧美的不少博物馆开始陆续在官方网站上提供可供免费下载的教学资源，有针对教师人群的、也有针对个体学习者的。[2] 这一看似不足为道的行为极具深意。虽然网络上的这些资源不能真正替代博物馆环境内的教学活动，但却可以作为补充，一是能波及更多人群，二是能够不受时间与空间的限制，三是这样的模式隐含了从“授人以鱼”到“授人以渔”的转变。我们应当如何去参观博物馆？可以用哪些视角和方法来看待展览？面对一件博物馆的藏品，我们可以从哪些角度进行思考？藏品之间有怎样的联系？这些都是针对第一类知识的教学所不能完成的。博物馆不仅可以通过实地教学来引导观众思考与自主探索，也能在完善网络空间的教学资源过程中，为更多人群提供更全面、更具体系化的教学设计。

[2] 这里列举三个例子：
费城艺术博物馆（Philadelphia Museum of Art）
编者注：展览教师包提供深入的信息和各种与选择博物馆展览相关的学习工具。各类展览均开放下载。
https://www.philamuseum.org/teacherresources?page=4
梵·高博物馆（Van Gogh Museum）
编者注：馆方免费提供中小学教师教育资源、校内各年级互动课程资源，鼓励中学生以科学视角看待梵·高作品，并以英荷法德四国语言免费提供教育手册。
https://www.vangoghmuseum.nl/en/group-and-school-visits/schools/lessons-and-teaching-materials
皮特河博物馆（Pitt Rivers Museum）
编者注：资源包中包含的资料主题丰富，信息多样，同时提供重要藏品的地图以及博物馆游览速写图。
https://www.prm.ox.ac.uk/artresources

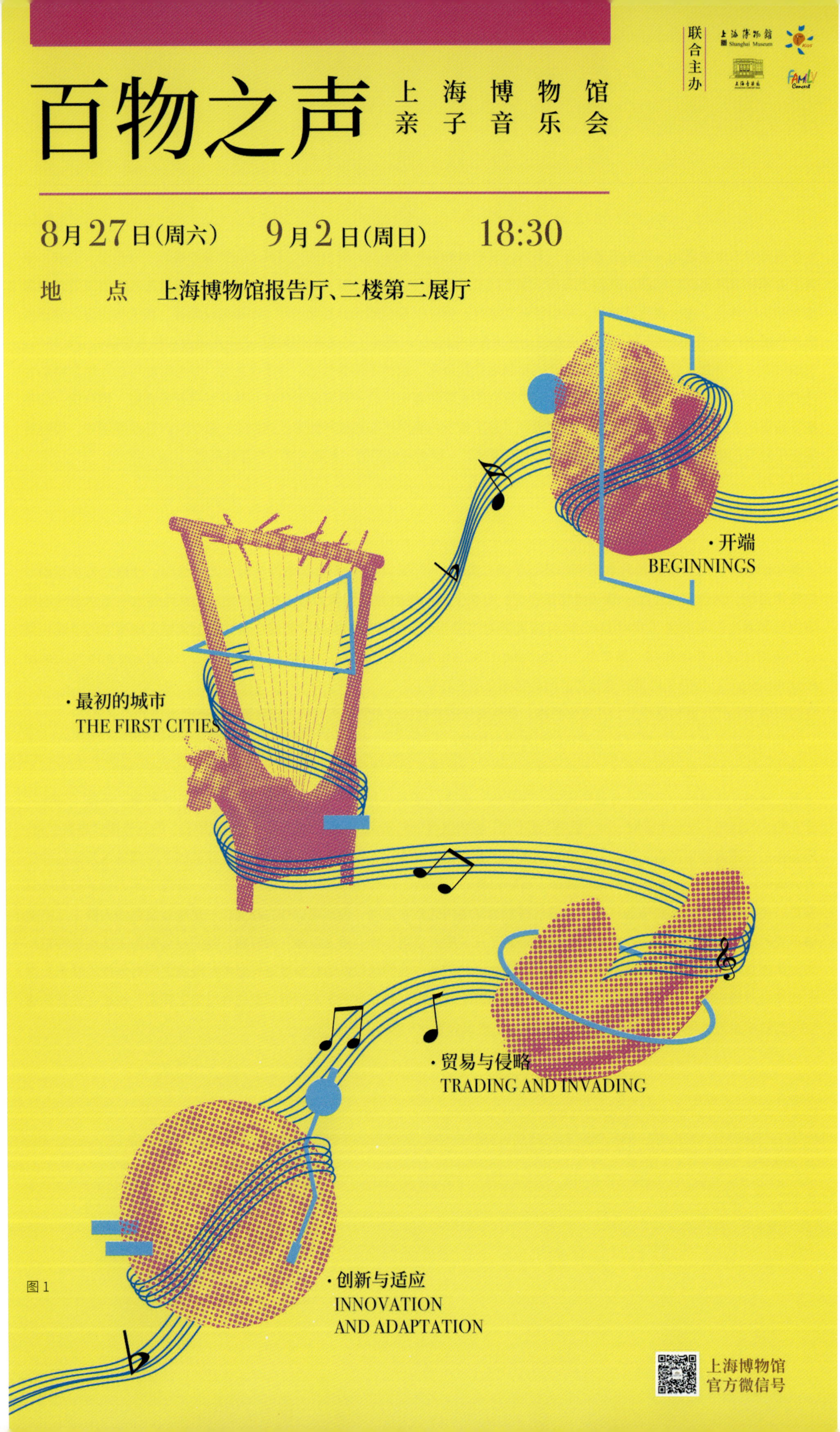
百物之声
上海博物馆
亲子音乐会
联合主办
上海博物馆
Shanghai Museum
8月27日(周六)　9月2日(周日)　18:30
地　点　上海博物馆报告厅、二楼第二展厅
·开端
BEGINNINGS
·最初的城市
THE FIRST CITIES
·贸易与侵略
TRADING AND INVADING
·创新与适应
INNOVATION
AND ADAPTATION
上海博物馆
官方微信号

图 1

图 2

图 3

我国博物馆教育的发展与西方有较大差异，虽然在时间上有较大的滞后性，但“博物馆热”的势头十分强盛，又遇上了“互联网 +”背景下的“知识付费时代”，这些都将进一步刺激博物馆教育的成长。博物馆可以学习知识付费模式“多元化”“定制化”的特色，但同时应当明确自身作为公共文化机构的社会责任感，并且创建更优质的“虚拟教学资源”也能一定程度缓解人口众多的国情所带来的困难。

我们需要的并不是更多的博物馆，也不是更多的教育活动，而是更多能够让人们享受学习乐趣、持续激发人们好奇心与创造力的文化空间。在如今这个变幻莫测、科技飞速前进的时代，我们面临的可能是人类历史上对未来最具“未知性”的时刻。对于每一个个体来说，决定未来可以走多远的绝不仅仅是有多少知识，而是可以用知识做些什么。博物馆教育可以走多远，也绝不仅仅取决于博物馆的藏品有多少或博物馆对这些藏品的研究有多深，更不是教育活动的数量，而是如何通过博物馆形成的以展览文化为核心的教学环境特色，让社会上更多的人群拥有“博物馆素养”。

若将博物馆教育放在整个社会教育的背景中考量，那可以很明确地说，博物馆如果“赤手空拳”并不能走多远。本文所提供的一二例子也反映出在博物馆教育实践中博物馆与其他社会资源联动的必要性，真正有成效的联动不仅是活动场所或是资源平台的共享，而是教学资源的整合、教育理念的沟通、在策划与落实阶段的共同协商等全方位的合作，这则是另一个值得撰文的话题了。

参考文献:

[加] 埃里克·麦克卢汉、弗兰克·泰格龙编：麦克卢汉精粹［M］. 南京 : 南京大学出版社，2000: 459.

博物馆学

MUSEOLOGY

亚洲博物馆的新实践
THE NEW PRACTICE OF THE ASIAN MUSEUM

约翰·里夫（John Reeve）
翻译：聂然

引言

我曾被邀请回顾近来亚洲博物馆的发展，不同的政策、路线、模型和它们前进的方向。我刚刚参与编写了一本关于“亚洲博物馆的新实践”的书籍，在这篇文章中，我将结合那本书的语境，首先回顾中国博物馆的发展，以及它们如何与我在英国，乃至全世界的经验相联系。而后，我会提出一些将来的挑战以及会给未来带来灵感的资源。

亲身了解中国博物馆

亚洲，尤其是中国博物馆的爆炸式增长让我们所有人惊叹。截至 2016 年底，举例而言，依法注册的中国博物馆数量达到 4692 座，并且每年举办接近 20000 场展览，接待超过 7.2 亿观众。这一现象以及我们在亚洲的经历促使卡洛琳·朗（Caroline Lang）和我创作一本关于它的书。卡洛琳一开始在当时维多利亚与阿尔伯特博物馆（V&A）的远东部作为一名策展人工作，后来进入博物馆的教育部门。她曾是 V&A 博物馆观众发展部门（Audience Development）的主管，为英国文化委员会（British Council）在亚洲的培训出力，开设一门针对印度博物馆的课程，并且在伦敦大学学院教育学院（University College London, Institute of Education）进行国际博物馆学的教学。她曾经在亚洲广泛地游历，并在中国香港工作 5 年。在那里，她成立了香港海事博物馆的公共项目部门，并参与了中国、印度、泰国以及亚洲其他地方的博物馆项目。卡洛琳·朗、维基·伍拉德（Vicky Woollard）与我共同编辑并贡献了《积极应对的博物馆》（*The Responsive Museum*）一书。

20 世纪 50 年代上小学的时候，我通过一位老师第一次了解到中国，他在当时就非常少见地到过这里。从此以后，我便一直被中国深深吸引。在 70 年代末成为一名博物馆内的教育人员之前，我曾在学校和成人教育机构担任历史老师。一直到 2003 年，我都在大英博物馆担任教育部的主任。在那里，我有机会参与策展人杰西卡·罗森（Jessica Rawson）主导的项目下，一些关于中国艺术和考古的重要展览，以及一个新展厅的相关工作。我第一次亲身体验中国博物馆，则是在 2007 年，我作为英国访学艺术课程的教员，前往广州出差。这门课程向全中国的博物馆从业者开放。在此之前，我在大英博物馆工作的时候，已经参与了几年英国文化委员会以及大英博物馆的合作伙伴在印度和日本的很多培训和项目，还有小部分在韩国、泰国和中国台湾等国家和地区。但是这门在广州进行的课程有所不同。这样一些情况马上引起了我的注意：许多年轻的参与者想要探索更多，利用一切机会汲取海外博物馆专家的见解，在这个过程中，他们展现了巨大的能量以及强烈的野心；同时，也有一种对中国博物馆未来的乐观。任何习惯了政策反反复复，习惯了配合朝令夕改的政府、其他资助者和利益相关者，已经疲倦不堪的西方人都会感到耳目一新。如今看来，这种乐观主义是合理的！博物馆以一种史无前例的规模在中国发展起来——的确比很多我合作过更长时间的国家更加迅猛。那么，怎样评估发生的这一切，如何有效地回应，并且说实在的，如何建议未来发展的方向才是最好的呢？

接下来，我作为一名游客体验了中国的博物馆和文化遗产，而且留下了更加深刻的印象。自此以后，在伦敦大学（London University）的“教育视野下的博物馆与美术馆”（Museums and Galleries in Education）这门硕士课程（这门有趣的课程，是我在伦敦大学学院教育学院为大英博物馆和 V&A 博物馆创立的），以及其他英国和荷兰的大学中，我教了很多有潜力、充满活力和抱负的中国学生，并且评审了一些中国学生的博士项目。

在博物馆专家到访亚洲或者其他地方的背后，往往是这样一种假设：存在一种北美式的、欧洲式的或者澳大拉西亚式的全球博物馆学（global museology），而其他地区则需要追赶它——这是常见的缺失模型（deficit model）。尽管不是太早，但这已经开始改变。像大英博物馆、V&A 博物馆和卢浮宫这样所谓的“普适性博物馆”（universal museum）在中国积极地介入其中，就像在海湾地区那样。类似中国，海湾地区也是一个博物馆大发展的舞台。同时，正如经济政治形势一样，文化方面也形成了新的世界秩序，一些世界博物馆（world museum）也在调整以适应这一变化。首要的几座西方博物馆所扮演的这种“后殖民”角色，如今更多是出借方、咨询顾问和合作伙伴，尽管交换条件不是完全平等，或者说，不完全是实践与人员互派这样一个双向过程。

博物馆文化毫无疑问属于精英文化——即使在西方也是明确的。在亚洲不同的国家，面向公众的态度、关于资助的假定、志愿者的作用、文本的类型、教育者的角色、对于藏品相关知识的掌控，甚至是文物保护的操作，也都会有巨大的差别。亚洲博物馆的历史并不统一，也不具有普遍性。很多论文集已经开始比较包括亚洲在内的全世界的个案研究，这有助于让所有的行为回归它本来的语境。

从伦敦出发，思考博物馆、变革与中国

让我从英国的情境开始谈起，好将中国以及其他亚洲博物馆的变革置于相应的语境中。关于英国博物馆过去 300 多年，特别是近 30 年的发展，一个相当具有戏剧性的比喻可能是将其比作葛饰北斋的《神奈川冲浪里》。同时，我们这些博物馆中的工作者，则毫不意外地被比作十分惊惶焦虑的水手，紧抓不放看上去脆弱不堪的小船，被不受控制、不断冲击海岸的巨浪猛烈拍打。然而，那些水手正在完成他们的使命，正如同处于英国博物馆界的我们，尤其是从事博物馆和美术馆教育工作的人，尽管旅途颠簸——但还未结束。它永远不会结束：只不过是此时与此地的各种化学反应。连续性与可持续性在我们的博物馆世界中看起来，不如说是奢望——我们只能寄希望——比如中国博物馆界不再是这样。

为了能跟上之前工党政府时期，博物馆变革超常的步伐，我们三个在博物馆和教育界多个部门拥有长时间经验的人，尝试在 2006 年共同编辑的一本书中进行清晰地说明，其中的一部分叫作“积极应对的博物馆：在 21 世纪与观众合作”（The Responsive Museum: working with audiences in the 21st century）。现在也一样，因为那些成就中的大部分，不仅遭到如今保守党政府的紧缩政策、排外文化和教育方式的威胁，也被博物馆政策与财政常见而极其不稳定的起伏所威胁，处于一个似乎永无止境的接近繁荣又接近萧条的循环中。

在那本书中，我们聚焦于英国的政府投资与支持，如何在平等和包容的政策下，将其转化为博物馆大发展的景象，例如，

满足残障人士、经济困难人士以及少数族裔的需求，并真正保障他们的权利，从而使其能真正参与到博物馆中。对其影响和效果进行测评的综合评估机构，带来了新的资助。全新或不那么新的技术也潜在地增强了博物馆吸引全世界广大观众的能力。其他书中描述的举措已经被证明不是那么坚韧，尤其是社群工作和一般的外联活动（outreach），往往是资助出现问题时第一个被削减的，尽管博物馆应该包罗万象，并且早前政府希望对此伸出援手。为了尝试引起关于开放（access）及包容的讨论（这是两个工党政府的政策关键词），我们邀请其他的博物馆专家来分别回答这些主要的章节。一位博物馆馆长将他的评论文章命名为《太阳下没有什么新鲜事》（"and there is no new thing under the sun"），他提示我们，很多 20 世纪 90 年代的举措实际上并不新颖：这些英国博物馆的创新可以追溯到博物馆历史的开端。作为英国已知的第一家公共博物馆，位于牛津的阿什莫林博物馆在其核心部位设立了一座科学实验室，并定期进行演示——从 1683 年开始。再举个例子，利物浦、纽卡斯尔以及 V&A 博物馆在 19 世纪就践行了开放与包容的理念。而且 19 世纪全英国，包括大英博物馆在内的博物馆游客人数，在 20 世纪要晚很多才能达到。因此，《神奈川冲浪里》这个比喻看上去得到了印证。像美国，大部分博物馆依靠富人的支持，在税收和财富创造系统无法完全摆脱这种模式的情况下，如何避免这种常见的博物馆资金灾难性跳水？如何创造一个更加保险的未来？中国政府从 1949 年起对博物馆的支持毫无疑问也带有附加条件，尤其是强烈的民族、公民和教育意图，但这的确看起来成为了让一场博物馆革命发生的一个关键因素。

在《积极应对的博物馆》的合作之后，在 28 名主要来自亚洲，尤其是中国的策展人帮助下，基于我们自己私人的联系和相互推荐，卡洛琳和我将注意力转向了亚洲的博物馆变革。我们在亚洲的工作经历（在中国、印度、日本、韩国和泰国，并且拜访在新加坡、越南和菲律宾的其他人）、与亚洲同事及学生相处的经验显示，我们从英国带来的假设、个案研究以及教学材料，只能部分回应这场变革带来的挑战。“均码”的博物馆学不能适应所有的情况。我们曾在寻找一本由亚洲的朋友和同事撰写，介绍他们经验的书。我们之前期待最好是来自亚洲的某位同仁来完成这本书，但等待了不久之后，我们决定自己来进行。现在我们明白为什么当时没人做了！有那么多事情正在发生，而且有那么多需要解释和捕捉。我们的书是一次帮助填补鸿沟的尝试，必然无法囊括这片广阔的大陆上如此丰富的多样性，因此显得非常局限。这本书集中研究博物馆和美术馆所扮演的公共角色，内容包括其展览和教育、数字化与外联活动、出版项目和便利设施；也将论述博物馆用户的需求优先度。我们希望后续的工作能够探索亚洲的其他部分，以及博物馆景观的其他方面。很明显，一场博物馆革命正在亚洲发生，而我们花了很多时间才注意到它，或者说意识到它的规模和影响。我们为撰稿人告诉我们的一切而折服。这里是一些脱颖而出的主题，其中的重点则是中国。

权力 — 所有权 — 代理：“它们到底是谁的博物馆？”

在 21 世纪的今天，这个问题的答案可能昭然若揭，但同时，在博物馆领域的很多方面，即使到了今天，这个问题的争议性也远超过它本应该带来的讨论热度。2007 年，一个针对亚洲的英国文化委员会项目被恰如其分地命名为“它们到底是谁的博物馆？”（Whose museums are they anyway?），两位该项目的编者都曾在泰国和伦敦工作。在英国文化委员会的博物馆专家简·威克斯（Jane Weeks）的总体指导下，这个项目聚集了一系列处于不同职业阶段的博物馆专业人士，以及当地的英国文化委员会官员。主要由参与者决定他们希望与来自英国的哪一位进行合作（在前往英国博物馆访学之后），并决定合作的主题。这种真正的联合制作需要被更经常地采用。在我们的书中，帕特里西亚·罗德瓦尔德（Patricia

Rodewald）讨论了她在一次类似的中美博物馆合作中的经验。帕特里西亚是一位美国博物馆教育的顾问，曾经在中国从事超过 5 年的专业博物馆交流与合作工作，与中国国家博物馆、故宫博物院、中央美院博物馆、南京博物院、美国艺术联盟（American Federation of Arts）以及盖蒂领导力学院（Getty Leadership Institute）合作。在英国与中国之间，富有成效的双向交流有多种模式。例如布里斯托博物馆（Bristol Museum）、策展人凯特·纽纳姆（Kate Newnham）与中国陶瓷工人及博物馆的合作。现在，利物浦博物馆正在举办广受欢迎的秦始皇兵马俑展览。大英博物馆一直有一些中国及其他的亚洲实习生，他们同时也在这些国家从事展览及培训工作。

我们的新书尝试为那些亚洲博物馆内回答“它们到底是谁的博物馆？”这个问题的先锋工作提供一个平台。它强调博物馆内创新性的工作，这些工作可能被一部分人熟知，但并没有被广泛地了解，而且迄今为止还没有对全球合作、实践和教学的模式产生足够的影响。我们一方面确实对撰稿者所写的内容感到惊喜，一方面也承认存在相似的问题和挑战。我们的书尝试用一种简单易懂的方式展现整个亚洲内，在某地最近具有转化潜力的优秀实践，来激励所有人变得更加具有创造力和野心。当实践者们从他们自己独特的视角去描述自己的项目，多种声音将被听到。

对于博物馆来说，亚洲明显是一个广阔而多样化的区域，拥有截然不同的历史。甚至从一座城市到另一座，各家博物馆怀有的抱负同样会产生巨大的变化，更不用说国家之间：像中国、印度和日本的对比如此惊人，但是孟买和德里之间的差别也同样巨大。在书中，我们列举了这种差异，例如中国国家博物馆与在敦煌、香港、广州、南京与上海各地新建与重生的博物馆。我们将河内一座非凡的妇女博物馆以及新加坡的博物馆列入其中。我们收到了来自韩国、印度、日本和菲律宾的来稿。他们显示出主动性的重要性——显示出那些无论遇到什么困难与障碍，都能奋起直追的人的重要性。

正在变革的中国博物馆

为我们撰稿的作者中，有两位来自中国国家博物馆。一位是黄琛（也是中国博物馆协会社教专委会主任委员），另一位则是赵菁女士。中国博物馆协会的社会教育专业委员会成立于 1988 年，目前是博物馆教育行业最大的专业机构，拥有 150—250 名定期参加会议的全国各地博物馆的教育工作者。印度也需要一个像这样的机构，而我们的撰稿人塔施维·简（Tejshvi Jain）描述了她是如何创办了“复兴传统”（ReReeti[1]），这在一定程度上为印度的博物馆提供了那种连通性。这是另一个关于主动性的例子——需要一些人去做这件事，而她做到了。我们在英国不使用“社会教育”（social education）这个词，最常用的是博物馆与美术馆教育 / 学习（museum and gallery education/ learning），或者文化学习（cultural learning）。从自己的博物馆职业生涯中，我了解到像这样的基于地区的博物馆会员组织是多么重要。当我在博物馆内开始工作时（已经有在学校以及从事成人教育的经验），我从博物馆同龄的从业者那里学到的最多。如今，为博物馆教育工作者设立、吸纳美术馆教育工作者的英国机构“博物馆教育组织 ”[2]（GEM），提供区域性的培训与支持，同时也举办全国性的会议和出版物，设立网站，处理会员的咨询和寻求建议的请求。我们作为博物馆老手，职责就是通过继续参加活动，进行指导、培训，并且参与运动，来回报这个行业对我们的培养。

[1] 译者注：“reeti”的意思是“传统”，塔施维·简创立的这个机构，旨在改变公众对国有博物馆沉闷、僵硬的印象，让观众与博物馆建立新的联系，振兴印度博物馆。参考来源：http://www.rereeti.org。
[2] 译者注：The Group for Education in Museums，鼓励文化遗产学习方面的卓越表现，旨在改善大众的教育，健康和福祉。参考来源：http://www.gem.org.uk/about/about.php。

黄琛先生在我们的书中提供了中国博物馆十多年来急速变化的背景，令人印象非常深刻：“从 20 世纪末开始，为了回应全球化日益增长的影响，中国采纳了更加具有野心的标准，欣然接受‘终身学习’的观念。传统意义上，博物馆首要的功能是保存、保护并且研究文物。现在，人们意识到教育和服务公众是一家博物馆的基础任务。博物馆从‘馆藏’的数据中心逐渐转变为教育和文化的互动中心，尤其强调其社会和文化职责。”

我们倾向于认为，在英国，大多数我们的同僚也这样想——但是你永远不能确认。我之前已经解释过，博物馆的变革在英国如何加速，之后又如何停滞，但是在中国发生了什么呢？黄先生指出这样一些有利的因素：新的法律、当地政府的举措、公共资金利用的新水平，以及鼓励依靠博物馆力量，在整体学习中形成一种新的学习项目，例如为特定群体设计的博物馆馆内课程，它的内容明确，总体目标也独具特色。“博物馆课程与学校课程最大的不同，在于前者打破了学科界限，并且致力于培养跨学科的能力和提供价值观教育。”黄先生解释了中国绝大多数博物馆从 2008 年起推行的免费开放政策，如何有力地推动了开放和包容理念的落实。在英国，国有博物馆现在仍然是免费的，但是并不是一贯如此，其他博物馆则只能收费，而且越来越多的博物馆由于资助削减开始这么做。在我们所有的博物馆中，展览、活动、食物和饮品的成本也越来越高。

一件至今仍然在英国得到保障的事情是优先考虑教育，以及用户与非用户的需求，这也是我们书中的一个主题。如黄先生所言：“博物馆的文化与教育功能变得越来越重要，并逐渐成为博物馆活动的核心。博物馆教育的所有领域中，对青少年（6—18 岁）的公共教育是最重要的。”这也是英国博物馆教育一直以来所关注的，政府和资助者最为清楚它的影响，尽管博物馆教育中的其他角色和受众正在激增。至于中国，黄先生和他的同事赵菁描述了利用多种形式和创新性的内容进行青少年教育，这样一种馆校合作的新模式。“近年来，博物馆更加注意在展览中提供多层次的信息，以适应年龄不同、兴趣不同的各类观众。因此，很多博物馆向国际社会学习，在展览设计中引入数字媒体，在参观中满足不同年龄层次观众的兴趣，提供相关活动和产品，从而将博物馆的影响延长至参观前后。”这对博物馆和学校双方都提出了很高的要求。博物馆教育者更多致力于展览，并提供更好的阐释，而不是把所有时间都花在直接联系不同的团体上。在别的地方，我曾经讨论过这种情况可能带来的影响，长远看来，这往往会收到更好的回报。

至少对于教育团队而言，要进行私人订制，并提供个性化的博物馆体验，一种方法可能是增加提供支持的人员，例如美国博物馆是通过接受培训的志愿者讲解员，在英国则是通过一种混合了自由职业者、实习生和志愿者的机制。或者还有一种可能，在资金允许的情况下，核心资助建立博物馆教师系统的教师资格系统，像黄先生建议的那样：“每节课需要两位老师在学生的学习过程中协助他们，因为学校的老师和博物馆的教育工作者有不同的专长，他们可以互相补充，为学生提供合适的引导。”我希望向所有人分享这样一个目标：“这种教学模型的目标是激励学生独立思考，提出问题，并且通过他们自己的研究和分析得出结论。在大多数案例中，教师只是提供‘协助’和‘引导’，以激发学生自己的发散性思考。通过这种方式，我们能在博物馆，一个能够唤醒记忆、激发创造力的地方，维持并满足学生的好奇心、想象力和对知识的渴求。”

鼓励创造力和发散性思考一直以来都是英国以及其他很多国家的博物馆和美术馆教育的哲学基础。但是，这现在正在遭到保守派的攻击，他们希望通过定时的检测，精简那些基于技能的学习，来进行更加有力的指导和控制。博物馆内的我们提供一种与学校不同的体验。我们可以为学校的课程提供支持，但不是它的附属物。我们可以在学校削弱了学习动机、兴趣和创造力的时候提升他们。全世界的学校都倾向于利用有限的学习媒介和类型提供标准化的课程，而博物馆和美术馆往往为了回应个人的需求，鼓励更大的学习灵活性和多样性。举例而言，由于在我们越来越实用主义和狭义的英国学校课程中，艺术课程正在被边缘化，博物馆和艺术馆再一次担任了展示别的世界、其他思考和行动方式的角色。英国的未来依赖于创造力，却不在自己国家的学校里充分鼓励它。通过在博物馆和美术馆内更加开放和非正规的学习来提升创造力，这应该是每个地方的博物馆同样的目标。

新的需求：博物馆教育工作者的新技能

我们分享的另一个趋势是快速增长的需求。比如，卢浮宫刚刚宣布，它去年又一次迎来了 800 万名参观者。这些参观者都希望去看《蒙娜丽莎》，但像新的伊斯兰展厅和博物馆内的其他地方则不是他们的必选。至于大英博物馆（接待了 650 万名参观者）的数据增长主要源于外国参观者，尤其是来自中国的参观者。每个人都想去参观木乃伊和帕特农神庙的雕像，但是他们也越来越希望看一看亚洲的部分。考虑到数量增加的参观者，尤其是中国游客，大英博物馆主要的亚洲展厅被重新设计。现在，观众调查需要搞清楚他们在想什么，并追踪正在发生的一切。在北京，中国国家博物馆（每年接待 750 万名观众）日客流量达到 2 万名，理论上博物馆需要为他们所有人提供相应的服务。尽管拥有 38 位教育人员和讲解员的大型团队，每个工作日 1000 名参观博物馆的学生仍然给博物馆教育工作者带来的巨大压力。而数字还在增长：学生年参观量从 2012 年的 5 万名上升到了 2014 年的 15 万名，到 2016 年，这个数字是 18 万。这很可能还会进一步增长，因为北京市教育委员会鼓励学校去参观像博物馆这样的社会教育机构，并对博物馆门票、交通和活动支出提供补助。每一名北京的中学生都被要求和学校一起，于在校期间参观中国国家博物馆。博物馆教育人员在英国的国家课程体系发展的很多不同阶段作出了贡献，尽管国家课程体系号召利用博物馆、艺术馆、文化遗产及档案资料，但它并不强制要求学校去参观，而且，艺术课的老师越来越难将学生从学校中带出去参观美术馆。

因此，在中国，需求的快速增长，部分是因为政府政策鼓励学生和老师进博物馆，博物馆资源对他们的学习是充满价值且有益的。中国国家博物馆愿意，而且作为国有博物馆能够承担这些额外的工作负担，尽管对博物馆和它的教育人员来说是一个巨大的挑战。理想的情况下，更多的需求意味着更多工作人员（对于现在的英国来说不存在这个选项），而且是更加熟练的工作人员。“现在……全职编制的员工、兼职的合同工以及志愿者……主要负责了解观众的需求，并为教育活动设定目标，明确观众利用博物馆资源的限制，通过编排和导览参观，为参观者营造一个基于问询的学习氛围，并且最终为参观者提供高质量的体验。他们需要具备历史、艺术史、考古、文化遗产、博物馆学、沟通研究、教育、教育心理学等方面的知识。他们也需要提升观察、专注、无障碍方面的技能，提高主动性，并且加强语言表达、沟通、专业风范以及项目管理等方面的能力。”

这真是一个严苛的列表！事实上，博物馆教育人员常常需要结合一些专家同事的技能，这在“孤岛思维”（silo mentality）中几乎不被承认。在我们书中的其他部分提到了印度博物馆的例子，在那里，不同的博物馆专业并行分开运作。GEM 邀请英国的博物馆、美术馆、文化遗产和美术馆教育机构，共同为成员创立了一套先进的培训项目，以提升他们在急速变化的专业领域中的技能。同时，莱斯特大学也提供了相应的硕士课程与远程教育。又一次需要指出，进口的资源必须对本地的需求保持敏感。帕特里西亚·罗德瓦尔德在我们的书中这样评价中美联合培养计划中的参与者：“无论是中国人还是美国人，都提到了文化背景在多大程度上塑造了我们的项目。例如，美国博物馆的教育人员经常聚焦于个人的意见和经验，以及技能提升，而中国的项目更加注重从共享的团队经验中能获取的知识和信息。”

很多欧洲博物馆不像美国和英国那样，它们不使用志愿者，而很多亚洲博物馆则愿意使用。中国国家博物馆以及其他亚洲博物馆展现出的另外一个激励人心的现象，是年轻人以及退休的老年人转化为志愿者的潜力，并且他们将协助支持很多包括学习在内的博物馆活动。“当年轻人作为志愿者在博物馆内提供服务，他们获得了实践与精神上的收获，这将成为一辈子从事公共服务实践的开始。”像黄先生所说的那样。我们还有另一个来自日本的例子，在那里，接受过特别训练的志愿者促成了一个在东京主要博物馆之间的合作项目。

课外学习与终身学习

人人都拥有“权利”接触文化（也就是说毕竟博物馆为公众所有），这样一种观念在英国的右翼政策下不断削弱。另一个从早期开始就挣扎求生的概念是“课外学习”，对于愈发肥胖、沉迷于数码 / 社交媒体的城市儿童来说，走出房间，积极行动，并且最好能够利用博物馆、美术馆和文化遗产，就显得特别重要。在中国，几大博物馆已经形成了一套馆校联合开发的校本课程（中国传统文化博物馆综合实践课程），包括一系列由馆校双方工作人员共同参与的合作项目：教学培训项目，以及出版于 2017 年的合编书籍。博物馆、美术馆和文化遗产在教育方面具有潜力，要引入这样一种理解，教师培训，特别是最初的阶段是一个关键的时刻。类似的社会教育项目，也有助于建立起对传统中国文化的尊敬与了解。“因此，博物馆对教育青少年关于他们所处的文化，以及发展个性，都是一种良好的方式。”

正如基于上海博物馆的情况，安妮特·洛斯科（Annette Loeseke）在我们的书中所讨论的那样，评估、自省以及批判也是博物馆文化健康发展的迹象。她发现观众在古代青铜展厅平均花费 11 分钟，在 V&A 的一些展厅则是 4 分钟。伦敦国家美术馆的一位前任馆长曾说，他的主要目标是让观众放慢脚步，更认真，并花更多时间在绘画作品上。安妮特还观察了上海博物馆的中国观众和国际观众是如何理解地区文化的。的确，我作为一个游客的经验显示本地文化也得到了突出，例如苗族文化。

关于博物馆对公众态度和教育的影响，已经有很多说法，但没有任何证据证明: 观众数量并不意味着影响和理解程度的质量。自省和回顾对于增长和防止停滞是至关重要的。中国国家博物馆反思道：“尽管中国已经在博物馆青少年教育上达到了一个明确的数量级，但与欧洲和美国相比，前方仍然有很长的路要走。中国政府在通过政策性措施推进这一目标上，展示出强烈的决心。”

其他来自中国的例子证明中国国家博物馆不是孤例。例如，位于广州的广东省博物馆从 2012 年开始与国内外的学院、博物馆教育从业者合作，为中国的博物馆教育人员提供了一系列国际培训工作坊 / 研讨会。阐释和展览的新途径是这类课程至关重要的部分。在我们的书中，来自广东省博物馆的王芳和段小红对于变革的步伐持批判的态度：“中国博物馆免费参观的影响对于社会而言是有益的，但这只是开放了通往博物馆展览的途径，却没有真正改变他们。”无论如何，她们的确承认：“在过去，塑造中国博物馆的规则是僵硬的、封闭而自恃清高的……博物馆的教育功能被理解为只是博物馆教育部的职责。”现在，这个情况已经在很大程度上改变，但还不够。她们还提到：“2017 年，习近平总书记做了一系列‘让文物活起来’的论述，再一次强调了博物馆教育的重要性。然而要赢得公众的支持，提升中国博物馆提供社会服务的标准，只是免费开放还远远不够。我们需要彻底地改变自己，首先就是确立博物馆的教育使命，其次要规划战略性发展，培养人才，将注意力转向观众研究和拓宽参与途径，从而在馆内外塑造一种学习共同体。”

这是完全正确的：博物馆本身需要成为“学习共同体”，也需要向它的用户提供学习的机会。博物馆需要从它们的用户，特别是年轻人那里学习。王芳和段小红描述了各种创新性和合作项目，例如学生策展人项目，以及使用 iPad，基于博物馆的游戏设计新方法，这是一个联合制作：“当谈到游戏设计，最应该询问的就是高中生，他们是如此具有创新性。有他们最新掌握的海外贸易知识加持，这些学生策展人研发了两款网络游戏。”

他们分享的展览和活动设计中，重点是交互性、实验性和多感官，这被评价为一次成功的尝试：“闻闻这些焚香”“当时海员们吃什么”“导航术语”设在儿童体验活动区，很受欢迎，并且数据显示观众参与这些活动的时间是最长的。他们也设计了馆外展览，在广州地铁进行的“海上丝绸之路”。这是通力合作的馆外项目的一部分：“由于城市化，我们城市中包括飞机场、车站和商业设施在内的公共空间逐渐转化为这个城市文化的展示橱窗，而我们在这个城市中定期举办展览。对博物馆而言，一个新时代正在到来。博物馆将对此作出什么样的回应呢？”

另一家同样位于广东的博物馆——由时代地产资助、于 2010 年开放的时代美术馆尝试作出回应。它与广州有轨电车合作，建设了一条艺术专列。“将艺术带到公共空间和日常生活中。时代美术馆邀请了艺术家和策展人，将日常生活作为他们的文本和灵感来源，创作位于特定地点的艺术作品，给予乘客一种独一无二、愉悦、具有交互性、充满活力而感情充沛的，关于当代艺术的体验。”

跳出固有的思维模式

世界上很多国家的博物馆都只关注自身，采用一种无须参观者作出准备的“文化自画像”的形式。像大英博物馆和卢浮宫这样的博物馆，倒是展览大量的世界文化，但是往往是并行而没有关联的。南京博物院通过一个比较性质的展览“帝国盛世——沙俄与大清的黄金时代”尝试打破这种狭窄、破碎的形式。这个展览是南京博物院与皇家安大略博物馆（多伦多）、扬州博物馆以及徐州博物馆富有成效的合作结果。

我们书中的这个案例研究，也因为其正在进行的前序评估而值得注意：“展览前的调查同样包括了大量对教师的访谈。他们告诉研究组哪些展览主题能够配合小学和初中的教学和考试大纲。”总结性的评估则显示：“61% 的观众年龄在 18 到 40 岁之间，在所有参观者中有 30% 是大学生。在教育背景方面，超过 60% 的参观者拥有大学本科或以上的学位。在来到南京博物院之前，51% 的参观者并不知道有这样一个特展。”因此仍然有许多需要做的工作，特别是在观众培养和营销方面。像先后在纽卡斯尔和利物浦工作的大卫·弗莱明（David Fleming），以及格拉斯哥的马克·奥尼尔（Mark O'Neill），英国的创业型博物馆馆长已经通过在展览、项目和公共关系上一致的行动让观众参与进来，从而延伸了参观者的社交范围。

采纳外国的模式毫无疑问是比较冒险的。丁颖茵在我们的书中描述了香港 M+ 博物馆的建构，它希望成为“一个与西方这个领域的顶尖博物馆，例如纽约的 MOMA、巴黎的蓬皮杜中心以及伦敦的泰特现代美术馆地位相同的机构”。M+ 博物馆可以被看作香港对毕尔巴鄂古根海姆博物馆（Guggenheim Bilbao）的一个回应，一种宣扬城市图景，并带来经济效益的直接方式。然而，毕尔巴鄂的成果不可能被复制，而且一个城市的品牌需要更多实质，而不只是一种全球化的空泛象征。那我们呢？本地艺术家这样发问。很明显，M+ 博物馆需要在一个更早的阶段将更多的注意力放到“全球化”的观念上，“检测本地居民如何回应、阐释，甚至转化全球的影响……理想中，一个全球性的博物馆应该致力于调解那些跨文化的，有意义的争论”。这的确看起来正在发生，然而：“与本地社群紧密合作，M+ 博物馆的学习与阐释团队开发了一系列教育和外联项目，来扩展非正式文化学习的规模，并提升博物馆与日常生活之间全新而充满想象力的联系，特别关注本地居民的兴趣和需要……M+ 博物馆馆藏是全球范围的，涵盖了当代中国艺术以及本地的设计产品，从印度尼西亚的建筑绘图，到南非艺术家创作的视频装置。当不同的叙事从更加广阔的背景中被提到表面，这种全球性也能凸显出本地的视角。”英国新的现代和当代艺术机构已然从在本地推行的计划中受益匪浅，例如在伦敦南部泰特现代美术馆的周边，以及南海岸线的马盖特（Margate）。当地公众经常对马盖特新建的，坐落在海滩尽头的特纳当代美术馆（Turner Contemporary Gallery）将信将疑。人们可以从街上看到在废弃的商店中进行的外联艺术活动，购物者和青年可以预览接下来美术馆会提供什么样的活动。见习的博物馆教育人员则协助这些工作坊的成功举办。

另外一位编辑者卡洛琳也基于她在香港海事博物馆担任教育及公众项目主管的经验，着眼于香港的新观众群体培养。她强调其中的三个关键因素：优秀的展览、有效的市场营销以及创新性的活动。她发现在伦敦，要吸引学校需要更艰辛的工作：“课程体系是非常固定的，并以考试为中心，教师们几乎没有机会将他们的学生从学校中带出去。毫不意外，在参观博物馆这件事上，老师们也没有自信，想要博物馆提供所有的资源，进行导览参观。他们希望一到达博物馆就把班级交给‘博物馆老师’。”这就是为什么与见习老师合作如此重要。我们在伦敦大学学院教育学院开设的文学硕士课程“教育视野下的博物馆与美术馆”原本是为那些希望提升自己的技能，而且有潜在可能成为博物馆和美术馆教育工作者的教师而设计。这是从博物馆和美术馆为见习的艺术、历史老师提供的实习机会发展而来的。当我 70 年代时作为一名老师接受训练，曾经有机会带着孩子们去博物馆和历史建筑，这影响了我的教学，并最终影响了我的职业。

“全球化”也会和“全球本土化”（Glocalization）相遇，特别是在一直不断扩张、充满挑战的文化遗产旅游业。敦煌研究院莫高窟开放管理委员会常务副主任李萍，讲述了发生在那里的一切：年观众人数从 1984 年的 10 万增长到了如今的 135 万人次。莫高窟数字展示中心是游客管理的一种新途径。印度国家艺术与文化遗产信托基金会（INTACH）以及联合国教科文组织（UNESCO）一直对全球旅游业给脆弱的文化遗产带来的影响表示担忧，虽然人们往往很不情愿遏止旅游业带来的新观众。博物馆同样脆弱，需要思考如何更加高效、主动地对待世界旅游业。

未来的挑战：成功是什么样的？

变革是颠覆性的，往往也是令人不适的。像某位人士在广州的一次博物馆培训课程中对我说：“为什么在我已经如此忙碌的时候，还需要做所有这些新的事项？”挑战可能在于如何让亚洲的博物馆改变——让机构、心态、目标、概况、倡导、收藏、展示或者目标观众改变。在一些国家，只能利用有限的资源，甚至在没有政府支持的情况下进行。新的优先度可能意味着一些活动的停止或减少，有些时候则是以不同的方式去进行这些活动。往往谁掌握着博物馆的权力非常重要。像我们有一章关于印度的内容所描述的那样，这只死亡之手可能属于谨慎的策展人，或者“多面手”官僚。变革和创新也可能完全是私人动机的结果，例如三星在首尔创立的三星艺术博物馆（Leeum），也通过多媒体的形式鼓励观众参与。或者是来自德里耆那教梵语基金会的慈善家。[3] 另一个例子是金奈（Chennai）附近的一家露天博物馆。私人建设的时代美术馆

[3]Sanskriti 的字面意思是“培养的过程”。 基金会的宗旨是为印度艺术和文化表现形式的保存和发展创造一个环境，成立于 1978 年。并且创办了多家博物馆。参考来源：http://www.sanskritifoundation.org/about-the-foundation.htm。

由雷姆·库哈斯（Rem Koolhaus）设计，位于广州的一座高层建筑中，但同时，它也在地铁上开展位于市区的馆外活动。在南亚的博物馆中，人们可能需要被提醒不能触摸展品、吐痰或者进行祈祷。同时，其他的印度博物馆正在推出一些重大的国际展览，通过积极的社交媒体和活动策划满足持续增长的观众，例如孟买的希瓦吉国王博物馆 [4]（CSMVS）于 2017—2018 年举办的展览“印度与这个世界：9 个故事中的一段历史”（ India and the World : A History in Nine Stories）。在这篇文章的观点中，这个展览说明了这样一些主题：一位充满活力的馆长强烈的本地意识、一个充满野心和话题性的主题、国际上认真的参与——在这个案例中是大英博物馆，一个为充满希望的城市中产阶级设计的、广泛而目标明确的活动。但是这会带来什么样的长期影响？以上的内容也可以应用在之前提到的南京博物院展览中。大型展览并不一定能吸引新的观众群体，除非相关的工作持续跟进。在吸引了大量穆斯林观众前来观看大英博物馆的麦加朝圣展览后，新的伊斯兰展厅正在建造中，在这个间歇期中，却很少有面向穆斯林观众的活动。博物馆工作人员不可避免地需要转移到其他的优先事项上。期待被提高了，但接踵而来的是失望和疏离。观众的培养在一次大型计划、重要展览、节庆和特供后摇摇欲坠，这种情况十分普遍。例如在英国，我们拥有“黑人历史月”（Black History Month）以及“LGBTQ 季”，但是这些亮点只是慢慢地变成了来自其他叙述和经验对这一年的点缀。像我们之前看到的，少数群体在中国大陆的博物馆以及印度一些更加偏远的地区，都越来越受到关注；中国台湾的少数民族却还只能在台北故宫博物院后门拥有一个小小的博物馆。

回应政治社会经济以及人口变化

博物馆无论在什么时候都不是孤立存在的，尽管有人可能会希望看到它们这样。无论是在新加坡还是韩国、朝鲜、越南，或者中国，博物馆在民族建构及重建意义中可以发挥关键的作用。像我们书中的一些作者展示的那样，在中国或者其他地方，形成城市身份的过程中也是如此。19 世纪的欧洲、20 世纪的美洲和澳大拉西亚（Australasia）也发生过类似的情况，在英国的一些城镇中，尽管伴随着对持续性的担忧，随着城市再生，这种浪潮又再一次出现在艺术和博物馆领域，如圣艾夫斯（St Ives）、马盖特和韦克菲尔德（Wakefield）、沃尔萨尔（Walsal）以及米德尔斯伯勒（Middlesborough）。警觉的博物馆会回应社会经济以及人口的因素：用于休闲娱乐的可支配收入提供了新的机会（对于一些而言），一种对博物馆内家庭及社会学习的饥渴（作为学校的补充），或者仅仅为了享受；为怀抱渴望的消费者进行文化资本的再创造（香港的 M+ 博物馆更加支持现代艺术而不是传统文化）；作为赞助商和捐赠者的本地或者跨国公司和企业介入。一个正在影响我们所有人的人口因素是老龄化，老人构成了以最快速度在增长的观众群体。他们已然充分了解了参与博物馆、文化遗产和艺术事物带来的健康和社会效益。已经有四分之一的英国人口超过 65 岁，我就是其中之一。来自新加坡和中国台湾等国家和地区的撰稿人描述了涉及退休人群的项目。在中国台湾，这是“创意高龄运动” [5] 的一部分。

[4] 译者注：Chhatrapati Shivaji Maharaj Vastu Sangrahalaya，原西印度威尔士王子博物馆，参考来源：http://www.csmvs.in。
[5] 参考来源：https://moe.senioredu.moe.gov.tw/UploadFiles/011.pdf。

全球化

艺术史是否是全球性的？博物馆学是否是全球性的，或者博物馆在多大程度上能够抵御全球化？新的书籍、会议和文章提出一种新的清晰表述，是结合了对于全球化的理解，以及扎根于本地，更加“全球本土化”的博物馆学。像国际博物馆协会亚太联盟 [6]（ICOM Asia-Pacific）、亚欧博物馆协会（Asia-Europe Museum Network）以及包容性博物馆研究协会（Inclusive Museum Research Network），这些组织将专家集合到一起，分享来自各个区域的想法及实践。西方博物馆学家专家可能抑制不住自己的冲动，认为所有传统的博物馆都需要现代化——新的设计、巧妙的展览、商店、咖啡厅餐厅、明亮的光线、会员活动、教育中心和市场营销。这似乎是无可争辩的，但是也可能忽略了一座博物馆本土的、与众不同的特质，忽略了本地用户或者非用户在期待什么，或者他们现在需要什么，他们可能拥有什么参观博物馆的技巧和经验。一座博物馆在令人眩晕的变化中，可能反而会成为保持传统的舒适天堂。牛津维多利亚时期的皮特·里弗斯博物馆（Pitt-Rivers Museum）是英国最受欢迎的博物馆之一，也是现代化程度最低的。在英国，我们也曾经有一些耗资昂贵而收效甚微的项目，正是因为没有充分考虑、准确评估本地观众，比如流行音乐博物馆、生态博物馆以及信仰博物馆。一座成功的博物馆随时都在倾听和学习。

阿帕杜莱（Appadurai）和布雷肯里奇（Breckenridge）指出，像印度，其他地方仍在讨论博物馆与外部世界的关系——与街上的路人，与国家，与纠缠在一起的今昔叙事。在书的几个章节里，来自韩国、新加坡、越南和中国的几位作者表示，中国以及其他地区近来的会议上也在讨论这个问题。像我们之前在英国及广州的例子中看到的，火车站、机场、购物中心以及任何地方大量涌现的博物馆，是为了适应工作和旅行的模式，在这些地方，人们有时间可以消磨。

学习与馆外活动

令人欣慰的是，我们从撰稿人那里听说，在中国以及亚洲其他地区，如韩国和新加坡的博物馆，教育占据着中心地位。然而，在亚洲的其他很多地方，博物馆和文化遗产教育的发展总体上是停滞的。因此在主流教育中的艺术教育和对博物馆、文化遗产的使用也同样还停留在期待的状态。如何改变这一切？一个显而易见的答案是顶层政策改革或创新。这在我们的书中由黄琛和赵小红以中国国家博物馆举例进行了讨论，也有英国的情况作为例证。接下来在我们的书中，凯伦（Karen Chin）也用她在新加坡的经验证明了这种可能。她曾是一位杰出的博物馆教育工作者，后来在很长时间内为博物馆制定政策和开展实践工作。最近，她担任了新加坡野生动物保护机构（Wildlife Reserves）教育工作的高级主管。她很好地展现了博物馆的新型专业人才是如何不断培养新的技能并挑战自我的。我们书中另一个很好的例子是塔施维·简，她描述了印度的新政策变化，使得博物馆“处在一个非常有趣的十字路口”。她特别强调更强悍的专业素质，以及持续提升性培训的需要，也强调需要像她所创立的“复兴传统”那样，宣扬倡导草根阶级的计划。

卡洛琳从在中国香港的经验中总结了一些关键的挑战：“这里没有一种与西方国家参观博物馆相同的文化，也被证明很难吸引到新的观众。博物馆并不习惯面对更加广泛的参观者，需要大量在顾客服务、建立新系统方面接受过训练的员工。想要找到有过博物馆教育工作经验的员工几乎是不可能的。所以我们雇佣一些有潜力，而且实行过大量培训和主导工作的人。”

[6]International Council of Museums Asia-Pacific Alliance，是国际博协的区域性联盟，它为 24 个参与亚太地区国家委员会的博物馆和博物馆专业人士提供了交流信息和合作的论坛，也是其他区域 ICOM 组织在文化保护，延续和传播方面的合作伙伴。参考来源：http://icom.museum/the-committees/regional-alliances/regional-alliance/international-council-of-museums-asia-pacific-alliance/。

博物馆需要专注于自己独特而擅长的部分：比如利用实物进行学习。一本关于丝绸之路物质文化的书以这样的引言开头：“我们被各种物品包围，我们也被历史包围。但是我们却几乎不用这些构成我们周围环境的遗物来了解历史。我们也几乎不去像阅读书籍那样阅读实物——来了解制作、使用和遗弃它们的人和他们所属的时代。”

策展人苏珊·惠特菲尔德（Susan Whitfield）如此回应：“在这个故事中，物体不是中性和惰性的：他们自身在变化，同时也在影响变化。这就是为什么对于丝绸之路而言，物质文化的研究方法特别重要。在实物与遇到的文化——那些制作、携带、接受、使用、出售、遗弃他们的人，产生的交互中，我们能用新的视角来看待这些文化和他们所处的时代。”

像我在这篇文章中几次提到的，不存在一种单一的全球博物馆学或者博物馆教学方法，尽管我们可以分享很多原则和实践，比如基于实物的学习以及交互性。2015 年的时候，伍拉德与我尝试阐明一些可能存在的原则是什么样的：“当文化和学习不只是特权阶级的特权，当课程体系不再僵化而创造力被积极地鼓励，当一个老龄化社会确立了终身学习的观念，并且试验和反思成为了专业生涯的一个正常的部分，博物馆和美术馆学习将会蓬勃发展。在机构内，主管、发展方向以及政策的变化非常容易影响到博物馆教育，无论是过多的干涉还是冷漠的态度。”

来自当代艺术教育领域的安娜·卡特勒（Anna Cutler），泰特现代美术馆学习部门的主管，（从英国的视角）将现在博物馆实践中的变化总结为以下几点：“从消极转变为参与性的，从标准化的服务转向个性化，从说教式教学转化为共同学习，从获取知识发展为知识运用，从单一的权威声音引入多元话语，从私人的知识扩大为公众可接触到的内容。”

一份近日在中国台湾的会议报告分享了这样一些想法，并取名为《从传递到交互：博物馆教育空间》。在我们的书中，我们思考了博物馆内对于新的学习、活动空间的需要，展览实践的新种类以及数字化应用的发展。因此我们的确分享了很多相同的挑战和理论。要描绘出未来理想的博物馆专业人员很容易，但困难的是成为那个人：对我们的观众和他们的需求感同身受，从而坚韧不拔，对在广大的世界中发生的变化保持敏感和警惕，对自己的实践和它造成的影响保持清醒的认识，意识到对培训以及挑战自我的需求，用长远的目光去看待变革以及后代的需求，在“大型、充满魅力、即时”（比如大型展览和活动）和“可持续、长期”（收藏与田野工作、保管工作、员工发展、小规模的试验以及认真的观众培养、评估和研究）之间保持平衡。

随着世界政治、经济和文化力量平衡的变化，亚洲博物馆在这个新的世界中将占据什么样的位置？从整个亚洲的博物馆已经发生的一切，我们能了解到什么？

博物馆+

MUSEUM+

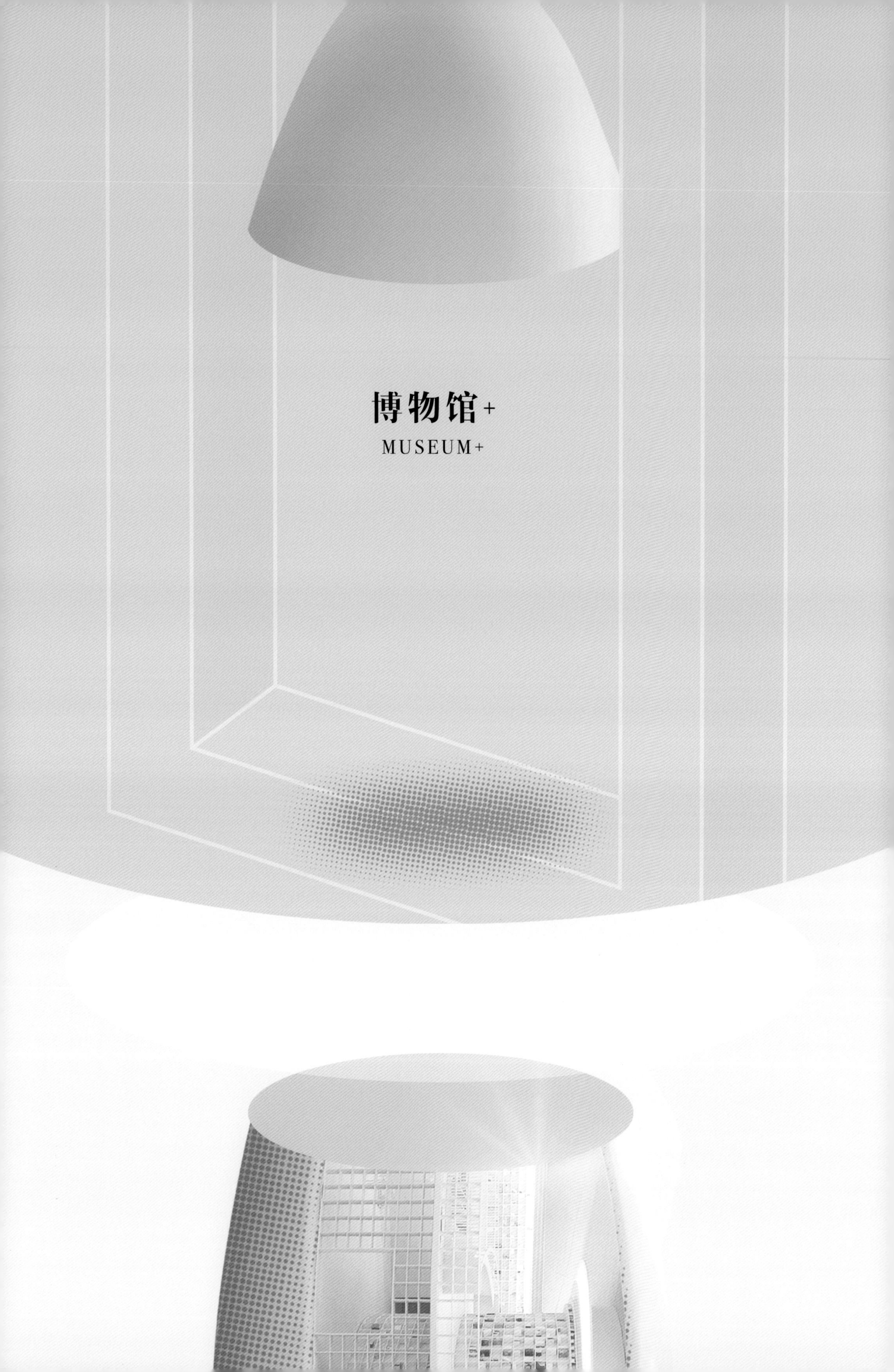

“视觉评论”

VISUAL CRITIQUE

视觉正确——历博的午后

徐昊

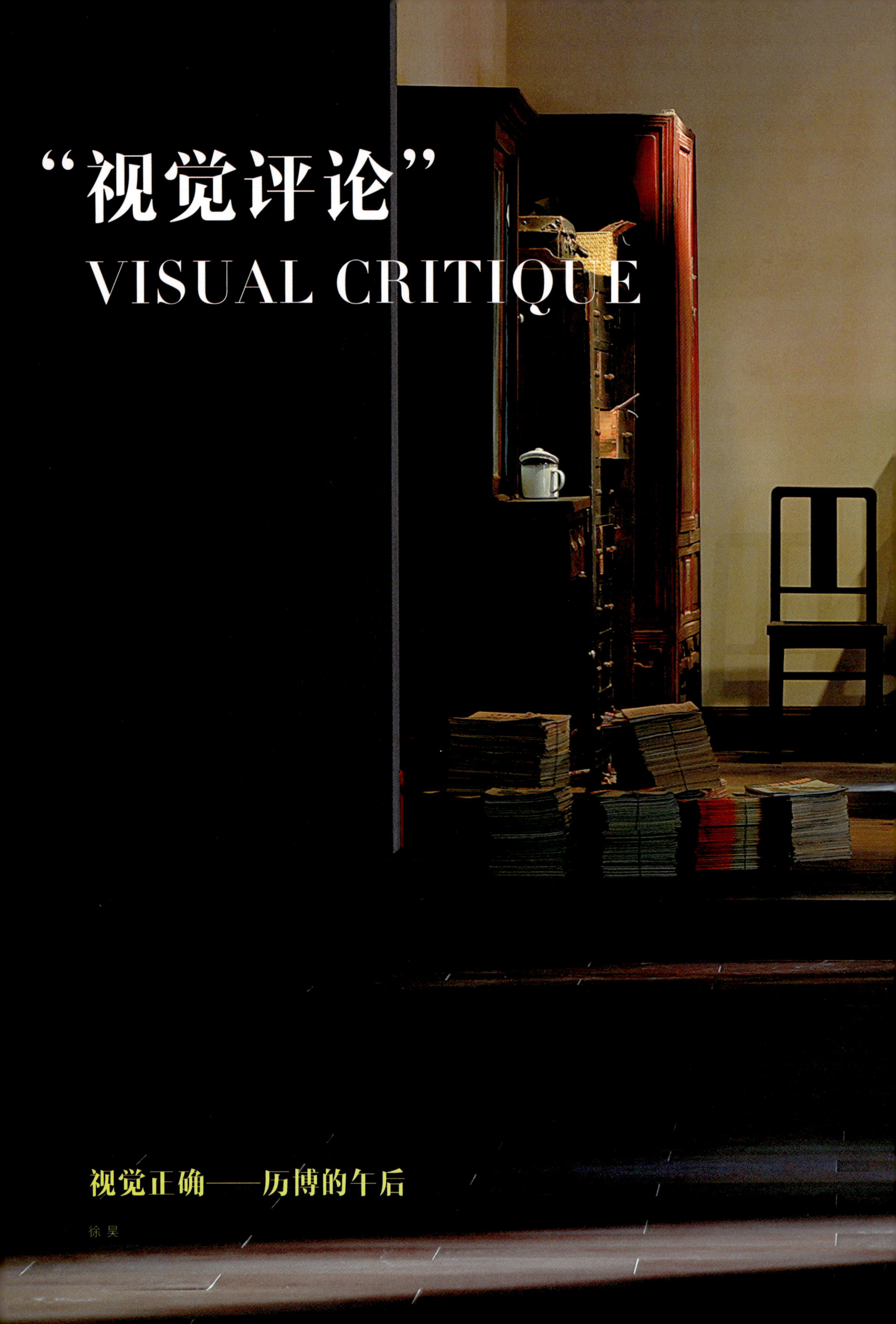

图1

事隔十年，我再次步入即将开放的上海市历史博物馆——一幢在植被下醒来，重见阳光的老楼。踏进大厅的一瞬，我略有困惑，什么是正确的观看之道？“视觉正确”吗？80 多年来，这座建筑之于这座城市的“纪念碑性”？我的理解不一定正确，但我相信我的眼睛，以及我的机器的眼睛。
物的质感，物和物之间的对话，活的光影，上百件展品聚合在一起，产生了远比单个物件独立陈列更为有力的叙事性。
博物馆是最能唤起我摄影热情的情境。展品、灯光、布景、小道具小技巧……博物馆如同一座感知力的大型游乐场，一起玩的人大多不在场，大多是高手。约翰·伯格说，照相机的诞生，将解释艺术品的权威交到了拍摄及使用影像的人手上。在每个人每时每刻都携带着智能拍摄工具的时候，他们就随时都可自由出入游乐场了。（图 1—8）

01 空间

南京西路 325 号，旧上海跑马场，上海图书馆、上海博物馆、上海美术馆旧址，在我心里一直是上海最美的历史建筑。今天的上海市历史博物馆、上海革命历史博物馆并没有对原有空间进行太多调整。大厅、纵贯一至四楼的阶梯、彩色玻璃窗格，以及木质回旋楼梯，都焕发着刚刚醒来的容光。
重现了昔日的楼梯是我个人最为喜爱的空间。
这张照片并不正确——用光不正确，但是我非常喜欢。一切确实如旧，但都已焕然一新。所以，我刻意降低了曝光，仅留下窗框及扶梯护栏的剪影，我的机器带着我回到我记忆里的地方，即便我的肉眼从未以如此曝光来捕捉它们。

02 展陈

“十里洋场”是上海最接近于“魔都”的远端。展陈主要运用了“场景再现”的方式，凝固那个租界推动下，工商业、文化、经济风起云涌的时空。
如此完整精致的场景再现是非常理想的拍摄对象，随意捕捉某个局部，就能获得一张精彩的图片。物的质感，物和物之间的对话，活的光影，上百件展品聚合在一起，产生了远比单个物件独立陈列更为有力的叙事性。

03 展品

文物摄影是一项高度专业化的工作，展品图录，无论是图片精度还是其档案价值，都远远高于使用民用器材摄制的影像，隔着一层玻璃进行拍摄也是不可能达到那样的效果的。
在博物馆里拍摄展品的时候，我很少将其按照档案目的进行拍摄，而是尊重展陈的光线，尽量记录打动我的局部。
舞台般的灯光中心，忙碌的码头工人中孑然站立的一个个小人，每一个都有可能是一段老上海故事的开头，或是结尾。

在诸多外景中，我最喜欢的这一张，是一张完全没有摄影技术介入，仅根据我个人的“观看之道”得来的图片。
时值傍晚，冬日的夕阳仅照射到历博的西面，待到夕阳被远处的楼宇遮挡，仅照亮了钟塔塔尖的时刻，我按下快门。

全文于 2018 年 3 月 23 日 刊载于“博物馆评论 Museum Review”微信服务号

图6

图7

图8

在修复师的镜头下

吕智超

图 1

我作为一个为博物馆工作的人，非常幸运地看到了“全貌”。
我会以身处这个空间的态度，用镜头体现对矛盾的调和：光和影，增和减，快和慢。都是一瞬即景。
光的照射，遮挡、阴影、光的形状，全都是对她的一次解构与重塑。（图 3—4）
我是一名中国画修复师，在美国史密森尼学会 (Smithsonian Institution) 的弗利尔与赛克勒美术馆从事中国画修复工作。修复工作之余我也是一名独立摄影师。作为一个生活在博物馆并工作在博物馆里的人，博物馆对我来说已经是生活的一部分。

01 博物馆摄影：不止是藏品与展览

组成博物馆的不仅是藏品与展览，博物馆的建筑也包含了它独特的历史与文化；还有形形色色的访者也成为了博物馆的组成部分，每个人有不同的文化背景、不同肤色、不同宗教信仰，却在同一座博物馆、一个展厅或一件展品前相遇或擦肩而过。这本身就是很有趣的一件事情。（图 1）
对我来说，“拍摄”这个动作虽然是瞬间反应，却是时间沉淀的结果——是基于长期研究摄影的沉淀，所以，这是一种技巧的速度；同样重要的是我对一个地方日常的观察和积累的感情，这正是牵引我按下快门的动因，而这是一种感情的速度。
这是弗利尔美术馆的长廊。长廊的两端分别伫立着两尊日本力神木雕。别具匠心的展览布光让两尊力神不失威严又蒙上一层神秘的色彩。特殊的走廊穹顶在光线下展现出特别的造型和投影。我拍这两张照片时候同样缩小了光圈。采用对称的构图，给人一种延伸感。
同时，我参考了中国画中条屏的想法，将画面分解再重新组合。让空间有更多的延伸感，但又打破了空间的连续性，进一步强调出我在按下快门时的情感。

02 博物馆中的人

正如我之前所说，不同肤色、背景的人作为博物馆的一部分，也经常出现在我的镜头中。但是拍摄博物馆中的人最大的难点在于零秒的应激反应，要熟练把握光圈快门之间的关系。（图 2）
一位中东妇女带了两名婴儿来美术馆。浅色的头巾非常醒目，她带着孩子们走到石门中间偏右侧的时候我按下快门，此时，她和展品产生了一种特别的关系。在我的照片中，她像画的一部分，如果我把照片的下半部分去掉。可能大家甚至会猜测这张照片拍摄于中东的沙漠里。
博物馆也是传播文化，使文化交融的一个特殊空间。人永远是其中的主角。
再接下来的一张照片，是弗利尔美术馆日本画屏风展厅的照片。在西方展出的东亚艺术本就是一个很特别的交错与纵横之对象。静的屏幕加动的人。仿佛感觉得到人融入在整个展览里。我特地等他走过，拍了逆光，因为展厅的灯光比较特别——那是为了展览效果而布置的。这就需要大家长期训练和拍摄下所培养的一种感觉或者说眼力。抓住你认为最打动你的光线和最打动你的构图。（图 5）

03 关于器材

我平时用两台相机——佳能 5D Mark IV 和 Leica M7。而有趣的是：取景器前的镜头不重要，取景器后面的头才重要。
欢迎你到弗利尔来找我！

全文于 2018 年 4 月 20 日 刊载于“博物馆评论 Museum Review”微信服务号

图2

图3

图4

图5

WAN 留

曾婉

图1

01 “MM” 在 Palais Galliera

备受时尚界热爱的法国品牌 Maison Margiela 简称“MM”，是比利时鬼才设计师马丁·玛吉拉（Martin Margiela）于 1988 创立的。MM 的设计是传统与现代的完美结合，强调轮廓的重要性。
用影像记录“Replica”，并不是了无趣味的机械复制。事实上，一同看展览的小姐姐们纷纷表示必须种草驴鞋“Tabi”。其实我个人也认为，他家的 Veste 不坏，很值得拥有一件。

02 “黄金分割”并不过时

“组织”构图是我习以为常的工作。不能摆拍的痛苦让我在按下快门之前决定，后期要玩点花样。3:7 黄金分割是万金油，为了丰富视觉也可以 4:6。（图 1）
其他的组合都可以用，初习者要避开混乱雷区。当然，正比也是不错的选择。此次的系列我选择抛弃对称和平衡的画面。

审美没有统一的标准，是选择“恰到好处”还是“玩过火”，见仁见智。
也可以进行不规则的重组，使用混合手法，比如拼贴。甚至可以在图片上画上几笔——与当代艺术某些手法毫无二致，无非目的不同。

03 打开相机！需要什么理由？

有趣的或者有视觉冲击力的展品，通常在我走马观花第一遍之后会在心里留下来，促使我重新倒回去仔细端详。有一些“会说话”的展品，何止能入相机，更是我无论如何都想要用镜头回应 Ta，感谢 Ta 带给我的深刻视觉体验。
面对服饰类展品，我经常采用平视镜头，平视符合人类视觉习惯。而展览本身就已非同寻常，过多寻找特殊视角，似乎容易用力过度而损失展览原本的美感。（图 2）

拍摄时，应该做到的，是体现时装的质感，如被精心打理过的毛、皮革、光滑的丝等。在展馆灯光下，它们散发着的诱人气息，让人产生试穿的冲动。我们或许不能亲身体验，拿起相机拍下来总可以吧。别犹豫。

04 人，遇见一次，定格永恒
人与物，两者相加，才是一个展览的完整呈现。人们看展时的自然状态也好，刻意状态也好，各有各的风味。在不同展物面前，观看者的气场也会有些许变化。灯光的变化，馆内馆外的场地变化，让展览空间里的人有了更大的变化。记录这些时刻，手机、微单或单反皆可，不计较器材，只要乐在其中。（图 3—6）

我永远期待下一个展览带来更多的视觉享受，也相信未来会有颠覆性的展览方式。

全文于 2018 年 4 月 28 日 刊载于“博物馆评论 Museum Review”微信服务号
本篇统筹 严盈颖

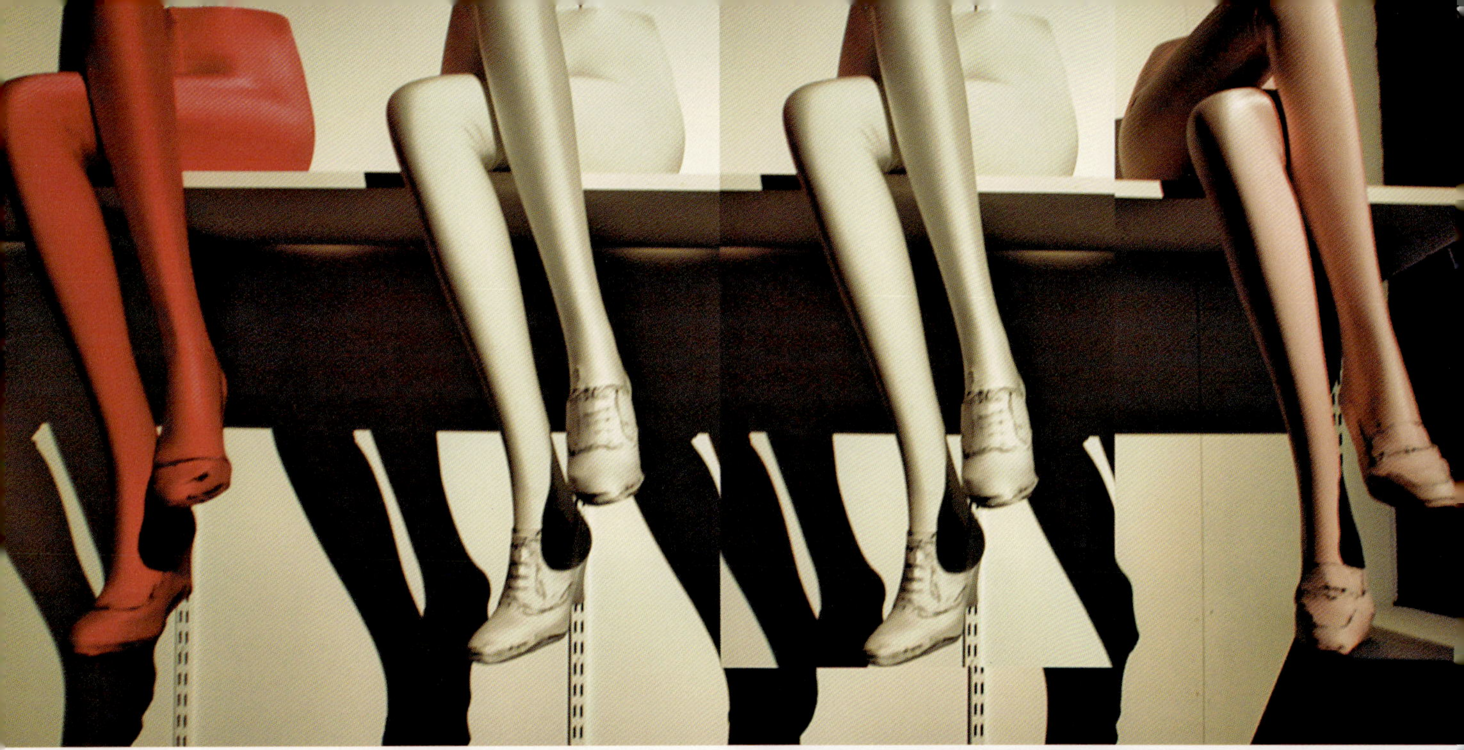

图 4

图 6

如何从威斯敏斯特毕业

傅晓波

图 1

图 2

图 3

图 4

图 5

01

因为没有得到使用三脚架的许可，相机只好搁在折凳上。工作人员常会凑上来打量我的这个“装置”，他们像是要啰嗦两句，但又悻悻离开，毕竟，我没有违反“规定”。在博物馆的一些弱光环境里，相机需要稳定的支撑，折凳大概是最万能的工具。这就是我在 V&A 拍摄时的日常：一边探索每一寸可以架相机的平面，一边和博物馆的工作人员“斗智斗勇”……当时我正在英国念我的第一个摄影硕士，研究的方向是拍摄博物馆。
我就读的是伦敦的威斯敏斯特大学——一所全欧洲最早开设摄影课的大学。那时候，每每提起我的专业，就会有人吃惊地问:“摄影也有研究生？”
我的理解是，摄影就像写作或者演讲，可以表达观点和情感，重要的是在表达方式上不断地创新。

03

课程对毕业作品没有很具体的要求，只让我们拍一组（也可以是一张）照片，在一年的时间里不断反思、精进。老师常打趣说，带研究生就好像心理医生给人看病，教会学生慢慢摒弃矫揉造作的掩饰，逐渐认识并接受自己最本质的欲望。
我选择拍摄博物馆，原因主要是自己不喜欢和人打交道，但观察博物馆给了我一种走近他人的方式，不至于让自己太封闭，这种方式礼貌且婉转。

05

博物馆每天迎来成千上万台相机，每时每刻有无数的照片被创造、被分享，想要在视觉上突破，与千千万万的游客照有所区分，这个任务并不简单。
我尝试过许多拍摄博物馆的方法：比如拍摄场馆里的平凡物件——一个电源开关或者是一个风扇；或是去拍观众与文物、艺术品的互动；又或者是博物馆呈现展品的方式。（图 1—6）

06

作品最终定型，受到了约翰·伯格《观看之道》的启发。博物馆里的展品，本质上是沉默且静止的。在展品的周围“妆点”上不同文字、声音和环境，这些“金石木泥”无情之物就会依照某种意志，向我们讲述某一个故事。
出于一种想要剥离“某种意志”的情绪，我选择了西方文明的五个重要阶段：古希腊、古罗马、中世纪、文艺复兴和启蒙运动，用照片展示博物馆展品的同时，试图抹去文字对它们的“妆点”。

拍摄博物馆帮助我建立了一种视觉索引，在我脑中划分了时间和空间的网格。每个时代和地域的文明都有不同的关注对象，古希腊用巨型雕像崇拜神话英雄，古罗马则极力追摹古希腊，中世纪的宗教把人紧紧包裹，文艺复兴的耶稣却赤诚见人，而启蒙时代终于可以为艺人塑像了……
问题是，所谓纯粹的、不含意识形态的观看，又是否存在？

全文于 2018 年 7 月 13 日 刊载于“博物馆评论 Museum Review”微信服务号

图书在版编目（CIP）数据

博物馆评论．第二辑 / 上海博物馆编．-- 上海：
上海辞书出版社，2020
ISBN 978-7-5326-5510-6

Ⅰ. ①博… Ⅱ. ①上… Ⅲ. ①博物馆学—文集 Ⅳ.
① G260—53

中国版本图书馆 CIP 数据核字（2020）第 028115 号

出版发行　上海世纪出版集团
上海辞书出版社（www.cishu.com.cn）
地　址　上海市陕西北路 457 号（邮编 200040）
印　刷　上海界龙艺术印刷有限公司
开　本　890 × 1240 1/16
印　张　17.75
字　数　430,000
版　次　2020 年 6 月第 1 版　2020 年 6 月第 1 次印刷
书　号　ISBN 978-7-5326-5510-6/G · 1059
定　价　128.00 元

本书如有质量问题，请与承印厂联系。
电话：021-58925888